新媒体与公共传播实验教材丛书

新媒体信息架构设计

廖宏勇 编著

西安交通大学出版社
XI'AN JIAOTONG UNIVERSITY PRESS

图书在版编目(CIP)数据

新媒体信息架构设计/廖宏勇编著. —西安：
西安交通大学出版社，2016.5
ISBN 978 - 7 - 5605 - 8487 - 4

Ⅰ.①新⋯　Ⅱ.①廖⋯　Ⅲ.①信息系统-系统设计
Ⅳ.①G202

中国版本图书馆 CIP 数据核字(2016)第 101798 号

书　　　名	新媒体信息架构设计
编　　著	廖宏勇
责任编辑	赵怀瀛

出版发行	西安交通大学出版社
	(西安市兴庆南路 10 号　邮政编码 710049)
网　　址	http://www.xjtupress.com
电　　话	(029)82668357　82667874(发行中心)
	(029)82668315(总编办)
传　　真	(029)82668280
印　　刷	陕西天之缘真彩印刷有限公司

开　　本	787mm×1092mm　1/16　印张 11　字数 253 千字
版次印次	2017 年 6 月第 1 版　　2017 年 6 月第 1 次印刷
书　　号	ISBN 978 - 7 - 5605 - 8487 - 4
定　　价	59.80 元

读者购书、书店添货，如发现印装质量问题，请与本社发行中心联系、调换。
订购热线：(029)82665248　(029)82665249
投稿热线：(029)82668133
读者信箱：xj_rwjg@126.com

新媒体与公共传播实验教材丛书

编写委员会

丛书主编：张志安

丛书副主编：张　宁

编委会成员：李艳红　杨小彦　范元办　王天琪

　　　　　　吴　丹　邓理峰　龚彦方　周如南

　　　　　　廖宏勇　周懿瑾　林淑金　张少科

　　　　　　苏　芸　刘　琛

总序
Preface

　　媒介融合和移动互联时代，新闻传播业态正在发生变革，新闻生态系统和行业正在重构，这给新闻传播教育带来了巨大挑战。现在，新闻传播专业学生毕业后进入专业媒体就业的比例越来越低，过去新闻传播教育对口依赖的传媒产业正在结构性重组。

　　立足新语境，新闻传播教育的改革，既要立足于新闻传播，更要广泛地面向公共传播，实现从新闻传播向公共传播的范式转型。这意味着我们不仅要为专业媒体机构培养专业的编辑和记者人才，同时也要为包括政府、企业、社会组织等在内的更广泛的公共传播业培养懂得信息采集和生产的公共传播人才。

　　新媒体传播下人才的核心素养到底是什么？大家的共识是：区别于文学的讲故事手法和社会学的调查方法，新媒体语境下的故事叙事和传播，要使故事和大众更好地连接在一起，用多媒体的叙事方式去呈现和表达故事，而且能够从纷繁复杂的现实中抽剥出和公共利益相关的重要议题。

　　新闻传播学的讲故事能力，是区别于社会学和文学的。简单来说，新媒体传播下人才的核心能力，就是广泛收集、挖掘、整合、提炼和生成信息的能力，能融合使用音视频等多种媒体形式来表达、呈现故事的能力。过去我们提倡讲故事，现在还要提倡编辑故事、创意故事和表现故事。比如，现在新闻"加工业"正在兴起，很多新媒体虽然没有实地去做调查，没有写原创报道，但是他们用自己的价值视角、整合、生成和分析所再生产的内容同样具有价值。很多微信公众号的爆款内容，虽然经常免不了用"标题党"的手法，但其内容和形态有其独特之处，其对用户痛点的把握、对资讯再加工的视角，都值得学习和借鉴。因此，未来的新闻业，不仅需要讲故事，还要挖掘故事、制作故事、设计故事，从这个角度看，视觉化素养对新闻传播者来说会变得更加重要。

　　另外，新媒体传播人才的核心能力还包括促进公共对话和形成价值共识的意识。习近平总书记对用新闻舆论工作来为传统的新闻宣传工作服务提出更高要求，即懂舆论就要懂网民情绪和态度，懂网民的社会心态，懂得如何把新闻传播的内容跟公众情绪和社会认同有效地连接在一起。因此，能够设置议程，懂得把握场景，善于促进对话，维护优质内容和特定社群之间的连接关系，这是社会化生产和协同化生产的能力。

新媒体环境下，人才的核心能力有变化的地方，也有不变的地方，变化的是观念、技术和传播方式，不变的是对复杂中国的深刻认知，是呈现和讲好这个国家故事的能力。在新的形势下，新闻传播实务教学的改革方向是什么？

第一是实务和方法结合。过去新闻实务课讲采写编评的技巧比较多，现在大家都觉得按照传统教科书的内容来讲授肯定不行了，只讲新闻实务的技巧或者著名记者的成功案例也不行了。老师们的自我的知识更新要跟得上媒体发展和变化，新闻传播实务教学过程中要更加强调方法论和认识论，要和社会科学的多种方法甚至大数据挖掘等文理交叉的方法有效结合。

美国新闻教育的一项调查显示，新媒体时代的核心能力中，批判性思维和写作能力非常重要。笔者教授了十年的"深度报道"课，深感实务教学需要突破和创新，过去上这门课更多讲授卓越记者的成功案例和默会知识，现在上这门课更像是社会复杂问题的方法论课程，需要越来越多地把社会研究的方法和新闻实践结合起来。这样，学生就更加懂得分析复杂问题，懂得对各种现象建立基本判断，而不仅仅是深度报道的调查突破和写作技能。

第二是实践和实验打通。传统的新闻实务课，多为实践课或实训课，而新媒体时代，实验教学也需要不断强化。中山大学传播与设计学院建立了用户行为实验室、大数据传播实验室、纪实摄影和 VR 实验室、媒体交互设计实验室等，初步形成了内容采集、用户洞察和视觉呈现三大实验室模块。在实践和实验教学并重的探索中，内容产品需要技术和可视化呈现，数据挖掘的方法也变得特别重要。未来的新闻传播实务课，应考虑在实践和实训基础上，更加注重实验课程开发、教材编撰和教学创新。

第三是技术和人文并重。技术在新媒体人才培养中占据越来越大的比例，但必须有人文思考、有人文理念，我们要警惕对技术的盲目追逐或过度炫耀。在一些大型活动的报道中，我们看到媒体人既在报道新闻，也在热衷报道自己使用的设备。对此，我们需要反思的是，他们的报道让我们知道了多少未知的事实？是否让我们对社会有了更深刻的理解？我们的某些时政报道有可能是"内圈"传播：一方面，传播给原来关注时政的人群看，但却没有吸引年轻人去关注；另一方面，给媒体同行自己看，满足大家自娱自乐的需要。面对技术革命，我们更加需要培养学生对人文精神的追求、对人文价值的反思。中山大学传播与设计学院在教学改革发展中，提出了"人文新媒体，融创传播学"的办学理念，就是希望始终强调人文理念对技术变革的引领、融合创新对传播研究的支撑。

这套"新媒体与公共传播实验教材丛书",就是基于以上思考和探索的成果。其中的《政治传播》《企业传播》《传播管理》《健康传播》《公益传播》等,试图体现理论与实践并重的特点,回应新媒体时代公共传播的重大问题和能力要求;《新媒体信息架构设计》《新媒体下的消费者行为》《用户体验与交互设计方法》《数字新闻》《数字出版物教程》等,具有鲜明的实践和实验教学特点,满足新媒体传播人才培养过程中对用户行为、设计表达、数字叙事等能力的培养要求。期待这套教材的出版,能为中国新闻传播教育从新闻传播向公共传播的转型提供有益支撑,能为新媒体语境下的新闻传播实务教育改革,尤其是实验教学创新提供加速动力。

张志安

中山大学传播与设计学院院长

中国新闻史学会应用新闻传播研究会会长

前言
Foreword

众所周知,现代传媒的一个重要属性是技术。因此,尼尔·波兹曼(Neil Postman)将"技术垄断"作为媒介形态变迁中一个关键性的概念,去考量媒介技术将会给我们带来怎样的机遇和灾难。当我们高歌"新媒体"的凯旋,并目睹传统媒体浩浩荡荡的"数字化大迁徙"时,我们面临的困境正如波兹曼所言——"一如既往",甚至"更胜以往"。

面对日新月异的传媒技术,如何保存"人"的主体性和客观性,不得不承认,价值理性比工具理性更重要。"理解技术→掌握技术→善用技术",是我们在新媒体时代面对技术冲击的一条具有现实意义的思维路径。在这条思维路径中,理解技术其实是一个关于价值判断的命题,它包含历史维度——过去、现在和未来,它也包含社会维度——有用和无用,同时还包含文化维度——批判与反思。只有真正理解技术,才能能动地掌握技术,善用技术。当然,掌握技术也并非是依样画葫芦,"拿来"的技术在很多时候也会水土不服,所以因地制宜的情境思考是关键。善用技术是人作为技术主体存在的行为实践,同样也与价值理性相关。的确,我们需要面对技术的实然和应然,这样才能迎来新一轮的技术前行,但是,我们也需要面对技术的责任与义务,这样才能企及传媒技术的"善"。这就是在传媒技术范畴,为什么"思辨"与"实证"同样重要的原因。

信息架构(Information Architecture,IA)似乎是一个技术感十足的未来概念,但我们更希望将其理解为一种阐述性的隐喻,通过这样的隐喻可以让我们洞彻新媒体环境中信息形态和信息形态背后的机制。在此之前,我们往往习惯于用"美""可识别性""独创性"这样的诗意语汇去描述传媒领域的信息形态问题,不可否认的是视觉层面的感受固然重要,但对于传媒领域的互联网产品而言,视觉的"美"不过是冰山一隅,毕竟,视觉只能为体验提供部分的感官"原料"。而"信息架构"则可以让我们从体验的角度去思考信息形态的整体性、逻辑性、可用性、视觉性、社会性等一系列的问题,这些问题对于转型期的现代传媒业来说,意义重大。

《新媒体信息架构设计》全书共5个章节。第1章主要描述了人类信息交互的历史,以建筑隐喻信息形态的合理性以及用户对于信息需求的三个问题,旨在一定维度中展开对信息架构的讨论,并以用户的需求来强化对信息架构定义的理解;第2章主要从现实问题的思辨出发,对新媒体时代的信息现象进行解构,阐述信息架构对于我们生活的影响,在内容上第2章是对第1章内容的补充,同时也对"用户"做了社会层面的扩充;第3章主要描述新媒体信息架构的基本构件,涉及一些具体的设计与技术层面的问题;第 4 章主要阐述了搭建新媒体信息架构的方法,通过案例的分析解读,让读者体验设计的过程;第 5 章的内容主要侧重于信息架构设计在商业和企业层面的实践运用。

从整体看,本书在行文上更侧重于有关技术的观念,而对于技术的本身则尽量用通俗的方式加以诠释,以这种方式力求跨越专业或文理之间的隔阂。新媒体信息架构的设计,其实就是一个跨专业协同的过程,希望该书能够为读者提供一种不一样视野,来看待新媒体的信息形式和设计实践问题。

廖宏勇

2016 年 **12** 月 **13** 日于 MIT,Cambridge

目 录
Contents

1

第1章 信息架构:新媒体时代的建筑隐喻

信息架构(Information Architecture,IA)是一个来自建筑学的隐喻,从某种意义上说,它代表着一种以可用性为核心的关于信息形态的理解,这种理解直接与用户对信息的需求相关,并在人类信息交互的历史中居于重要的位置。

1.1 人类信息交互的历史

1.1.1 人际交互:从言语到电视

人际交互的历史先后经历了言语、书写、印刷、电报、电话、无线电广播、电视共七个阶段,每一阶段都有里程碑式的意义,在这个过程中随着技术的逐步介入,人类交互的形式由简单趋向复杂,特性也由生理趋向社会,并呈现出多样的意义。

1. 言语

从公元前 250 万年到现在,言语一直伴随人类的进化历程。如图 1-1 所示,我们知道人类的进化经历了能人、直立人、尼安德特人和智人四个阶段。

图 1-1　人类进化的四个阶段

能人(约 240 万年前),已具有较高的智能,脑部进化程度较高,已具有基本的语言神经系统。能人拥有基本手势和发声的能力,但并没有形成清晰的言语和复杂的沟通方式。

直立人(约 200 万年前),他们已具有一定的工具意识和协作能力,并能制定和实施一定的需求任务规划,这种规划往往伴随复杂的思维和社会化实施过程,并要求个体间有高度合作意识。直立人在合作中逐渐产生并使用言语,但此时的言语结构相对简短,不过意义十分丰富。

尼安德特人(约 30 万年前),他们以打猎为生,合作意识很强,会使用策略来捕杀猎物。他们能够熟练使用工具,同样也是娴熟的工具制造者。他们使用某种基本形式的语言,并具有建立复杂社会关系的可能,而支持这种可能性的基础,是尼安德特人在解剖构造上已拥有了能适应高频度言语沟通的生理结构。

智人（约 30 万年前）在解剖构造上几乎和现代人一样，并且具有和尼安德特人一样的言语能力。以此为基础，智人已具有艺术实践能力，比如说音乐、绘画等。他们在永久性的居所住居，并拥有丰富的、复杂的自然界知识，语言体系已较为完整，社会结构已成型。

在从能人到智人漫长的进化过程中，作为人类沟通交往的独特能力，言语从萌芽到成型，进而复杂化，体现了人类身心对生存环境的适应，这种适应与人类学习和使用语言能力的遗传基因是分不开的。人类所使用的语言是在一定范围内具有同样规则的复杂系统，并且无论是现代社会还是古代社会，不管个体的智力、社会地位和教育程度如何，绝大多数个体都会无差别地使用言语。言语具有极大的沟通可用性，因为它赋予人类定义食物、交流情感、观察社会和共享经验的能力，同时它也给予了人类话语权。随着人类大脑能力的提升，言语变得愈加复杂，这使得社会的复杂性也相应提升，而复杂的社会，也反过来促进了大脑沟通能力的增长。

2. 书写

书写是言语保存的方式，也起着标准化言语的作用。从公元前 3500 年至今，书写起着重要的记录作用，没有书写，就不能有文本形式的历史、科学和哲学。

与言语相比，书写是一种需要使用工具的技术。在一定程度上，书写可以将言语改造为可视化的事物（文本或图像），并长久保存，这极大地弥补了言语易逝的缺陷。如图 1-2 所示的岩画，岁月荏苒，但依旧十分生动地再现了当时人们狩猎的情形，这是言语作为交互方式难以实现的。一般言语转化为书写主要由一定的规则统领，依据这一规则，内部的思维能够转化成可视的符号，用于沟通和建构。书写的视觉优势是显而易见的。不得不承认，在人类发展的很长一段时间中，书写是人类思维重要的表现途径，不仅产生可用于传播的思想，而且清晰地记录了人类发展的历史足迹。

图 1-2　岩画

在印刷术出现之前，书写和言语总是相互对应的，书写承担着言语的记录功能，而言语也为书写提供了依据。随着书写技术的改进，文字的形体变得更加适于方便书写。在人类发展的历史长河中，只有精英分子才能够掌握的书写，逐渐开始了"祛魅"，并走向"民主化"，成为人们日常沟通的重要工具。

3. 印刷

印刷的历史可追溯至中国人独有的印章文化。从技术层面上说，印刷是由拓石和盖印（见图 1-3）两种方法逐步发展起来。

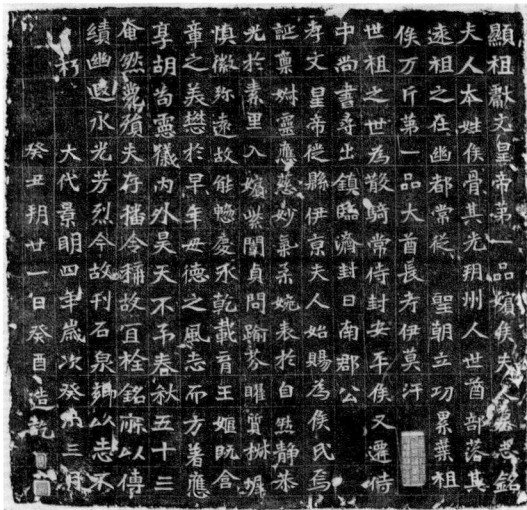

图 1-3　拓石和盖印

就我国来说，最早的雕版印刷的实物出现在初唐，随后的宋代印刷技术得到了飞跃的发展，在这个时期毕昇发明了胶泥活字印刷术，大大提升了印刷工艺的可操作性。之后的元代出现了金属活字以及双色红黑套印的书籍，明代时出现了木活字以及双色、四色套印的彩色印刷品。真正意义上的现代印刷术的发展可追溯至 15 世纪中叶，德国人古登堡改良了印刷术，并开始制造印刷机器开厂印书，这也标志着现代印刷业的发端。

生产性的印刷逐渐形成了印刷的标准，同时也促成了图书发行行业的繁荣。图书分类和索引系统在此过程中不断完善，由此大规模的数据收集成为了可能。此外，印刷质量的提升使得精确、详细描绘对象变得更加容易，人们对于印刷品的要求也逐渐提升。通过信息快速地复制和传播，人们开始更多地思考怎样有效地保存、组织、检索和传播信息文本，这些思考对于信息理论体系的形成有着重要的意义。

4. 电报

电报是一种最早用电的方式来即时、远距离传送信息的通讯方式。19 世纪 30 年代，这种通讯方式在欧美首先发展起来，其作用的机理是通过专用的交换线路将信息以电信号的方式发送出去，在这个过程中，电信号用编码代替了文字和数字，信息的形式也开始数码化。那个时期广泛使用的编码即是摩尔斯电码。摩尔斯电码是一种时通时断的信号代码，发明于 1837 年。一个具有里程碑式意义的历史事件，即摩尔斯于 1844 年 5 月在华盛顿国会大厦最高法院会议厅里，用他之前发明出来并不断完善的电报机（见图 1-4），通过从华盛顿到巴尔的摩之间长达 64 公里的电报线路，向巴尔的摩发送了世界上的第一封电报。之后，这种"闪电式的传播线路"迅速发展，并形成了巨大的通讯网络。

客观上说，电报本身不是大众传媒，但它为大众传播提供了快速有效的通讯手段，而作为

图 1-4　电报机

现代重要的传播机构——通讯社,也是在电报技术发明之后才出现和并逐步发展起来的。随着电话、传真等的普及应用,电报逐渐退出了历史舞台,但其作为一项革命性的通讯技术,代表了全球性信息网络和通信技术发展的起点,并开启了快速传播的效用通道。

5.电话

电话从某种意义上说,全面拓展了人类言语交流的能力,并且形成一个网络化的全球信息空间。从物理上说,电话是通过电信号双向传输话音的通讯终端设备,即通过声能和电能的相互转换,利用"电"这个媒介来传输语音。最初的电话是磁石式电话机,主要由微型发电机和电池构成。打电话时,使用者用手摇微型发电机发出电信号呼叫对方,对方启机后则构成通话的回路。1877年爱迪生发明碳素送话器和诱导线路后,通话距离有了革命性的延伸;同一年,又出现了共电式电话机。到了1891年,自动式电话机终于面世。

图 1-5　早期的电话

通过电话，人们几乎可以跨越时空的障碍进行沟通，在媒介科技日新月异的今天，电话沟通方式的即时性，仍使得它在我们日常生活中居于重要地位。我们可以通过面对面沟通，同样的语言组织惯例，在电话里进行沟通，能够直接或间接地获得反馈，并且这一过程是非线性和双向的。通话者可以根据情境即时地组织或重组他们试图交流的信息，在通话过程中的引导决策也是可协商的，这一特性可以让电话实现深度的，如同面对面的交流。在现实中，电话的功能其实并不局限于会话，它同样支持文本、图片和传真方式的信息传送，甚至我们可以通过拨号链接来访问因特网，这些都说明电话作为交互性的沟通设备，其延展性还是可圈可点的。

6. 无线电广播

无线电广播是以无线电波作为传输广播节目载体的广播方式。世界公认的首次电台播音是1920年11月2日美国威斯汀豪斯公司在匹茨堡的KDKA电台播出的哈定当选总统的消息。此后，苏联、英国以及中国等许多国家纷纷建立了广播电台。

通过无线电广播，先将声音信号转变为电信号，然后将这些信号由高频振荡的电磁波带着向周围空间传播，而在另一地点，利用接收机接收这些电磁波，又将其中的电信号还原成声音信号，这就是无线广播的物理机制。

图1-6　早期的收音机

作为人类历史上第一个电子媒体，无线电广播在传媒发展的历史上具有划时代意义。在广播的信息空间中，信息被组织成了故事的形式，由讲述者控制信息的形态，让听众产生代入感。听众与讲述者在嵌入故事的信息中进行交互，并力图形成共鸣。

无线电广播是电子化的交互方式在传媒领域运用的开端，在观念和意识上对于传媒领域终端技术的发展有着基础性的作用。

7. 电视

电视是指利用电子技术及设备，传送活动图像画面和音频信号的媒介，同时电视也是重要的视频通讯工具。电视在无线电广播的基础上，加入了与电影相似的图像机制，在视觉和听觉上同步传送整合性的信息，以影响观众对信息的认知。

电视的普及对于现代传媒业的发展可谓意义深远，如果说印刷、电报、电话和无线电广播只是改变了我们通信交流和获得信息的方式，但电视却是从深层次改变了我们的生活。电视

图 1-7　早期的电视机

节目不但具有很好的娱乐性,而且能够拓展我们的视野,体现在它作为故事陈述媒体的感染力和人类活动的记录工具上。通过专用的网络实现多样化信息的高质量传输,电视在很长一段时间中成为了大众传媒的主力军。如今电视在技术上已经完全具备了可交互性,特别是近年来,电视与互联网的深层次融合,也让电视这一成熟的媒介有了更多的发展空间。

1.1.2　人机交互:计算系统的演进

从语言到电视,人际交互发展到了一个巅峰,在计算机发明之后,人机交互开始进入我们的视野。当我们发现人与人的沟通可以延伸到人与机器之间的沟通时,各种可能性随着计算系统的演进,成为了现实。

1. ENIAC

从历史维度看,工业革命是以机器取代人力,以大规模工厂化生产取代个体工场手工生产的一场生产与科技革命。这股热潮促使人们开始思考各种大规模生产制造的可能,以此为契机,越来越多的自动化机器被设计出来,用以操作那些简单重复和劳动力密集的生产过程,生产的效率得以大幅提升。

在自动化探索初期,许多的努力均聚焦于电子机械的计算设备,并且用以解决现实的社会问题,如美国麻省理工学院的赫尔曼·霍尔瑞斯(Herman Hollerith)为当时美国的人口普查,制作了打孔卡片阅读机和制表机,大幅提升了工作的效率,这一极具效益潜力的发明,让他的制表公司得以成立,并发展成为大名鼎鼎的国际商用机器公司(International Business Machines Corporation,IBM)。

进入 20 世纪初期,随着技术的完善,电子机械计算机被制造得越来越精致,而真正研制电子计算机的想法是始于第二次世界大战期间。当时,美国军方要求对导弹的研制进行技术鉴定,其中有一个关键性的环节即是对弹道进行精准的计算,而每条弹道的数学模型是一组非常复杂的非线性方程组。这些方程组在当时是没有办法求出准确解的,只能用数值方法进行近似的估算。为了改变这种现状,当时任职宾夕法尼亚大学莫尔电机工程学院的约翰·莫希利(John Mauchly)于 1942 年提出了试制第一台电子计算机的初始设想,期望用电子管代替继电器以提高机器的计算速度。莫希利的建议很快得到了美国军方资助,于是第一台多用途电子计算机(Electronic Numerical Intergrator and Computer,ENIAC)得以诞生。如图 1-8 所示,

ENIAC 由 49 英尺高的箱柜组成，从体积看它的确是名副其实的"大型电子计算机"。

图 1-8　ENIAC 数字电子计算机

ENIAC 具有以下信息处理能力：

（1）信息通信：ENIAC 被编程后能独立完成数字计算，但从设计目标看，它并不以通信为目的。

（2）信息储存：ENIAC 只具有每次储存 200 个阿拉伯数字的能力，这些数据可通过电子机械的方式装载到 ENIAC。

（3）信息检索：ENIAC 可以进行检索，但每次只能处理 10 个阿拉伯数字。

虽然现在看来，ENIAC 的信息处理能力有限，但在当时 ENIAC 是一项重要的发明，它标志着计算机时代的诞生，由此人们开始关注与计算机紧密相关的信息与信息科学的相关问题。

2. ERMA

二战后，对于电子计算机的技术需求逐渐由军用转成民用，人们开始关注现实生活以及与现实生活紧密相关的技术。这个时期是商业经济高速发展的时期，而商业群体的需求，也引发了为商业应用专门设计大型计算机的系列研究。1955 年，电子记录账目机（Electronic Recording Machine-Accounting，ERMA）研制成功，这一系统创造性地使用了磁性墨水，从而可以把账目号记录在支票上，通过电子阅读器对磁性墨水的自动读取，实现相应的信息处理。如今，磁性墨水字符识别（Magnetic Ink Character Recognition，MICR）系统现在仍在世界范围内使用，并具有技术延伸的可能。ERMA 至 1959 年年底开始投入使用，给美国银行（BOA）带来了巨大的行业竞争优势。通过这一项技术，美国银行可以提供更快、更高效、更廉价的服务。虽然在当时 ERMA 并未在民众中普及，但是人们已经开始以较为直接的方式享受计算技术所带来的便利。

客观上，灵活的编程语言以及 ERMA 存储程序能力都意味着安装不同应用目的的指令在技术上成为了可能。由此，软件产业也开始蓬勃发展起来。虽然 ERMA 是为了商业使用而开发的，但随着人们越来越多地与计算机打交道，计算机作为一种工具的普遍意识逐渐被各行各业所采纳，计算机从军用走向商业，并最终进入了我们的日常生活。

ERMA 具有以下信息处理能力：

（1）信息通信：ERMA 最初的开发目的是为了处理支票，最终发展成了内部通信的全面的综合性系统。

(2)信息储存:ERMA 使用磁带装载程序信息,存储当前和归档以前的账目和交易数据。

(3)信息检索:ERMA 可以让银行业的工作人员通过电子化方式来确认账目状况,并进行有效的信息输入。

的确,ERMA 代表着以商业为目的的计算机化信息技术的早期应用,同时也标志着计算机开始进入人们的日常生活。值得一提的是,ERMA 的设计和完善过程也是以用户为中心设计的典型案例。

3. Alto

无论是 ENIAC 还是 ERMA,从体积外观和应用范畴看,都很难与"个人"联系起来。但是,集成电路这一技术的发明戏剧性地改变了一切,使制造出体积更小、价格更低廉的计算机成为了可能。尤其是可编程的微处理器,即我们所说的"芯片"技术的发展,为 Alto 的面世奠定了可靠的基础。

但芯片技术不是促成 Alto 成型的唯一创新,输入设备的研发是另一个关键。美国学者道格拉斯·恩格尔巴特(Douglas Engelbart)及其研究团队试验了不同类型的计算机显示和输入设备,最终研制成了著名的 NLS(on-line-system)系统以及"X-Y 位置指示器",即鼠标。鼠标的发明不但对个人电脑成型起着关键作用,而且对于图形用户界面(Graphical User Interface,GUI)技术的发展打下了坚实的硬件基础。

个人计算机是改变我们生活,重构我们观念的计算设备,在这个领域,施乐公司是名副其实的先行者。1970 年施乐公司建立了一个专门的研究中心来负责"个人计算机"的开发,这种"个人计算机"具有向用户提供捕获、观看、存储、检索、处理、传播信息的能力。他们设计的第一个工程样机叫做 Alto(见图 1-9)。这个工程样机设计的初衷是为了更加舒适地适配办公空间的环境,并且具有足够的能力支持可靠的、高质量的操作系统和图形显示。当然,Alto 也

图 1-9 施乐公司的 Alto 电脑

支持激光打印机等外围设备,拥有联网的系统软件和应用软件,所见即所得的文本编辑器、图形编辑程序等。Alto 于 1972 年投入生产,但由于施乐公司内部的原因,并未真正上市,施乐公司也最终失去了把握市场的先机。"个人计算机"这个商业概念让苹果和 IBM 如获至宝,奋力开发自己的拳头产品,随着越来越多的公司加入角逐,也迎来了"个人计算机"发展的黄金期。

Alto 具有以下信息处理能力:

(1)信息通信:Alto 是作为通信设备来设计的,它的特点包括共享文本文档、可访问局域网服务器、交换内部电子邮件等。但遗憾的是它不能处理音频、视频等动态数据。

(2)信息储存:Alto 可以把文档储存在本地磁盘或局域网服务器上。

(3)信息检索:Alto 是使用目录式文件系统来组织和处理文档的第一代计算机之一,在这个领域,Alto 是名副其实的先行者。

Alto 代表了早期"个人计算机"设想与实现,同时也体现了计算机技术的包容性、人类智能的个性化、概念结构的人性化等特征,具有划时代意义。

4. PC

现在人类活动的任何地点,无论在家里,在办公室,还是在娱乐场所,没有个人计算(Personal Computer,PC)(见图 1 - 10)几乎是很难想象的。计算机最初被设计为用于解决现实问题的科学研究,然而现在各个领域都在广泛应用。

图 1 - 10 现代 PC

PC 代表了计算机技术进入到了大众化的阶段,计算机开始真正走进了我们的日常生活,并影响着我们生活的方方面面。速度更快、功能更强大的 PC 把文本、图形和音频、视频等动态媒体都整合进一个数字域中,信息在这个多媒体的数字空间中进行重组、导航、交互和流动,并进行迅速的增值。从另一个角度看,PC 代表着计算机的个人化和对可用性的关注。人们开始从计算机科学的角度探讨信息架构和人机交互的问题。尤其是对用户的关注,使得 PC 的易用性得到了极大的增强。

PC 具有以下信息处理能力:

（1）信息通信：PC 作为网络"节点"开始运行文本、图像、数据库、电子表格文件等各种类型的文档，并可以对这些文档进行编辑、传送和共享，这在很大程度上扩展了人类记录和交流经验的能力。

（2）信息储存：PC 具有一定的信息存储能力，并且存储能力也是衡量 PC 性能的重要指标。

（3）信息检索：PC 借助互联网技术可以非常快速地检索信息，并且普遍使用多种信息管理策略来归档文件。

1.2　信息与建筑

1.2.1　建筑学的隐喻

隐喻（Metaphor）是人们在言语交往中普遍存在的一种语言现象，这种现象一直也是修辞学当中重要的研究内容。隐喻能够打开我们认知抽象概念的大门，并且让那些只可意会不可言传的感受显得具体而生动。例如，"光阴似箭"就是一个典型的隐喻，在这个隐喻中，用"箭"来比喻"时间流逝"的速度。"箭"是日常生活中具体的事物，其特性为我们所熟知，而"光阴"这个概念则相对抽象，且不太容易理解。通过"箭"来隐喻"光阴"，我们就能对"光阴"这样抽象的、不太容易被理解的概念有直观而形象的认识。这就是隐喻在认知过程中的作用。从机制看，隐喻其实借助日常经验帮助人们去理解抽象事物，通过这种方式，可以极大地降低认知的摩擦，提高认知的效率。

需要注意的是，我们只有将一个隐喻放到与之相关的各个认知结构共同构成的背景中才能理解它的意义。也就是说，只有将"箭"置于关于速度的认知结构中，才能理解它和"光阴"之间的关联。在信息形态的设计中，隐喻可以视为一种设计的方法，通过这种方法可以让我们用更直观的方式去描述复杂的信息形态，这样那些看似晦涩的抽象概念，就变得通俗易懂。作为设计方法的隐喻是提升用户理解力的重要方式。

支撑隐喻作为"快速理解的通道"是我们日常的生活经验。我们通过将熟知的事物作为理解的"跳板"，进而推测出陌生或未知事物的特性，这其实是一个把握新事物的学习过程。借助隐喻，我们能够用熟悉的领域或术语来描述一些新的探索。通过这样的思维路径，我们可以将新媒体时代，对于信息形态的功能化需求，做一个建筑学的隐喻，通过这样的隐喻，可以让那些抽象的需求或价值标准变得具体，另一方面，也能帮助我们快速地搭建起关于信息架构的概念模型，为进一步的研究铺平道路。

我们知道，每幢建筑物都有不同的用途。繁华大街上一座环境清幽的咖啡馆，这可能是休憩和交谈的最佳地点。一栋栋层层叠叠的写字楼，虽然高度封闭，但是正是在这样高度封闭的空间中，才能产生协作式、高效能的工作方式，从而提升工作的效率。中世纪哥特式的大教堂，能够让我们在快节奏的现代生活之外，感受宗教文化带来的心灵慰藉。的确，每一种建筑物都有其特定的用途，而不同的用途也决定着建筑的外观与结构。不可否认，建筑的结构、外观、材料、装饰、使用者……这些都是构成建筑整体感受的重要因素，而只有这些因素有机地、创造性地组合，才能造就一座真正意义上成功的建筑。其实，信息架构也像建筑一样，其形态会跟随其功能的变化而变化，人们对于信息的需求也会直接影响其形式，其中的每一构件需要合理地组合才能作用于人们对于信息的认知，等等。

信息架构就像建筑物那样,是各方因素相互作用的结果,并且这些因素之间总体现为依据一定功能诉求的逻辑关系。我们知道一些网站的信息架构提供的逻辑关系可以帮助我们迅速达成愿望或完成任务,而有些网站则欠缺明确的指向性,我们在浏览的时候只能凭感觉,碰运气,甚至毫无头绪地转了一大圈也无法找到自己所需的信息,更不用提完成任务。这些网站会让我们想起了那些设计失败的建筑物——粗糙的建筑质量,不实用的空间结构,缺乏合理性的空间布局,让人晕头转向的标示牌等。其实我们设计的信息空间也需要解决像建筑物那样的使用问题,只有这样才能真正发挥其功能效用。

其实,设计不良的建筑物和设计不良的网站都有相似的结构问题。首先,很多建筑师搞不清楚他们设计的空间有什么实际的用途,也完全不了解谁会使用这个空间,或怎样使用这个空间,并且他们也不打算为设计决策的失误承担责任。其次,要建造出经得起各方面考验的结构是相当困难的。因为需求总是太多,而且总是在变,到底什么样的用户需求才是设计需要瞄准的真实需求,这就意味着睿智的取舍。和建筑师一样,信息设计师常常需要面对相当复杂的设计任务和目标,设计项目的推进过程也是高度模糊的,具有许多难以预料的复杂性,这就需要理出头绪,需要有恰当的方法,也需要有远见和洞察力。

建筑师需要对自己建造的建筑负责。他们设计和创造的不仅是建筑物,还是人们赖以生存的空间。他们决定着我们生活场所的形态,以及在这个空间中的社会行为。在这里我们建立家庭、投入工作、享受生活、放飞梦想,所以建筑师的责任无疑是巨大的。受过专业训练的建筑师除了应具备丰富的知识、扎实的技能和专业的敏感性之外,还需要有责任意识,这些都是建筑设计所必需的。其实,信息设计师与建筑师的工作非常类似,因为他们都是在设计我们赖以生存的空间,让我们能够在其中生活、工作和娱乐,只不过是他们使用的材料和最终的成果在物质属性上存在差异而已。他们都非常关注空间的形态布局与功能的关系,并依据对用户的理解和期望把若干个构件合理地组织起来,形成一个建立在现实或虚拟环境之上的结构,这个结构有着功能属性、社会属性、文化属性,甚至是历史属性。如此种种的相似性,让我们以建筑隐喻去洞察信息形态的功能性质、方法实践成为了可能。

1.2.2　定义信息架构

千百年来,人类一直努力创造、存贮、传播和管理信息。这种努力一直存在于人类文明的历史进程中。纵观整个历史,在提升信息实践能力方面,发生过数次重大的创新,每一次的创新都与社会、经济和技术的变革相关,就是这样一次又一次建立在前者基础之上的创新,才逐渐演化成如今综合的、复杂的、密集的信息生态环境。我们正处在这样一个信息时代。如何体验和感受它所带来的便利,就需要我们用更为全面的视角来看待信息形态问题,信息架构的相关理念和方法可以为我们提供一定的指引。

其实,信息架构对于我们生活的影响随处可见,图 1-11 是日本一家妇儿医院的空间导向系统设计。基于“病人”的特殊性,设计师在导向符号的材质上使用白棉布,形态上使用了“软性支撑物＋易于拆洗的布套”结构,让整个空间流露出亲近柔和的空间表情。像图 1-11 这样的空间导向系统其实就是一种与我们的日常生活息息相关的信息架构。通过它们,我们不但可以迅速地定位、寻路,甚至还可以感受不同文化和社会关怀的气息。

通过合理科学的信息架构,的确可以提高我们对外部世界的认知效率。如图 1-12 所示,当我们进入书籍随机杂乱摆放的书店(上图),虽然可能会有意外发现,但是如果真想找本书,可以想象,肯定会是一个非常漫长痛苦的过程。与之比较(下图)图书馆的索书系统虽然复

图 1-11　日本梅田医院的空间导向系统

图 1-12　书店与图书馆

杂,但十分有条理,经过训练有素的专业人员的整理归档,读者可以方便地找到他们所需要的资料,并且可以获得不错的体验。其实,这也需要归功于作为信息架构的索书系统。

　　回到信息架构的定义，从以上两个案例我们可以看出，信息架构作为共享信息环境的结构，总是体现为一定的支撑可用性的逻辑规则和陈列方式。实体空间是如此，而在网络的虚拟空间也是如此。在网站中，信息架构的形态体现为组织、标签、搜索和导航系统的有机组合。我们也可以将信息架构视为塑造信息产品体验的艺术与科学，同时它也是将用户为中心的设计原则应用到数字领域的一门新兴学科和社会实践。

　　与信息架构相关的学科，包括视觉设计、信息设计、图书馆学、计算机科学、体验设计、内容管理、社会信息学和人机工程学等。这些学科都关注信息的创造、传播（呈现和组织）、管理（存储、检索和分发）和保存，或是使人与技术的关系最大化。每一个学科都有自己的历史、传统、实践和技术语言，而随着计算机软硬件技术的成熟发展，以及数字化媒体与互联网的普及，让这些看似不相关的学科，产生了交集。

1.3　用户对信息的需求

　　理解用户的需求是信息架构设计的起点，没有对用户需求的解读，几乎无法构建合理的信息架构。

　　通过对用户需求的梳理，我们会得到一个任务的流程，而这个任务流程就是信息架构设计的依据。

　　我们可以从商场购物的例子来理解用户需求的重要。图 1-13 所示是一个需求明确的商

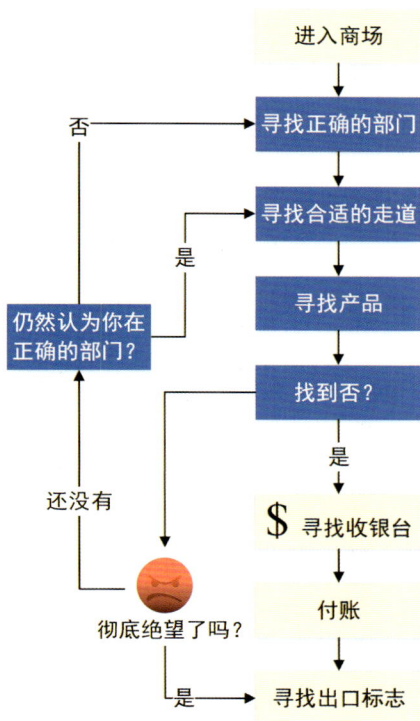

图 1-13　需求明确的商场购物任务流程

场购物的一个任务流程,通过对用户需求的简单理解,我们就可绘制出这样一张示意图,蓝色模块是浏览部分,淡黄色模块是主任务流程。通过这样一张示意图,我们就有可能生成某个购物网站的导航系统(主要以蓝色模块为参照)。但是这一任务流程图是真实地反映了用户的需求吗? 我们会发现至少还有第二种可能,即图 1-14 所示。如果我们赶时间,想尽快买完东西就离开,很少有人会参照商场里的导向系统慢慢找要买的商品,最便捷的方式就是向商场工作人员询问,从图 1-14 中我们可以看到有两条路径,来达成购物的用户需求:一条是慢慢找,在图中用蓝色模块标示;另一条就是问人,用灰色模块标示。这一任务流程可以对应到网站的浏览需求,于是我们可以产生如图 1-15 所示的网站浏览任务流程。根据应对这一需求的任务流程分析,我们就能形成一个如图 1-16 的导航和搜索的信息架构,在图中除了常规的标准化导航之外,还有一个对应"问人"需求的构件,就是搜索框。导航和搜索这两个基本构件对应了我们之前对任务流程的分析,所以信息架构设计行为的逻辑起点即是对用户需求的分析。

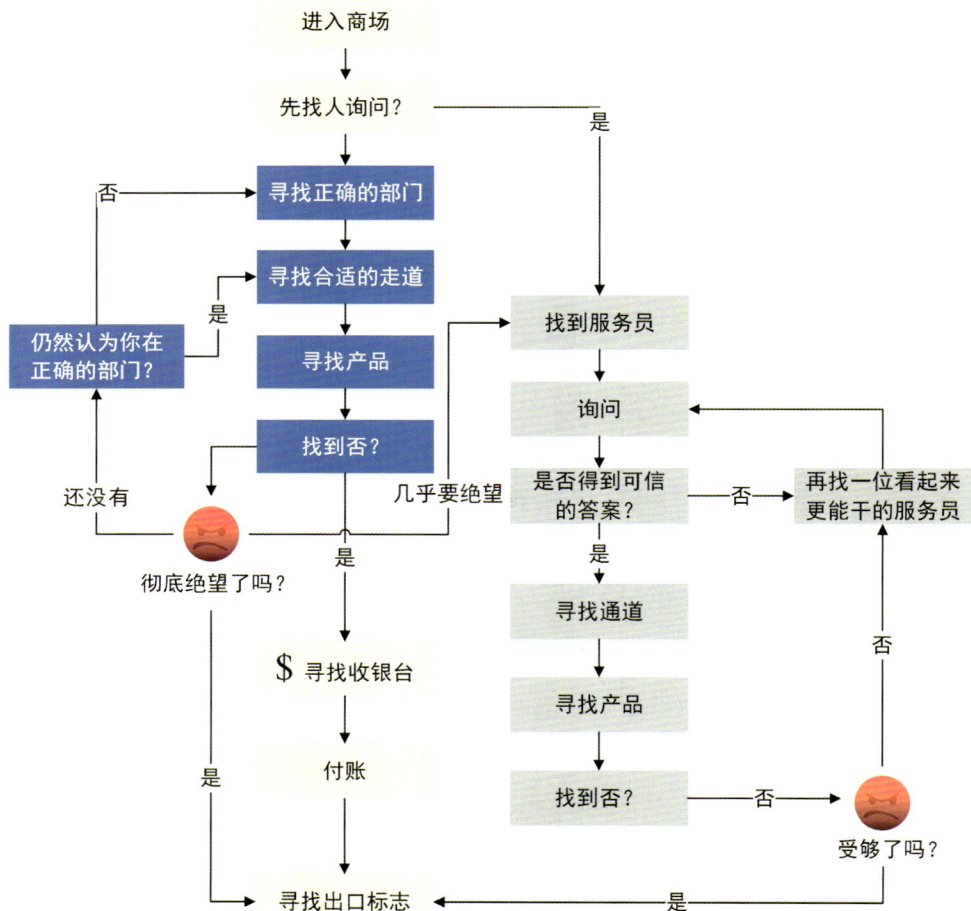

图 1-14 加入询问环节的商场购物任务流程

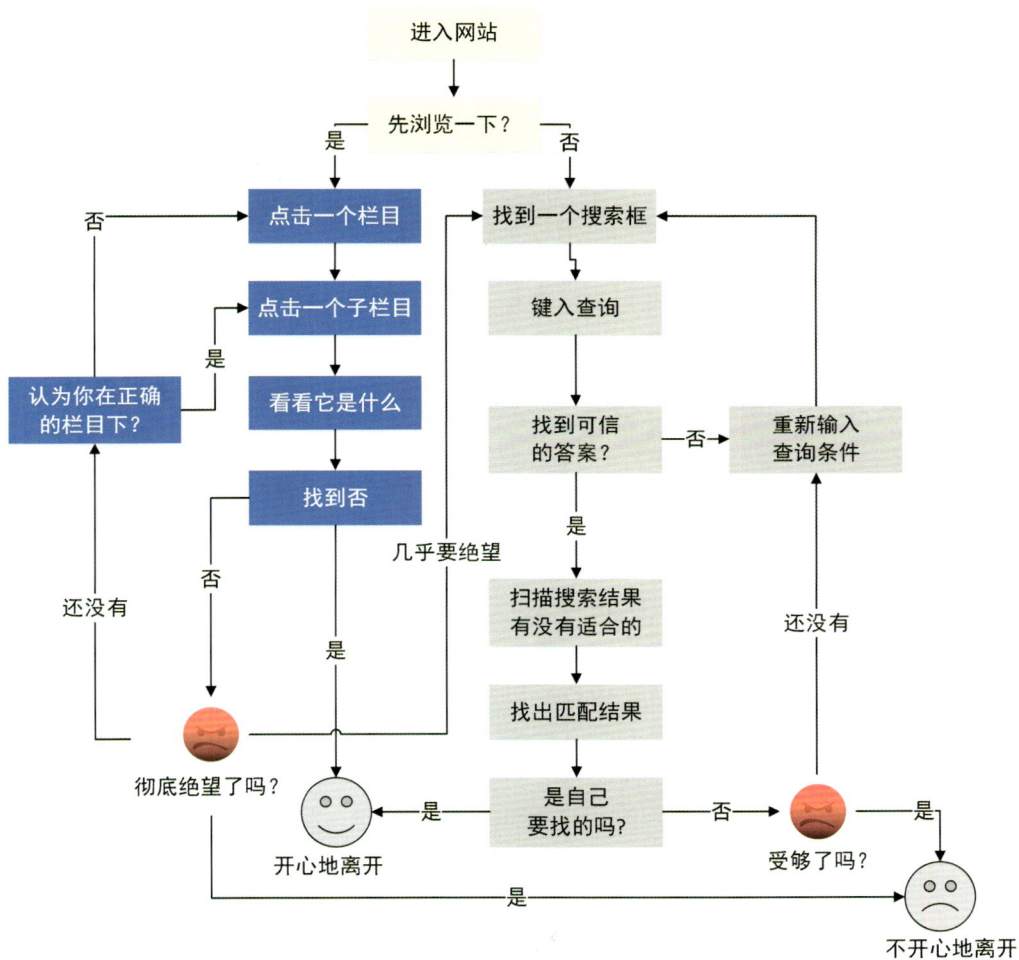

图 1-15 网站浏览的任务流程

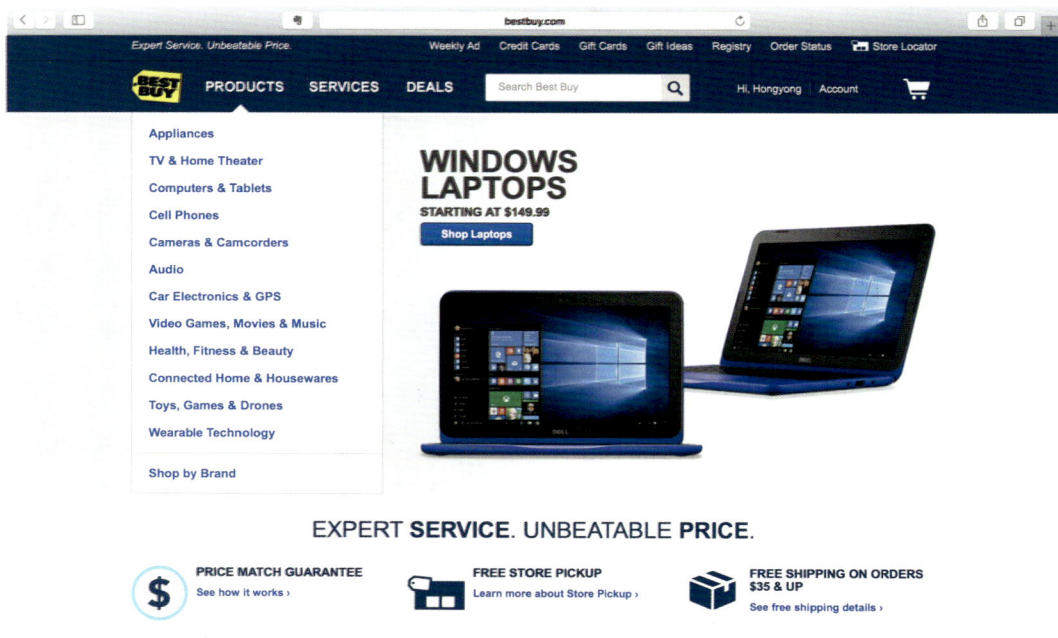

图 1-16 Bestbuy.com 的导航和搜索架构

1.3.1 "过于简单"的信息模型不适用

当然,用户的需求远远不止上面提到的两种可能,情境不同,需求会千差万别。为用户的需求和行为构建信息架构,需要去了解各种可用性的问题,比如说用户想要什么信息,信息的形式如何,信息的量以及用户和信息架构实际交互的方式是怎样的。

如图 1-17 所示,这种简单的信息模型非常机械化,甚至还可以简化为输入→输出→结束,整个过程缺乏人性和对人性的关怀,也无法反映出用户在网站上如何寻找和使用信息的实际状况。以此为参照,我们可以用信息架构简单描述对应的任务流程,即:

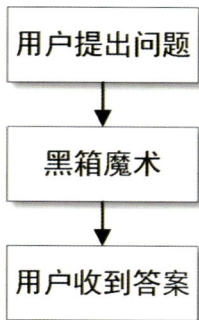

图 1-17 简单的信息模型

①用户提出一个问题(需求)。

②搜索或浏览(任务事件)。

③得到答案(需求的满足情况)。

④结束。

这种"过于简单"的信息架构是有问题的。因为用户的使用情境很少会是这样。当用户在寻找信息时,通常是在部分满意或者极端失望的状况下结束的。或者,在寻找的过程中,他们可能会得到新的信息,从而改变他们最初搜索的目标。因此,如果只是把焦点放在用户与信息架构交互时所发生的事情上,那么这个信息架构的本身也不会产生更多的功能意义,所以从根本上了解用户的需求十分重要。

1.3.2　信息需求的类型

用户往往通过搜索来实现对信息需求的满足。他们通常会希冀信息架构给予他们四种最为常见的满足信息需求的搜索方式,即已知条目搜索、探索式搜索、无遗漏式研究、重新找到信息,如图 1-18 所示。

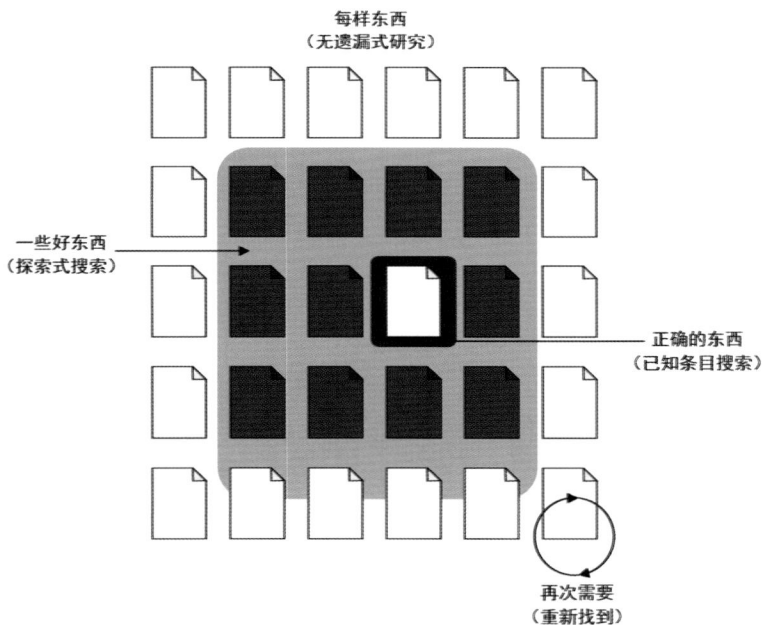

图 1-18　四种常见的信息搜索

用户来网站找东西时,他真正想要的是什么? 以"过于简单"模型而言,他想要的正是他们心中问题的答案。

当用户知道想要找的是什么,该以什么名称称呼它,以及上哪儿可以找得到相关的答案时,这就是所谓的"已知条目搜索"。

当用户想在"已知条目搜索"中找到一些数据时,所做的即是"探索式搜索"。其实,在大多数时候用户并不确定想找的是什么。事实上,无论他们是否真的了解搜索信息的意义,他们还是希望能在搜索和浏览的过程中得到进一步的提示,然后,他们会以这些提示信息为跳板,再进行下一轮的搜索。至于"探索式搜索"何时完成,很难直接界定。

当用户觉得每样东西都想看一下时,实际上就是在进行"无遗漏式研究"。此时他们的确想"每一块石头翻一下",通过这样的方式,可以最大限度减少遗漏。他们通常会有好几种方式来表达他要搜索的东西,所以他们会耐心地改变这些不同的词汇构造,以避免错过那些有价值的信息。

最后,随着时间衰退的记忆及忙碌的工作会一直迫使我们重新寻找以前已检索过的信息。

1.3.3 用户的信息搜寻行为

网站用户会在搜索系统中输入需要查询的字符串,得出搜索结果后,会在链接和链接之间浏览。当他们拿不定主意时,会询问别人,以求得协助。其实搜索、浏览及询问都是寻找信息的方法,同时也是信息搜寻行为的基本手段。

信息搜寻行为有两大类:一是整合,二是重复。我们通常会在某次寻找期间整合搜索、浏览和询问,也可能会在一次的寻找期间重复整个过程,毕竟我们不见得会在第一次的搜寻中就找到所有想要的东西,而且我们的信息需求可能会随着搜索过程而改变,这样我们在每次重复时都会尝试不同的手段。所以每次对内容的搜索、浏览、询问,以及交互方式都会极大影响我们正在搜索的信息请求。

信息搜寻行为中这些不同的方式会组成复杂的模型。用户开始会先产生信息需求,然后构想出一种信息的请求(查询),接着在信息系统中重复动作,可能会沿着复杂的路径进行,然后再沿路取出可能有用的信息。在这个过程中,当他们更进一步了解需求及系统所能提供的信息时,就会跟着调整他们的信息请求,以获取更多他们认为可靠的搜索结果。有的时候,用户会从一些现有资料开始,搜索他们想要得到的内容。所以在一些搜索的界面中,会在搜索的结果旁提供了一些类似的或可能相关的资料,就是为了应对用户潜在信息需求,有时这些"你可能喜欢"的信息条目,会帮助用户进一步锁定搜索的目标。图 1-19 是搜索引擎 Bing.com 的搜索界面,如图当用户输入感兴趣的词条,如果可以准确匹配内容库中的信息,则会在下拉框中显示信息提示,这种方式可以帮助用户确认搜索词条的准确性,用户确认后在搜索结果页面的右方则出现了用户可能感兴趣,且与搜索词条关系紧密的扩展内容,以满足用户的潜在需求。整个搜索过程似乎是有一位贴心的服务人员进行专业性的指导,这样极大地提升了信息搜寻的效率。这就是信息架构带给我们的便利。

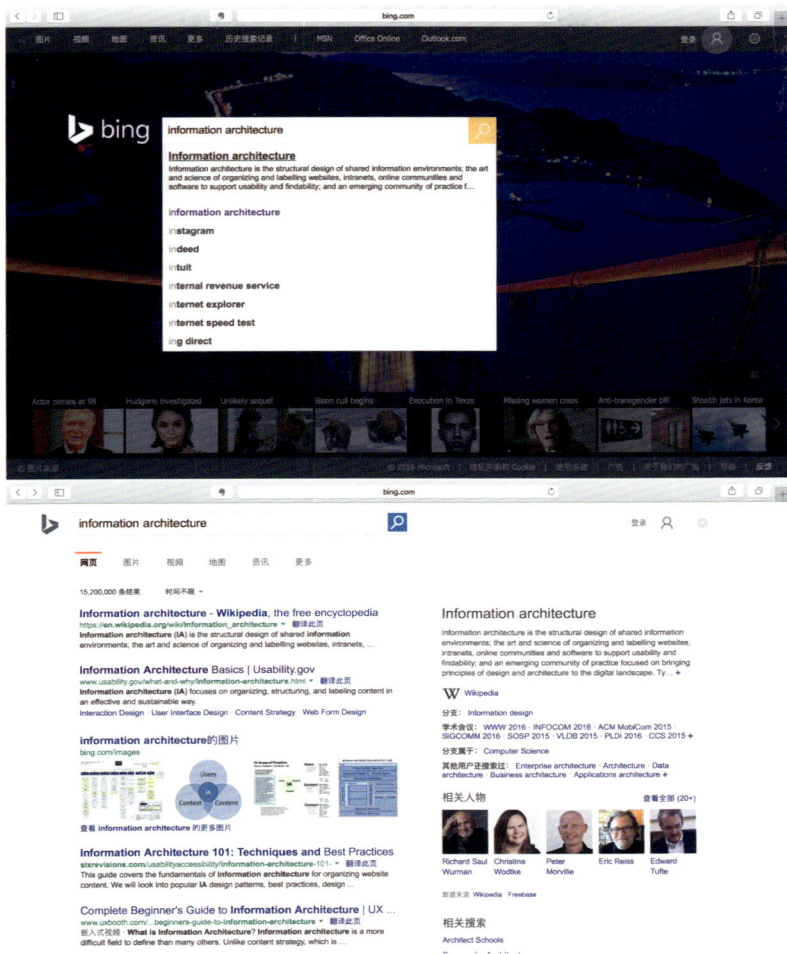

图 1-19 Bing.com 的导航和搜索架构

研究与探讨

迄今为止,人类信息交互的历史经历了人际交互和人机交互两个成就斐然的阶段,交互方式也在发生深刻变化。我们可以展望一下现今两个颇具前景的新媒体技术——VR 和可穿戴技术——将会带给我们怎样的便利?请尝试分析 VR 和可穿戴技术下,用户对于信息的需求,以及应对需求的信息架构特征及形态。

第 2 章　数字化的疾病:为什么需要信息架构

新媒体带给我们的冲击无疑是巨大的,它不仅改变了我们的生活,而且也改变了我们的思维方式。在新媒体的语境下,我们的叙事方式正在发生翻天覆地的变化,这种变化让媒体形态变迁显得愈发复杂,而复杂的媒体形态反过来也在重构着我们的观念,尤其是对时间的观念,这是一个周而复始、相互影响的过程。在这个过程中,我们焦虑、浮躁、惶恐,对待信息洪流不知所措,的确,我们需要一种方式去理解复杂的信息,如此才能把握新媒体时代的信息机遇。

2.1　叙事结构的崩塌

20 世纪 90 年代,互联网迎来加速发展的十年。周围的一切事物都在飞速前行,无论是科技还是经济,人们对于一切都抱着前瞻性的乐观。我们不再是简单调整自己以适应某一单一的变化,而是要适应不断加速改变的各种变化本身。人们面对互联网,面对全新的媒介形态,开始了各种方式的适应。

2000 年是颇具里程碑式意义的一年,人们在媒介科技的凯歌声中开始反省自我,"向前看"的冲劲似乎减弱了,"守住当下"成为了人们思索的主题。互联网产业在经历了第一个高速发展期后,其中的泡沫开始逐一破灭,股市的疲软、经济的衰退,并没有改变信息技术前行的方向,更宏大的社会转型正呼之欲出。面对新媒体,人们从期待未来转向了对当下价值的珍视,人们开始思考技术能够为现在的我们解决怎样的问题,这是一个再出发的开始,互联网信息技术在预测潮流、规划未来中开始思考如何让现有的技术更好地服务于我们的生活,这又是一个良好的发展契机。

正是在这个时期,传媒领域关于新媒体的思考与探索开始孕育、生根和发芽。如何将叙事结构嵌入全新的媒介形态似乎是一个传统媒体迎接转型热潮的关键性的问题。

叙事结构是我们在媒介中用文本还原现实的传统。通过这种方式,我们用故事的结构描述自身的体验与生活,形成公认的文化价值,并构筑自身的社会形态和文化风貌。叙事结构作为信息形态,已经证明了自身承载的价值观,并将它们传递给后人的巨大作用。虽然信息技术使得媒介的功能属性凸显,但人们逐步意识到,作为信息载体的媒介技术,绝不能简单地还原成工具,当它们应用于社会现实,并叙述现实时,便不自觉地参与了社会的构建。

媒介技术的变革,使得人们开始从另一个视角来关注作为信息形态的叙事结构,而技术也把媒介、文本和叙事三者紧紧地裹挟在了一起。不得不承认,在新媒体语境下的信息架构无时无刻不在深刻影响着媒介叙事结构的内核,建立在传统媒介之上的文本分析,此时已经完全无法适用于超文本的表征与实践。作为新媒体的网络,以其特定的信息架构开始深切影响叙事的主体、结构和方式,甚至作用于我们的意识形态。在这样的结构框架下,话语权得到了极大的解放，我们完全能够以个性的方式来规划各种信息的形态，我们可以直接面对网络另一端的每个人，我们有对自己故事慕名的追随者，同时我们也享受技术带来的巨大权力。

2.1.1　叙事转型：从单向到交互

从某种意义上说，传统媒介的叙事是以文字、图像和声音相结合的单向度叙事。这种叙事结构存在了很长的时间，通过再现真实生活的形态，有起有伏地描述情节，条理而深刻地阐述情感体验，我们可以完全地因时而动。有人说传统的线性故事之所以奏效，其原因就在于它们能够娓娓道来故事的缘由，并逐步深入地塑造我们可以辨识的角色，并将我们带入塑造角色的故事情境中，以这样的方式，一步一步造就悬念，推进情节。我们甚至可以触摸到角色的内心，虽然这是一个细细品味的悠长时间，但这样经典的叙事方式的确让人难以释怀。

在技术的洗礼下，人们对于故事的观念正在发生悄然的变化，而传统叙事方式的弊端也在时间的磨砺下开始浮现。不得不承认，在新媒体视阈中传统的叙事结构从本质上说是惰性的，在其信息架构中只是包含"发布"，但并没有可靠的渠道"反馈"，而正是"反馈"才能让人们真切地感受新媒体所带来的快感。

实时实地，与听者互动"反馈"，我们就可称之为"交互"。新媒体时代，与信息技术相关的交互性叙事有五种可能，即智能叙事、超文本叙事、网络叙事、游戏叙事和有机叙事。综观交互叙事的种种可能，不难发现，交互叙事在一定层面上体现为经由人机互动的信息架构而进行的人际互动，从这个层面上说，信息架构其实是一种提供交互体验的中介，借助它，我们的叙事将会有各种的可能。

那么交互性叙事与文本存在怎样的关系呢？主要体现为两个方面：一是人机对话对叙事文本的建构。在这个过程中，媒介也演化出人性化的趋势，受众成为了用户，并通过信息技术得到了话语的权利。二是人际对话对叙事文本的建构。在网络这种全新的叙事空间中，信息架构的交互性与人际对话的需求紧密联系起来，使得网络空间的交往体现出了"拟人际对话"的特征。

2.1.2　观念重构：角色分工的消解

在传统媒体时代，信息的"传者"和"受者"有着明确的分工，在大多数的情况下，"传者"占据信息的主动权，他们独占信息并主导叙事的走向。

从某种意义上说，信息社会使得媒介的叙事结构发生了多维度的转型，这主要因为信息技术提供了多种方式叙事的可能。通过信息的共享，更多的人可以参与到叙事中来，于是叙事不再是精英阶层的特权，传统叙事结构中传者和受者之间"仰视"与"被仰视"的关系被打破，受者由被动地观看变成了活跃的、游牧形态的用户。他们借助人性化的信息形态，在理论上实质性地掌握了信息"传"与"受"的主动权。对于信息，他们可以凭兴趣选择，也可以自如地逃离。新媒体的技术成了他们手中的"遥控器"，他们可以不停地换台，换台，换台……甚至可以 DIY 属于自己的电视节目，所有这一切，只需要"点击"这样一个简单的动作。"点击"用游戏的方式，抹平了"传者"与"受者"之间的沟壑，从另一个方面看，"点击"也让人们对于信息的相关性容值极具下降。通过"点击"这一动作，他们可以追捧也可以随时抽离，浅阅读和扁平化已从观念变成了社会现实。不得不承认，"点击"成为一种信息形态民主化的乐趣，无论是"传者"还是"受者"都流连其中。的确，在新媒体时代，"传者"与"受者"的角色差别逐渐在"点击"权力的民主化中消失，人们都成为了新媒体的"用户"，无差别地共同构建着信息的事实。

从某种意义上说，角色分工的消解，让叙事的结构已进入到了一种混沌状态，传统的叙事框架被新媒体的实验性、激进性所解构，由此伴随而来的是叙事观念的重构以及对叙事本质的重新思考。

2.2　压缩时间

2.2.1　时间极度稀缺

值得一提的是，新媒体最突出的特性就是其精确的复制能力。存在于新媒体中的信息架构可以随时随地、无差别快速地复制，这是新媒体高传播效率的重要原因。在过去，所有媒体用于传播的复制品都只是尽量做到与原件相似，比如说胶片电影，都是先从原始负片印制到中间负片，然后再复制成拷贝片。就像连续复印的纸质文件一样，每复制一次都会增加一些噪点，这样一来，原件和复制品在视觉质量上几乎是天壤之别。如果将电影胶片数字化，转化为视频文件，我们知道，视频文件的拷贝完全可以做到与原件一模一样的无差别复制，而且复制的次数与质量并没有任何的关系。通过这种方式我们可以得到任何我们想要的复制数量。

快速的复制和高效能的传播把我们引入了一个信息高度膨胀的世界。一般情况下，具有无限分发能力的新媒体网络能不停歇地向外传播我们的想法、观点和影响力。我们在文化和社会中的角色也许不再是被动的读者或者观众，而是具有高度选择自由的参与者。但这种高度可选择的自由总需要付出一定的代价。无论身在何处，在新媒体的信息空间中，我们总会不断遭受各种信息的狂轰滥炸。尽管我们在实体空间中同一时间只能出现在一个地方，但在信息空间中的那个"我们"却被分布在不同的设备、平台和网络之中，使用着同一个身份，但遭受着不同信息的冲击。

我们生活在一个主要靠新媒体设备接收信息的世界，并且这些设备永远都处于开启状态，不断给我们推送各种信息。各种信息流的干扰不仅仅使我们的认知能力趋于衰竭，更糟糕的是，它会使我们产生了一种错觉，似乎我们必须赶上每一次信息流的冲击才能与这个时代同步，或者说是活在当下，但事实上，在我们只有有限的时间和单位时间中的认知容量，总会让我们很快失去耐心，我们需要的是用尽可能简短的方式概括我们需要的信息，设计师需要做的，即是提炼，提炼，再提炼，甚至是为我们度身定制的"提炼"。图 2-1 是腾讯新闻 iPad 客户端的截图，我们不难发现，设计师十分关注信息定制的功能模块，设计了人性化的交互方式，用户可以自由选择将哪些信息推送到自己的屏幕上，并把每一个栏目可呈现的信息控制在 10 页内，见图中的蓝色标记，因为设计师知道，用户时间极度稀缺。

1. 时间是速度

人类也曾生活在没有时间概念的时代里。在很久以前的狩猎时期，人与人之间依靠口头或身体语言交换信息。那时的人们生活在永恒的当下，没有过去和未来的概念，更不用提什么历史和进步。

书写作为人际交互的重要工具，它能使人们有能力订立合约，我们知道合约提前规定了责任，这使人们多少具备了一些掌控未来的能力，而关于未来的观念也由此形成。

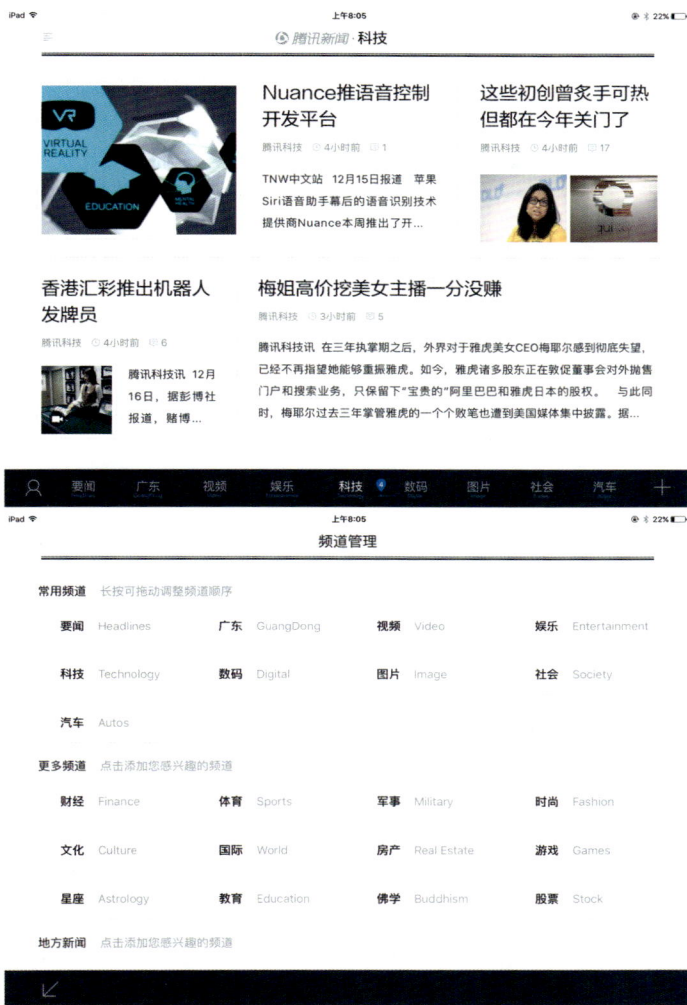

图 2-1　腾讯新闻 iPad 客户端的截图

　　历法在人类发展的历史上可视为是一种描述时间的形式。人们通过历法、节日、纪念日来定义自己，组织活动。历法承担着双重责任：一方面既要代表日、月、年这些根据月亮和太阳的活动而形成的自然周期，另一方面又要按照历史轨迹以数字的方式记录年份与事件。这就催生了"过去"和"未来"的概念，由此一个文明即拥有可以丈量自己前行步伐的工具。

　　工业时代的那些被挂在建筑物外的时钟，让人更多地联想到了效率。效率是时间和速度的综合概念。效率就是财富，在机器大工业的年代，人们通过改造机器获得效率，但也产生了系列的社会问题，比如说机器对于工人的挤压。

　　如果说机械化的宇宙观把人类的肉身等同于时钟的机械构造，那么现在数字化的宇宙观则将人类的意识等同于计算机的系统操作。其实在虚拟的信息空间中，时间不仅仅是在流动，而且是急速奔走。此时的时间不再是线性的，而是不具形象的，且联想性的。我们不再测量从一种状态到另外一种状态的变化,而是测量变化的速度以及速度变化的速度,像图 2-2 是美国人关于季节变化真实想法统计的信息图,通过这张图我们清楚地感觉到人们观念的变化速度。我们也能从图 2-3 的信息图中感觉到人们对于速度的青睐,而赋予我们速度感的即是科技,是科技让我们拥有了把握时间的可能。

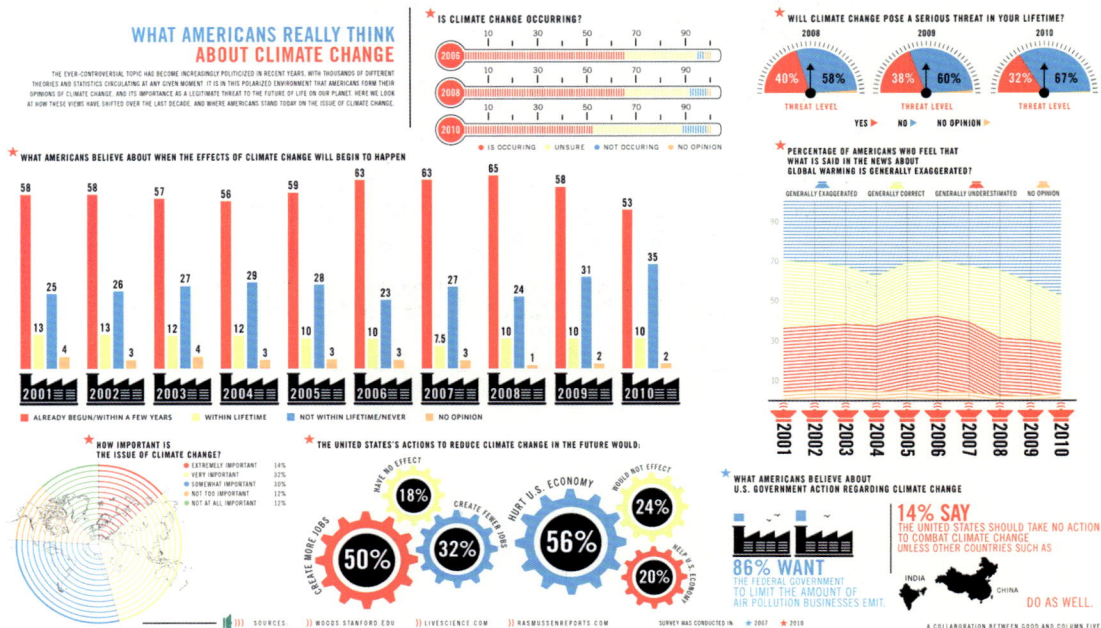

图 2-2　美国人关于季节变化的真实想法

我们利用新媒体技术使自己成为了时间的主宰者,同时凭借创造信息架构这样效率化的信息形态,获得相应的速度,时间不再是关于过去和未来的刻度,更多地与科技连接起来,借助网络空间的信息架构,我们可以跨越时间的围篱,去认知世界,由此带来思维的创新。

2. 嘀嗒之间的空间

在虚拟的世界中,我们可以借助信息架构把不同尺度的时间揉合在一起。当我们在搜索界面搜索某个词条时,搜索引擎给出的搜索结果,既可能有最新发布的文章,也可能有涵盖过去很长一段时间的研究成果,所有这些都会罗列于一个表单中,在逐个的条目中,时间似乎成了"压缩饼干",在解决具体问题时,显得如此有效,我们的信息需求很容易在其中就能得到想要的满足。

新媒体技术其实解决的是关于选择的问题。从某种意义上说,信息化路径更接近于电脑游戏而不是按部就班的叙事。信息化的时间轴不是从一个时刻过渡到另一个时刻,而是从一个选择跳到另一个选择,停留在信息架构每一个决策点中,选择和决策的自由是信息化时代或任何一种新媒体技术的基本特征。每个选择都有可能把我们从一种沉浸式的参与过程中拉出来,转而投向到另一个抉择的矩阵中。我们可以在任何的决策点选择抽离或参与,我们通过信息架构似乎可以真实地触摸到嘀嗒之间的空间。图 2-4 是一款地球管理游戏的 UI 设计,游

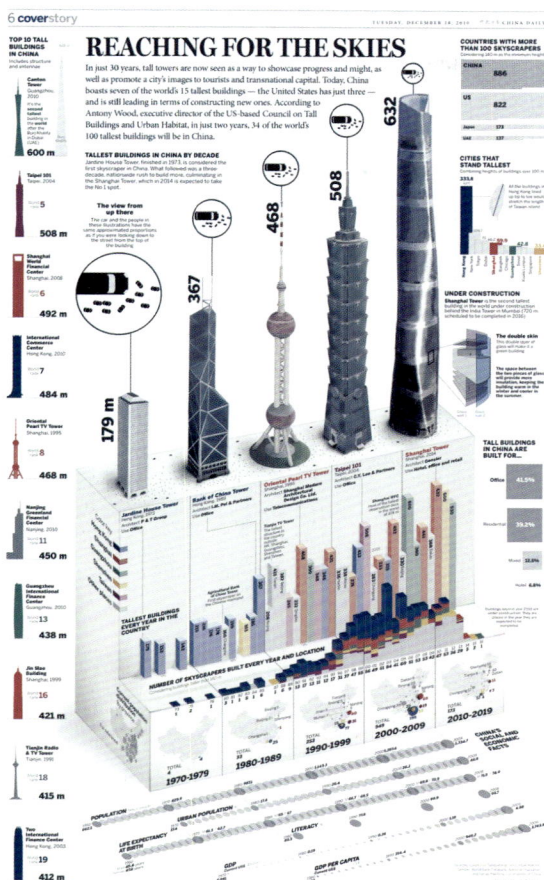

图 2-3　触摸天空

戏故事开始在石器时代，在这个游戏中玩家将扮演一个神——Universim，在不同抉择中，推进文明历史的进程。的确，我们借助新媒体技术可以成为"神"，在不同的抉择中，我们体验着掌控时间的快感。

　　时间对于深陷其中的人来说，总是难以琢磨的。古希腊人认为我们之所以很难看清时间，是因为我们通常无法区别有关时间的两个命题，即：Chronos（时间）和 Kairos（时机）。古希腊人认为，时间是多面性的，无法用一个词表述清楚。其中 Chronos 是指时间的数量，而 Kairos 则是指时间的质量。Kairos 是指事件发生的最佳时机，而 Chronos 直接体现为事件发生时时钟上具体的数字。Chronos 可以用数字表示，Kairos 只能由我们去经历和解读（见图 2-5 和图 2-6）。

　　当我们冲着电话叫嚷"我没时间，真的是没时间"时，我们真的是忙到不可开交吗？其实大有可能是因为这个电话来得不是时机。成功的信息架构总能在恰当的时机让用户选择并决策，使任务的流程趋向预想的方向，从某种意义上说，信息架构的决策点其实就是对时机的一种把握。关于时机，在信息架构的设计中，其实是一种与用户交互的关键点，它可以帮助我们得到意想不到的收获。

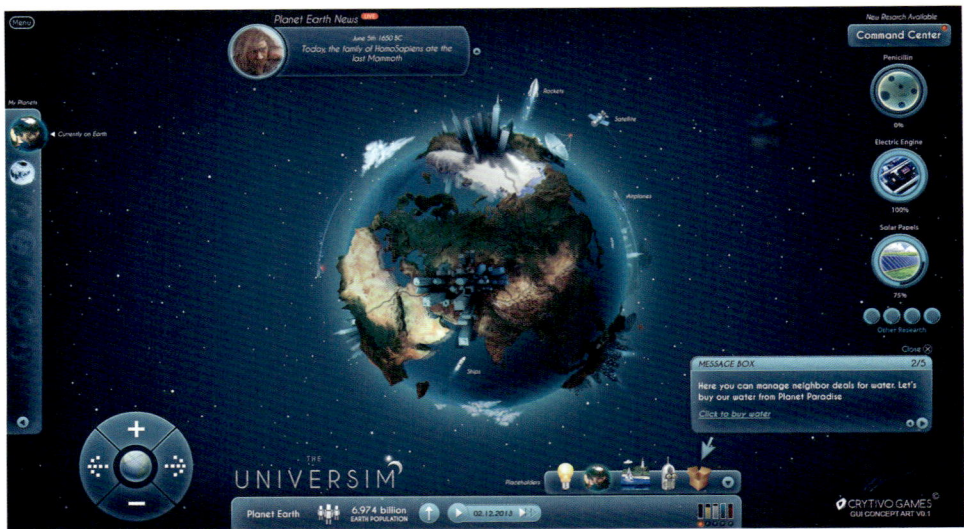

图 2 - 4　Universim 游戏的 UI

图 2 - 5　古希腊的时间之神 Chronos

图 2 - 6　工作中的时间之神 Chronos，即 Kairos

2.2.2 把过去和未来都压缩到当下

1. 时间绑定

普通语义学研究的奠基人阿尔弗雷德·科日布斯基曾对人类运用压缩时间的独特方式非常感兴趣，他称这种方式为"时间绑定"。在他眼中，植物可以通过光合作用绑定能源；动物可以四处活动绑定空间；而人类则可以绑定时间。我们可以将一代人的经验用语言和符号加以记录，并传给下一代，从而使得每一代人都能站在前人的肩膀上，此时文明的成果才能得以积累，人类社会才具备前行的动力。

值得一提的是，人类抽象思维能力从本质上说有着无限的发展空间，而体系庞杂的符号体系，则正是人类抽象思维能力最有力的印证。人是符号动物，人创造符号不仅仅是为了沟通，还是为了改变自己的生存环境。符号是技术和经验的集合体，在人机互动过程中，符号的作用不可小觑。图 2-7 是 iOS 系统关于天气的应用，当看到温度提示是 -1℃ 时，我们就知道该穿上大衣出门；当我们看到金黄色的小太阳时，心情都会由此舒畅。从记录温度的技术到我们对应的体感经验，使我们能够借助符号在分秒之间做出一个该穿什么，或是取决于心情的决定，我们不需要过多的说明，简单的符号就能说

图 2-7 iOS 系统的天气 UI

明一切。整个文明历经数千载耕种才获得的收成，似乎瞬间就被收割完毕。的确，我们可以通过符号技术站在巨人的肩上。

在信息时代，绑定时间已成为了现实的需求。像图 2-7 那样，我们可以把未来数天的天气绑定在一个表格中，这样可以毫不费力地规划我们和天气相关的出行。从某种意义上说，信息架构可以帮助我们通过他人的积累和分享来获得知识的最大化。这是一个创造性的过程，同样也是一个 1+1＞2 的过程。那些由符号组成的信息架构，可以将晦涩的概念通俗化，可以将时间积累的经验高度浓缩，同时用容易传递的方式记录并传播，并且这种绑定时间的方式大大节省了我们在认知上的付出。我们甚至可以在五分钟或更短的时间中了解一个之前陌生的概念，这是一种特定的绑定时间的方式——信息架构，并且这种方式在技术的推波助澜下，不断地更新换代。

值得反思的是，这种绑定时间的方式虽然极大地节省了我们的认知成本，但是也会造成各种难以预计的隐忧，比如说，当我们完全依赖于抽象符号创造者对于时间的绑定，那么就很可能失去了与真实世界进行能量绑定的能力。就像加班加点的工人试图超越身体的自然生理周期一样，如果我们试图完全依赖这些符号体系，最终将走向另外一个对于人性的牢笼，这是我们面对技术概念应具备的价值理性，它能帮助我们走得更远。

2. 时间存储

信息架构可以将时间存储起来,这时的时间既像一汪静水,也像一股清泉。当它保持足够长久的静止,便能改变我们的生活方式,这是一个有趣的孕育文化过程。当它像清泉一样流动时,便可带来自身之外的变化。

借助这个比喻,我们不难理解信息架构中的承载物,它们既可静止,也可流动。的确,信息既可存储,又可流动。所谓存储的信息,一般总会有始有终,但是我们可以按照需要来安排开始和暂停的存储节点。所谓流动的信息,带来的更像是电子音乐或极限运动那种无叙事的体验,这样我们可以获得一种结构性的感受,并且这种感受不需要做到有始有终。

图2-8所描述的是癌症的信息流,我们可以截取其中的某一个点,来研究癌症的相关数据,像这样的信息图,其架构形态往往都是在阐述某种机制或模式,并不专注于数据的精准。其实我们述及的信息架构不但要兼顾存储的信息和流动的信息,为它们提供容器的作用,还需要应付那些同时兼具存储和流动信息特质的数据类型。一般来说,电子信箱中的邮件一旦收到,往往都是按照一定的规则排列,只要不做相应的处理,它们将会长久地静止在那里,所以它更像存储的信息;而微信上的信息,则是一段一段的信息流,有来有往,在不断地刷屏过程中,分秒流逝。

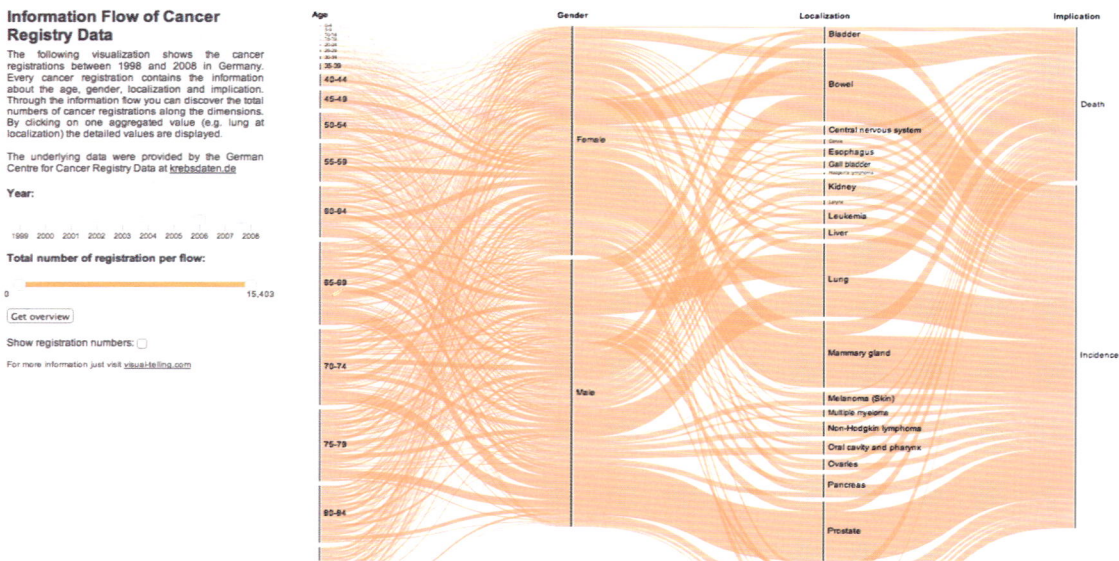

图2-8 癌症的信息流

3. 弹簧负载

新媒体技术可以以各种方式绑定并存储我们的时间。这是可控范畴的技术对我们生活施加的影响。我们没有必要回避,但需要因势利导。这样才能使绑定和存储下来的时间为我所用。这其实是一种虚拟空间中对于信息形态设计的理念,能够帮助我们在面对问题时,以冷静的方式寻求解决方案。

自从学会使用火,人类就意识到自然界可以将能量进行"弹簧负载"的处理,通过这种方式,火的能量能在另一个时空中,以热的形式释放出来。"弹簧负载"就像是一个紧发条的过程,如图2-9所示,旋紧发条的过程其实是一个能量积累的过程,而释放发条则是为了某种目标明确的用途。"弹簧负载"可以为我们构建信息架构时提供的观念性的启发,就是我们如何处理信息的存储与释放的关系,尤其是如何压缩任务的流程以提高相应的工作效率的问题。对这个问题的思考,我们可以得到很多具有创新用途的信息架构,并且这一观念在创建高效率任务流程时十分奏效。在信息化程度日益提升的今天,为了应付多任务的流程,我们需要让许多的工作同步进行,比如说,研发人员不必再依次做市场调研、原型设计、产品测试、最后发布正式版,他们可以在合理规划,并完成必要的准备

图 2-9　弹簧负载

工作后,把所有的环节都统筹到一个流程中,这样可以在较短的时间中极大地提升工作的效率。这就是一边绑定时间、一边存储时间的"弹簧负载"。和我们一样,用户需要一切都在当下进行,并且把流程像压缩弹簧一样,推至极限,这样才能让它们感觉到快捷。

2.2.3 用简单模式搞定复杂系统

毫不避讳地说,在媒介科技的宠惯下,我们很少会愿意以常规的时间轴去感受故事的来龙去脉,在这个意义上,超级链接为我们提供了跨越时间维度的可能。我们经常听到"碎片化"这个词,但让我们真正感受到"碎片化"的还是信息架构中那些缤纷复杂的超级链接,是它们碾碎了我们认知的世界。与此同时,碎片化不但成为了信息文本的特征描述,也成为了我们越来越复杂信息行为的潜在诱因。"碎片化"是一种生存的现实,这无可厚非,但信息形态的碎片化,并不会给我们的认知带来更多的好处。如何让这些碎片化的信息,以一种便于把握的规律形态呈现,其实就是信息架构设计的目标。

我们需要用简单的模式去搞定复杂的系统,这能解释很多设计项目的缘由和行径思路。如同我们所知,系统论和混沌数学能增强我们认知复杂的知觉能力,而系统论和混沌数学的典型图例便是分形。分形可以帮助我们理解天然的、粗犷的现象,例如云、海浪、岩石、森林等。从产生的机制看,分形是数字的不断迭代而产生的视觉形态,通过计算机渲染,美丽且复杂的图案会逐一呈现在我们面前,这些图案看起来显得如此华丽,像珊瑚、蕨类植物或气象云图。分形最有意思的地方是其自相似性。如图2-10所示,如果放大一个图案的局部,我们观察这个局部的细节,会发现放大后部分的形状与放大前看到的形状完全一样。继续放大,结果仍然一样。一方面,分形可以极好地定向:上面什么样,下面就什么样。另一方面,一旦对分形进行放大,就无法知道究竟放大了多少倍。因此,分形具有二元性特征——它既能指引我们,又会挑战我们的认知容积。

分形能为我们提供一条发现复杂系统潜在模式的路径,同时也会引诱我们寻找那些根本不存在的模式。所以,分形就是用简单模式搞定复杂系统的一个典型例子。信息架构的机理

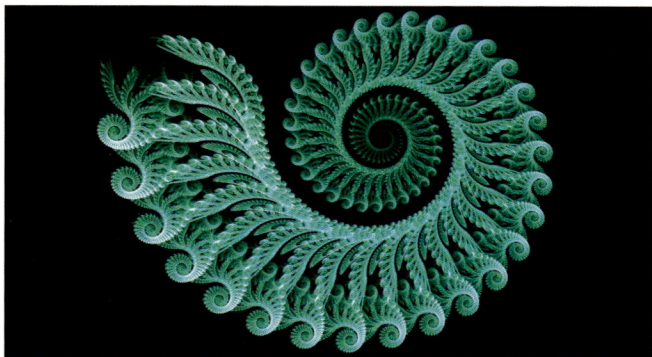

图 2-10　分形艺术

与分形艺术很像,从基本理念来说,信息架构可以像分形那样解构复杂的系统,用每一个简单的单元去构成对复杂信息群的认知;从具体方式看,信息架构通过把握认知规律让信息排列的结构合理化,这样一来我们便很容易了解事物与事物之间的关联,由此可以产生见解。

值得注意的是,分形也会有负面影响。例如,它会让人们不自觉地关注形式而忽略内容。这就像我们在阅读新媒体上的信息时,会对形式敏感,而对内容却并不那么在意,这也是分形观念运用于信息架构设计时需要直面的问题。的确,我们过于关注形式的识别,就会忽视信息的本身。这也带来了一个后续应该解决的问题,即如何在新媒体信息架构中将形式和内容相匹配,以及二者以什么样的方式和比例权重进行。其实从这个层面上说,形式是一个模式识别的过程,这个过程是交互的,通过这个方式来沟通用户,并满足他们的信息需求,由此完成信息的存储与共享。当形式与内容吻合并跨越认知的障碍时,便形成了具有成效的交互,并使形式、内容和需求有机地联结起来。所以在新媒体信息架构这个分形系统中,每一个单元都是形式、内容和需求的结合体,一定数目的单元相互累积叠加,便产生了形态万千的信息架构。

新媒体信息架构的设计,其实是一个驾驭混乱的过程。驾驭混乱不仅是依据认知规律理清关联,同样也是创造兼容的过程。这就意味着我们需要对混乱进行反馈控制。反馈控制的想法出自数学家诺伯特·维纳。他意识到,提前设计各种可能性会比随条件变化而进行相应调整难得多,如果一条已经设计好航线向东行驶的小船有可能会在风和海浪的影响下向偏南方向行驶,掌舵者可以根据罗盘的反馈一点一点向北校正。条件再次改变,信息以反馈的方式被送回,掌舵者测量误差并制定新线路,如此反复。信息架构的设计就是这样一个迭代式的调整过程,小船的航向就是用户的需求,在驶向用户需求的过程中,总会因为各种因素的干扰,而偏离航向,所以需要不断地检视、调整,让设计的思路回到预期的航线中,这样才能逐步达成用户的需求。其实新媒体信息架构的设计更像是一个自组织系统,这个系统的运作动力即是反馈和迭代,通过这样的方式来获得驾驭混乱的方式和途径。

研究与探讨

新媒体技术让我们面对巨大的信息财富，也带给我们各种各样难以言状的便利，与此同时我们的认知也在经历巨大的挑战。我们可以用"媒体日记"的方式记录下我们 1 天 24 小时所使用过的媒体，其中哪些信息形式给我们带来了切实的便利？它们是怎样的叙事结构？它们是如何压缩时间？走出功能的窠臼，站在社会层面再看这些信息形式，是否具有更深层次的意义？

第3章 物尽其用：新媒体信息架构的基本构件

新媒体信息架构的基本构件包括组织系统、标签系统、导航系统和搜索系统四个基本构件（见图3-1），它们基于用户研究并有机组合，便形成了功能取向各异的信息架构。其中组织系统主要解决的是如何组织信息的问题，即"你做的是什么"，这个构件主要决定如何组织信息；标签系统解决的是如何标示信息的问题，即"你的服务体系是什么"，标签系统决定着标签的生成和排布规则；导航系统解决的是信息浏览路径问题，即"你怎么理解你的用户"，这个构件决定导航系统的形式；搜索系统解决的是如何搜索信息的问题，即"你怎么看自己的价值点"，搜索系统是信息架构价值特色的直接体现。下面分别对这四个基本构件加以分析。

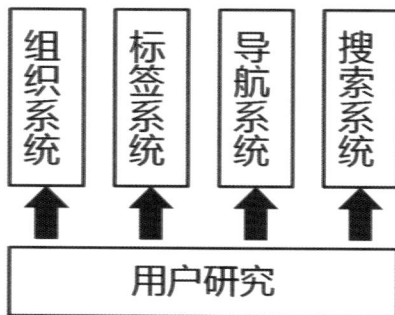

图3-1 新媒体信息架构的组成

3.1 组织系统

3.1.1 组织信息的挑战

1.模糊性

我们组织信息，往往首先要将信息分类，而信息分类的基础是语言。如我们所知，语言本身是具有模糊性的，即字词的理解方式多样。这样的模糊性使得信息分类的基础并不像我们想象的那么牢固。

在信息分类的过程中，我们不仅需要认同标签的用法及其意义，也必须认同哪些信息需要放在相应的分类之下。当要用被组织的信息表述抽象的概念时，那么信息分类就会更加困难。

所以，组织信息，前提是我们必须考虑语言的模糊性，这是非常现实，而且是非常具体的挑战。

2. 异质性

异质性指的是某种东西或者一群东西是由不相关或不相同的部分所组成。异质性的反义词是同质性,指的是某种东西由类似或相同的元素所组成。如果网站的信息具有异质性,那么就很难把这些信息强行塞进某种单一的结构化组织系统中,即使用各种不同的维度对信息进行分类,也很难到达预想中的理想效果。不同的媒体形式的信息应被视为具有异质特征的信息。对于异质性的信息,在操作过程中应该有不同的处理方式。

3. 观点的差异性

每个人对于计算机中的文档和目录进行管理,其命名的方式和组织原则,不可能会完全相同,这就是对于组织信息的观点差异。

事实上信息的分类和组织系统受到建构者观点的影响十分深远。从拥有网站的企业角度来看,企业决策者的观点在很大程度上就决定着其所拥有企业网站的信息组织方式。

但是我们需要看到,只有把用户研究的方法结合起来看,才能得到真正的洞察力。某一网站的组织系统不可能放之四海皆准。然而,只有在用户研究的基础上整合观点,通过对用户进行研究和测试,全面了解目标用户,这样才能为用户提供更好的信息组织方式。

4. 企业文化

每个公司都有企业文化,企业文化对于组织信息具有潜在的影响。企业对于自身文化的理解不但对于组织信息的方式,而且对于最终呈现的结果都有巨大作用,因此为网站和企业网络设计信息架构的过程,可能会牵涉到机构政治的私下对决。组织系统和分类系统的选择对于用户如何看待该企业及其部门和产品,在此基础上产生怎样的品牌印象,作用巨大。

设计师需要对机构政治有相当高的敏感度。因为机构政治在一定程度上会提升建立信息架构的复杂程度,甚至让可用性的诉求偏离轨道,因此如果设计师对机构政治的议题有足够高的敏感,则可以应对它们对信息架构设计所带来的冲击。

3.1.2 信息的组织结构

信息的组织结构在网站设计中扮演着无形但相当重要的角色,它会定义用户浏览时的主要方式。从目前看,适用于网站和企业网络架构的主要组织结构,包括等级式、数据库模式,以及超文本三种。每一种组织结构都有其优缺点。在某些情况下,只使用一种是合理的,但在很多情况下,以互补的方式综合使用这三种组织结构收效会更好。

1. 等级式

几乎所有优良信息架构的基础都是设计良好的等级式系统。长久以来,我们一直就把等级式信息组织的结构视为信息组织的基本方式。这种信息的结构在我们的生活中无处不在,而且它能让我们以逻辑的方式去理解这个世界。图 3 - 2 就是植物的等级分类方式,通过这样的方式我们一方面可以快速地找到某个植物的科属,另外一方面也会对植物的科属有一个整体性的概念。

在很多时候,等级式系统很有说服力,用户可以很容易而且快速地了解使用这种方式网站的信息分布,因为它的结构与我们已形成的思维模式十分接近,用户完全可以通过现有的心智模型进行方位和功能判断,并能形成有意义的选择。

等级式信息组织方式的设计可以采用自上而下的路径,我们可以先找出主要的内容和相应的从属关系,再探索可能的体系以容纳这些信息。

为网站设计分类法时,要记住一些原则。

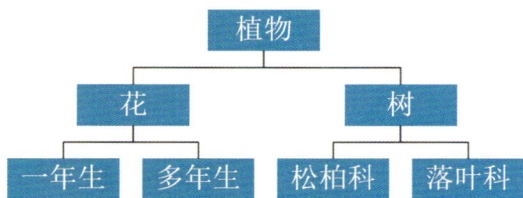

图 3-2 植物的等级分类

　　首先,要有观念,但不要被它束缚。一般等级式的各类别之间是彼此互斥的。对单一的组织体系而言,我们必须在排他性和包容性之间取得平衡。允许交叉选项的分类,这样会使信息的组织结构具有复合式等级的特征。对模糊性组织体系而言,要把内容区分成彼此互斥的类别,有一定的难度。在很多情况下,我们可能需要把模糊的条目放进两个或两个以上的类别,这样才能确保用户可以找到。但是,如果有太多条目进行了交叉编目,那么等级式系统的价值就会丧失。如何在排他性和包容性之间抉择,的确是一个关键性问题。

　　其次,在分类法中要注意宽度和深度之间的平衡。宽度指的是等级式系统中每一层的选项数目。深度指的是等级式系统中的层数。如果是又窄又深的等级系统,用户必须点击多次才能到达放在最深层的内容。如图 3-3 所示,从 A 页到 B 页不但要点击多次,而且还要凭直觉进行判断,这样一来用户犯错的机率就增大了。相对窄而深的等级系统而言,宽而浅的等级分类会更适用于移动类型新媒体的信息架构,设计师只要将选项的数目控制在可以管理的范畴,用户就能方便做选择并到达想要的页面,如图 3-4 所示。但是,如果层次太宽太浅,用户就必须从多个类别中进行选择,才能找到相应条目。这样用户就会面临主菜单上有太多选项,而且当他们选了一个选项,却没看到什么内容时,就会产生不良的体验。

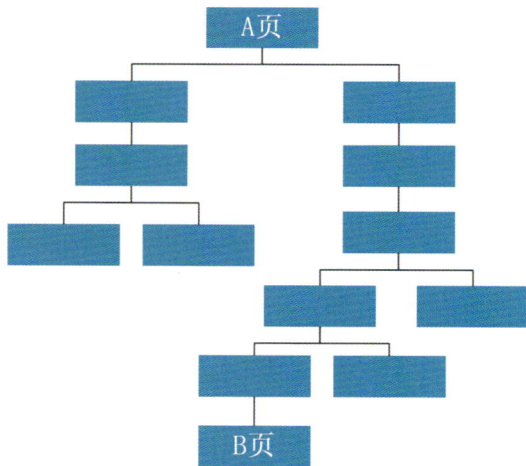

图 3-3 窄而深的等级分类

　　所以我们在考虑宽度和深度的范围时,需要对于一般人的视觉观察能力,以及人类心智的

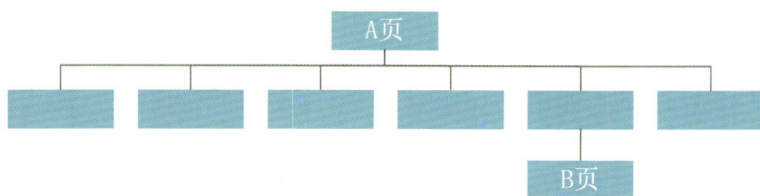

图 3 - 4 宽而浅的等级分类

认知局限进行仔细分析。一般认为，链接的数目要限制在用户扫视页面的能力之内，而不是仅以短时记忆作为依据。以下原则我们需要注意：

（1）我们需要充分认识到让用户的认知承载太多选项时的危险性。

（2）我们需要在页面的视觉层次上多做设计思考。

（3）进行严格的用户测试，并确保结果的客观科学。

和宽度相反，考虑深度时，要采取更保守的方式。如果用户被强迫点选的层次超过两三层，他们可能就会直接放弃，这十分现实。

事实上，适度平衡宽度和深度可以提供最佳的效果。新生的网站和企业网络应该更倾向于宽而浅的等级系统，而尽量避免采用窄而深的等级系统。这样在增加内容时，就不用对组织结构做大幅的修正。在等级式系统中的次级页面，新增条目比在主页中增加条目会减少很多的现实问题。首先，主页是用户最主要而且最重要的导航界面，修改主页会破坏用户长年累月在这个网站上形成的心智模型。其次，因为主页对于企业来说，是重要的与用户沟通的交互界面，所以决策者不得不将足够多的精力和金钱倾注其中，如果要对主页做修改，自然要比修改次级页面花费更多的时间和费用。

图 3 - 5 是一个分类清晰，信息组织结构宽度和深度处理得恰到好处的案例，每一个条目

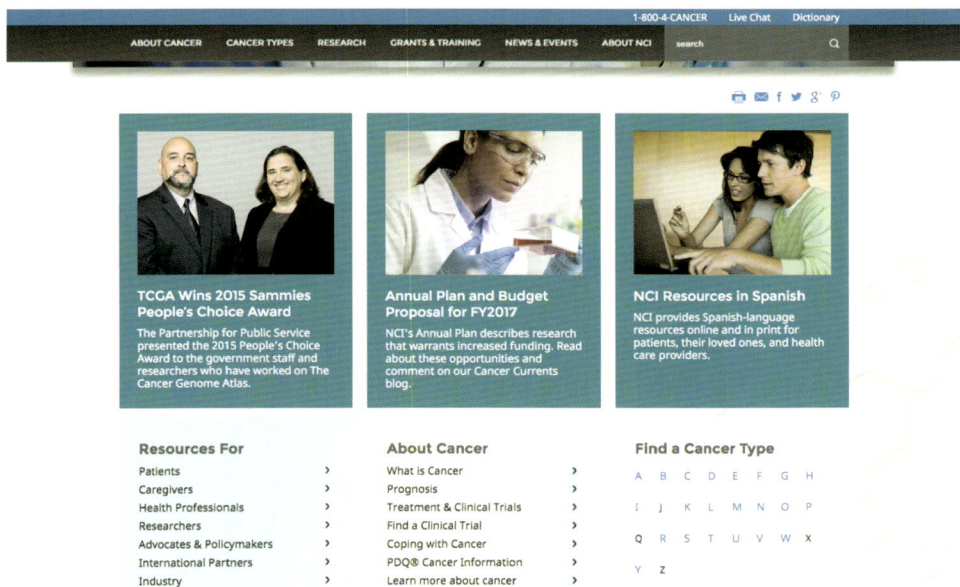

图 3 - 5 分类清晰的网站设计 UI

都有很好的延展性,整个页面的信息架构干净而有效。

2. 数据库模式

数据库功能作用即收集和整理数据,并能便捷地搜索和获取它们。如我们所知,大部分重量级的数据库,都是以关系型数据库模式建造而成的。在关系型数据库结构中,数据是储存在一组关系或表格中,如图3-6所示。表格中的数据行代表记录,如姓名行;而数据列则代表不同的字段,如性别、城市、年龄等。不同表格中的数据可以通过一系列的键值连接起来。

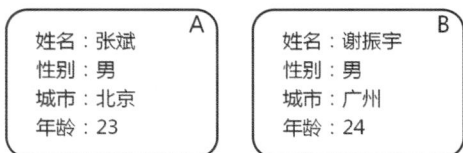

图3-6 关系型数据库的记录

在这里,我们需要了解的一个概念就是元数据,元数据是描述数据属性的信息,用来支持,如指示数据存储位置、历史记录、资源查找、文件记录等数据库功能,所以我们可以把元数据定义为有关数据属性的数据。

元数据是连结信息架构与数据库结构的关键所在。元数据能够让我们把关系型数据库的结构运用到异质性的、非结构化的网站环境中。要使元数据真正发挥作用,我们还需要使用受控词表为元数据打上标签。受控词表,又称为控制词汇表。受控词表是一种对知识加以组织整理,以便后续进行检索的技术方式。受控词表方案强制要求采用预先确定且经过权威认定的术语,而这些术语是由词表的设计者原先选定的。通过使用受控词表处理后的元数据,我们就可以进行对数据库进行颇具成效的搜索、浏览、过滤,以及各种动态性的链接。

对于信息架构的设计师来说,需要了解元数据、受控词表及数据库结构在以下方面的用途:

(1)如何自动产生按字母顺序排列的索引(如产品索引);

(2)如何动态展示相关的"还想了解"链接;

(3)如何进行段搜索;

(4)如何使用高级过滤机制和搜索结果的排序。

需要指出的是,如果数据库模式用在具有较高同质性的子网站中,元数据和受控词表的功能作用就会特别明显。

3. 超文本

超文本是设计信息架构中相对比较新的一种方法,它是高度非线性的。如图3-7所示,超文本系统主要牵涉到两种主要的组件——要彼此链接的条目或信息块,以及块状信息之间的链接。这些组件会形成超媒体系统,用以链接文本、数据、图像、视频及音频数据。超文本数据可以按等级或非等级的方式关联起来,当然也可以两者并用。在超文本系统中,内容数据块在关系松散的网站中是可以链接彼此,并形成有效的信息组织体系的。

虽然超文本组织结构具有很大的灵活性,但是如果使用不当,就会增大潜在的复杂度,并造成用户的使用难度。这主要是因为超文本链接会高度反映出联想的个性化机制。因此,当用户在高度超文本化的网站上进行浏览时,会很容易迷路。因为在这种类型的网站上很难建

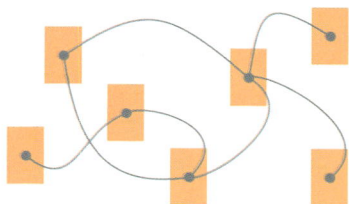

图 3 - 7　超文本系统

立起一种普适的心智模型。因为超文本链接本质上也是个性化的产物。

有鉴于此，超文本通常不是作为主要的组织结构。相反地，超文本可以弥补等级模式或数据库模式的不足。超文本可以让我们在等级式系统中，建立条目和区域之间有用且具创意的关系。所以，我们可以先将信息等级系统设计出来，再以超文本补充等级式系统不足，这样通常比较合理，而且效果会比较明显。

3.1.3　大众分类

大众分类也称为合作式分类、自由式标签法、大众索引法及民族志分类法。我们知道标签作为群体的导航枢纽，其实是公开的。在很多的操作系统和应用系统中，用户可以自行设定标签，并在这些个性化定制的标签中顺畅地跳转，如图 3 - 8 所示。当许多人参与标签的设定时，

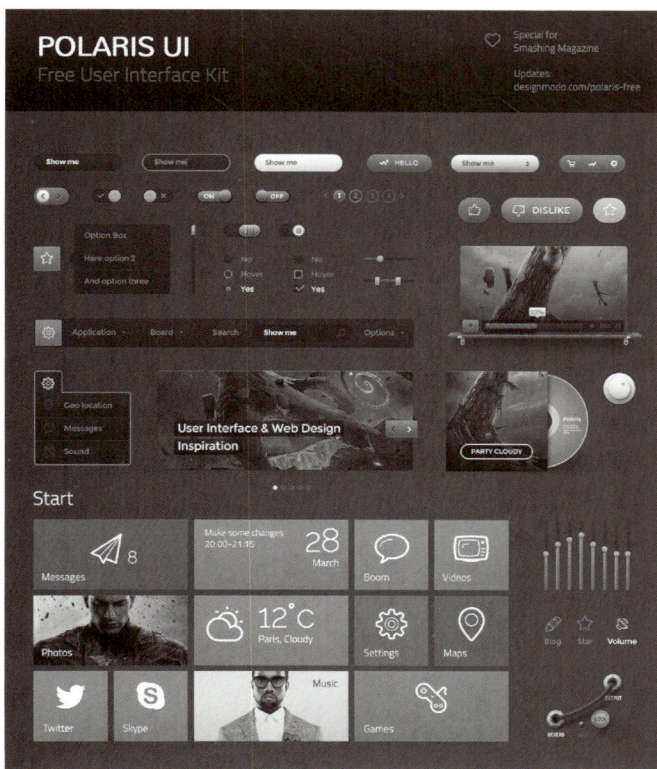

图 3 - 8　大众分类的标签设计

就会很自然地形成浏览数据行为的积累，这样一来，只要分析这些数据，并把用户行为和标签模式综合起来进行思考，新的组织和导航系统就可以水到渠成。图 3-9 是戴尔电脑的触屏 UI 设计，其标签系统的设计生成的方式采用的就是大众分类。

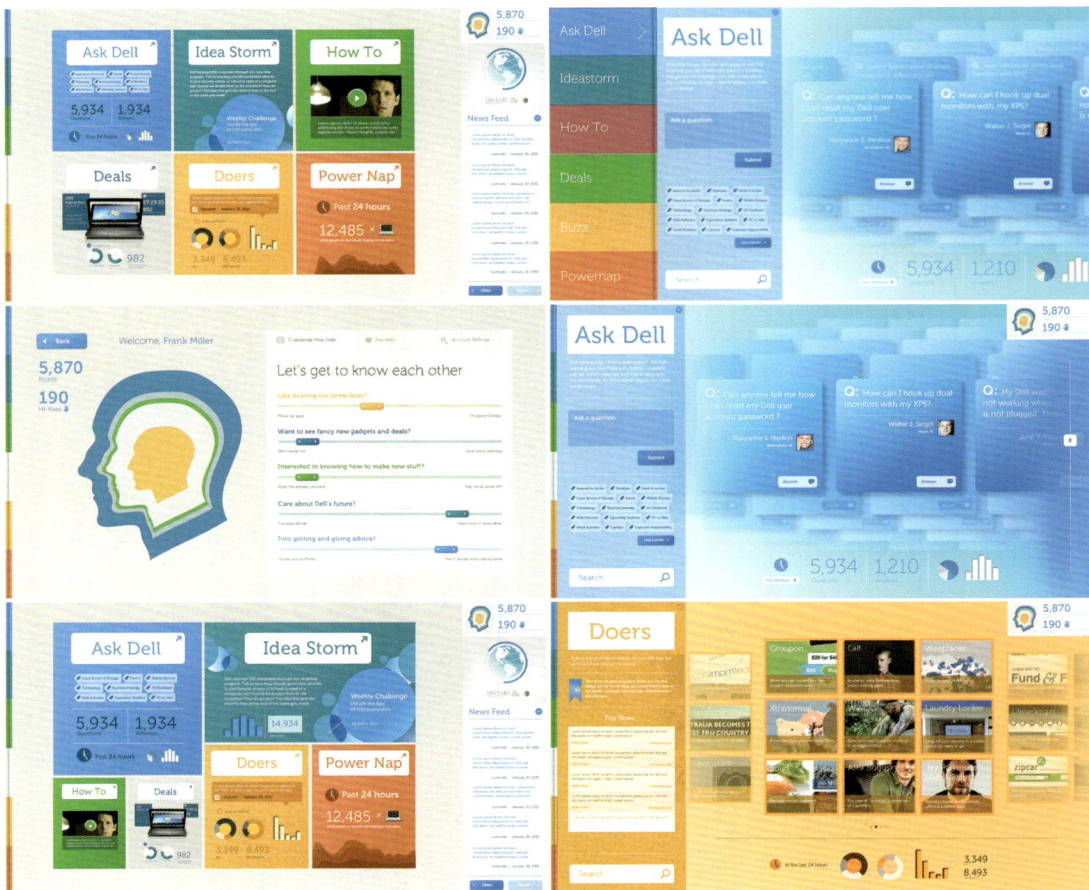

图 3-9　戴尔电脑的触屏 UI 设计

设计师在进行新媒体信息架构设计时，往往需要这样的挑战，即在传统和新的组织方式的整合中扮演决策者的角色。在很多情境中，我们为用户独立设计信息的架构和组织方式。但在另外一些情境中，我们也会设计相应的环境和工具，并邀请用户以大众分类法的方式共同参与信息架构的设计过程。此外，在某些项目上，我们也可以综合使用标签法和大众分类法，把用户和其所需的内容关联起来。这些都有赖于我们对于用户真实需求的理解，无论怎样使用方法，其目的都是为了给用户提供更有效率的服务。

3.1.4　凝聚型的组织系统

信息的组织系统是复杂的，我们必须综合考虑各种精确性和模糊性的组织体系，还需考虑组织体系会怎样影响用户浏览的效果。我们也可把网站的信息架构分成多个组件，并根据任务的分工，让每个组件集中解决一个问题。当每一个组件精确对应同质性的信息内容时，才能提高效率,发挥最大的组织效用。

凝聚型的组织系统设计路径一般会随网站不同而有所不同。在思考主要采用哪一种组织体系时,要记住精确性体系和模糊性体系之间的差别。精确性体系最适用于那些已知词条的检索,因为用户已经知道他们要找的是什么。而模糊性体系则最适用于浏览与联想式检索,因为此时用户对其信息需求也不明确,这样就需要在把握相关性的前提下,适度扩大范围。可能的话,这两种体系可以综合使用。由于我们的语言是模糊的,大多数的信息内容是异质的,加上信息组织各自有不同的观点,因此采用凝聚型的组织体系会是一个有效的途径。

思考要采用哪一种组织结构时,企业内部或外部网站通常都需要用到以上这几种信息组织结构的类型。一般来说,网站最顶端、伞状的架构几乎都是等级式的架构。当设计这种等级式的信息组织系统时,要注意结构化同质的信息集合,而一些子网站则可以采用数据库模式,当内容条目之间缺乏结构而且具有跳跃性的逻辑关系时,则可以通过作者提供的超文本,或者通过用户贡献的标签来解决实际的问题。这样一来,无数的组织结构就能统一运作,从而建立起凝聚型的组织系统。

3.2　标签系统

3.2.1　标签的命名

在很多情况下,无论是企业内部网站还是外部网站,其实都是中介媒体。通过这个中介媒体在企业和用户之间,彼此以互动的方式进行着信息的沟通。这种"电话式的会话游戏"会让一些信息悄然地模糊掉。所以,这种并非出色的中介媒体,如果没有什么视觉上的线索,沟通就会出现屏障。因此,命名标签的工作也就显得十分重要。

为了尽可能地减少屏障带来的负面效应,设计师必须尽其所能地设计标签,并使标签能够和网站用户的行为保持一致,而且又能体现出信息的实质内容。此外,就像对话那样,用户如果对于某个标签可能会产生误解或疑虑时,也应该进行实时的澄清并说明。此外,标签也应该指导用户理解一些新的概念,并协助他们快速辨认出这些新概念的标签,以及跟他们的相关性。

3.2.2　标签的样式

对 Web 而言,一般会有两种标签格式,即文字型和图标型。虽然网站的本质以视觉为主,但文字标签仍然是最常见的。文字标签主要有以下类型:

(1)情境式链接:根据用户的使用情境和需求,指向已设定的满足需求链接,或者指向同一网页中另一个锚点位置的链接。

(2)标题:此种类型的标签其作用是概述紧接其后的内容,并引领用户的阅读兴趣。

(3)导航系统选项:这种类型的标签代表着导航系统中选项的条目。

(4)索引术语:供应搜索或浏览的关键词和标题词。

1. 作为情境式链接的标签

标签可以描述文件中的超级链接或者信息块的内容。情境式的链接总与用户一定情境下的使用需求相关。其实,情境式链接的设计并不难,但并不见得运作就会一帆风顺。事实上,情境式标签容易适得其反地产生负面影响,一般这种链接通常不是以系统性的方式创建的。相反地,只是当用户要在潜在需求和信息内容做链接时,这种链接关系才会发生效用。因此,这些情境式链接和等级式系统中的条目相比,就显得有些异质化,如何让情境式链接合理地存在于页面是一个值得思考的问题。

图 3-10 是 Fidelity 网站的情境式链接的 UI 界面。这个网站是一个专门提供投资者信息的网站,其情境式链接紧扣与投资相关的语汇,从文脉和标题都围绕"投资"这一主题展开,所以用户在点选此类标签时,就能在情境的引导下产生预期,当这种预期与用户的现在需求契合时,就会产生作用。为了让情境式链接更能代表其指向的内容,情境式链接应做到"应景"。如果设计师在设计信息架构时能成功依据用户潜在需求建立情境,那么情境式链接的标签在设计上就会有依托。另一方面,情境式链接也不一定要含义准确,有的时候意义模糊一些还能产生神秘感,特别是在博客那样的个人页面,指向意义并不那么直接的链接,反而能激发访者的兴趣。这样的链接是否真能产生如我们所愿的作用,一般来说主要依赖于用户对于网站的信赖度。如果用户信赖网站或网站的所有者,那么他们会想点进链接多知道一点;但如果没有这种程度的信赖,那么这种形式的链接就会让人觉得冗余。

情境式链接的设计,需要研究用户对标签的解读。我们可以做这样一个简单的实验,就是打印出网页,尽量让上面的标签清楚一些,然后让用户写下他们认为每一链接会指向信息的内容主旨。通过这种方式,我们可以了解用户面对情境式链接时的真实想法,我们也可以了解到这些链接是否真的起到了预想的作用。

2. 将标签作为标题

标签可以作为标题使用,如图 3-11 所示,每个标签其实都对应着一个大类。我们知道,标题是对随之信息的主题性描述。标题作为信息内容的一部分,通常是为了在文章中建立逻辑秩序,所以标题可以帮助我们区分章与节,网站的标题也可以帮我们找出子网站,或者分出类别与子类别。

建立标题之间的等级关系,无论是大标题、小标题或同层次的标题,通常是需要用统一的编号、字号、颜色和样式、空白和缩排这样的样式参数进行类别性的规划。我们需要把这些样式参数组合起来思考,这样能使得信息块在视觉上有明确的逻辑关系。将标签作为标题,也可以让标签看上去具备实质的意义,从而起到更好的引导作用。

设计等级式标签标题时,维持其一致性特别重要。为了让用户能在一个流程中成功地浏览,用户通常必须完成流程中的每一步骤,在这种情况下,标题的标签必须明确传达出先后次序,如图 3-12 所示。使用数字序列号是一种传达过程顺序非常有效的方法,在此基础上,把标签一致地命名成有行动意义的字眼,也可以有助于将步骤之间的序列关系较好地凸显出来。最关键的是,标签应该让用户知道在何处开始,接下来要往哪里去,以及每一步骤都会发生什么事,此时用户会对任务的实现充满信心。

3. 导航系统内的标签

导航系统通常有一个统一的符号规范,因此其中标签的应用,在一致性上的要求就比其他种类的标签更为严格一些。如图 3-13 所示,不同层级和类别的标签在视觉形式上做到了整齐划一,这样用户就能清楚区分,在这种情况下,只要有一个不协调的选项出现在导航系统中,就会特别显眼,有的时候还会对用户产生一些意想不到的困扰。此外,值得注意的是,导航

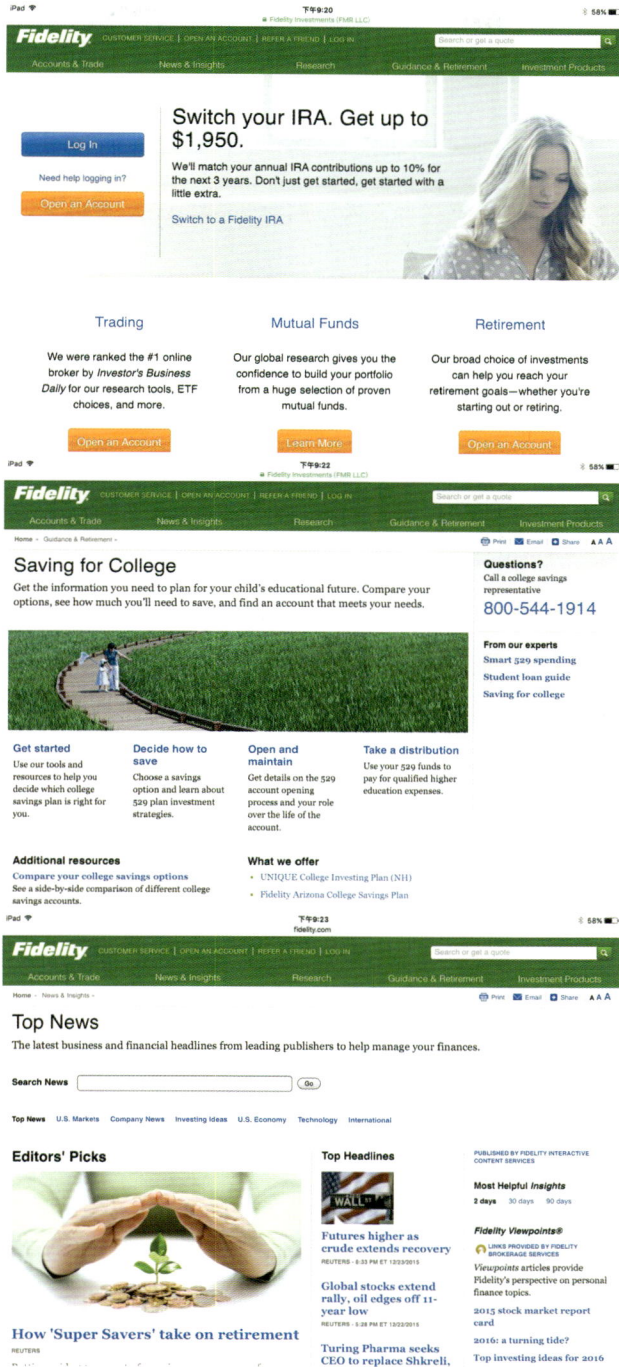

图 3-10 Fidelity.com 的情境式链接

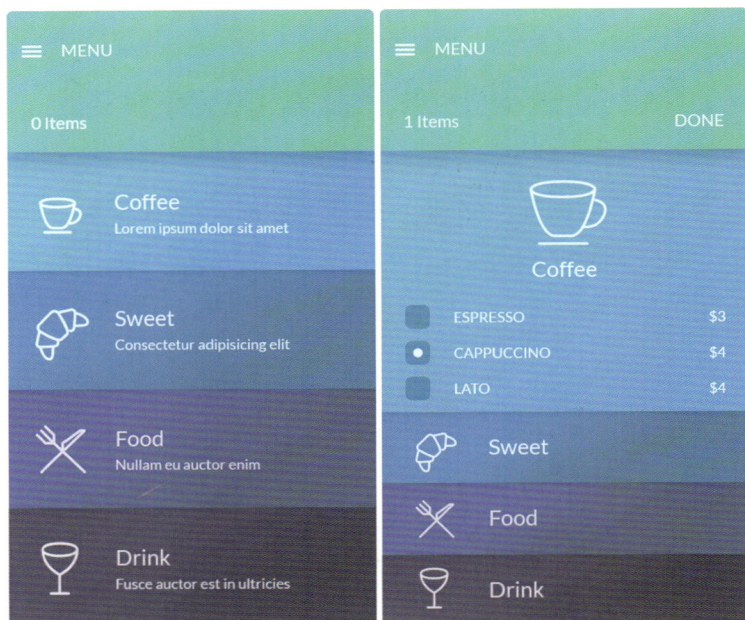

图 3-11　将标签作为标题

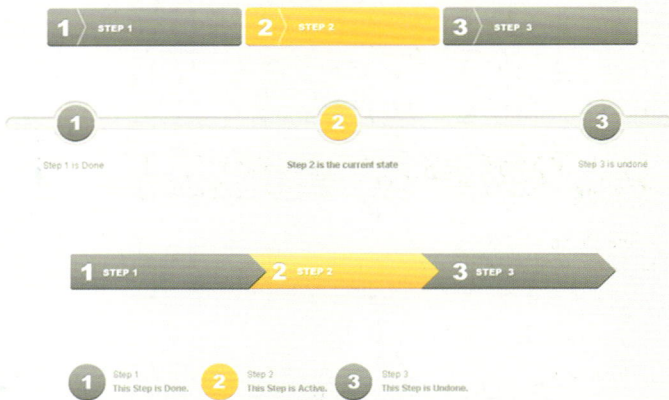

图 3-12　等级式标签设计

系统通常会在网站的信息架构上一再重现,因此,导航系统的标签设计有问题时,重复曝光几率就会增大。

　　一般来说,用户在信息架构中浏览信息总是会依赖导航系统,然后经由一致的网页位置和

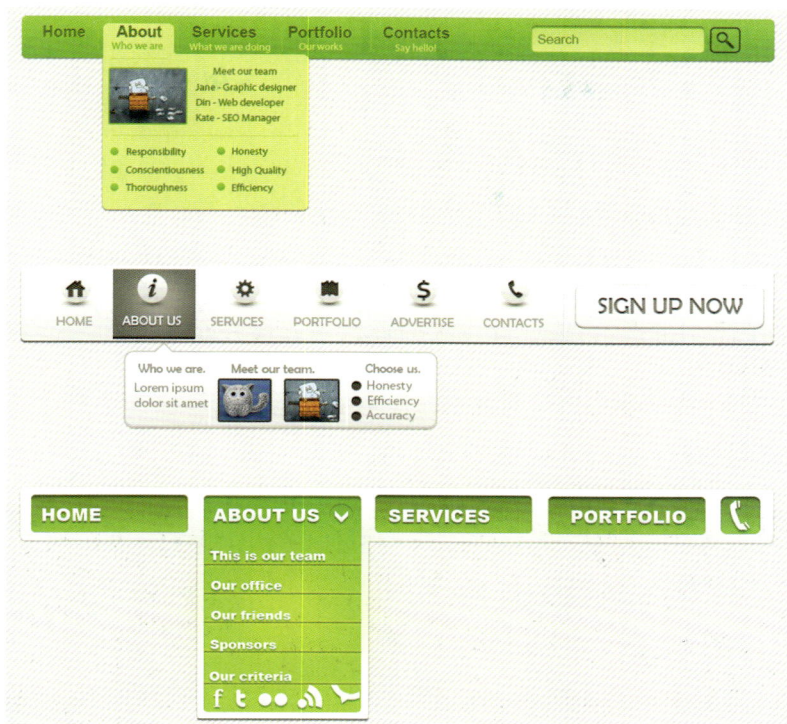

图 3 - 13 导航系统内部的标签设计

视觉符号，产生合理的浏览行为。在这一点上，标签也应具有同样的特性。一致的使用标签是建立亲切感的关键，所以标签最好不要随便更换。

导航系统的标签并没有标准的形式，但有一些常见的样式。我们可以从下面这几种类型中选择使用：

（1）总页或主页，首页；

（2）搜索或寻找，浏览，搜索/浏览；

（3）网站地图或内容，目录，索引；

（4）联络方式或联系我们；

（5）说明或 FAQ，常见问题与解答；

（6）新闻或新闻 & 大事记，新闻 & 声明，声明；

（7）关于或关于我们，关于（公司名称），我们是谁。

这些标签对于新媒体用户而言已经很熟悉了，其实在这一点上尊重习惯很重要，这样能够有效地避免认知的摩擦。我们推崇创新，但并不意味着要处处创新。当然，以上标签通常可以指代不同类的信息或使用习惯的标签措辞，可以让用户对于标签所引导的信息内容有一个大致的预期，这样有助于用户形成具有成效的判断。

此外，导航标签可以用动态交互的方式做简要的说明以强化其意义。如果导航系统所使用的标签是惯例类型的，可能就不需要特别介绍。值得说明的是，如果想快速地建立用户群落，可以在做信息架构时多使用惯例，或者把导航标签的意义指向性做得更明确一些，就可以让用户群落在短时间内成型。

4. 将标签作为索引术语

索引术语标签时常被称为关键词、标签、描述性元数据、分类法、受控词表，以及叙词表等，这是一组可以描述任何类型的信息内容（网站、子网站、网页、内容区块等）的术语标签集合。索引术语不只是简单地将文字作为搜索的依据，而是可以代表某一段信息内容的意义，由此可以支持更精确的搜索。如图3-14所示"More"条目下的所有词汇即是索引术语，我们点击任一索引术语，就能较为准确地进入相关内容的信息结构。由于是事先对内容建立的索引术语，因此搜索这些术语应该比用一个词条查询到的内容要更贴切一些。

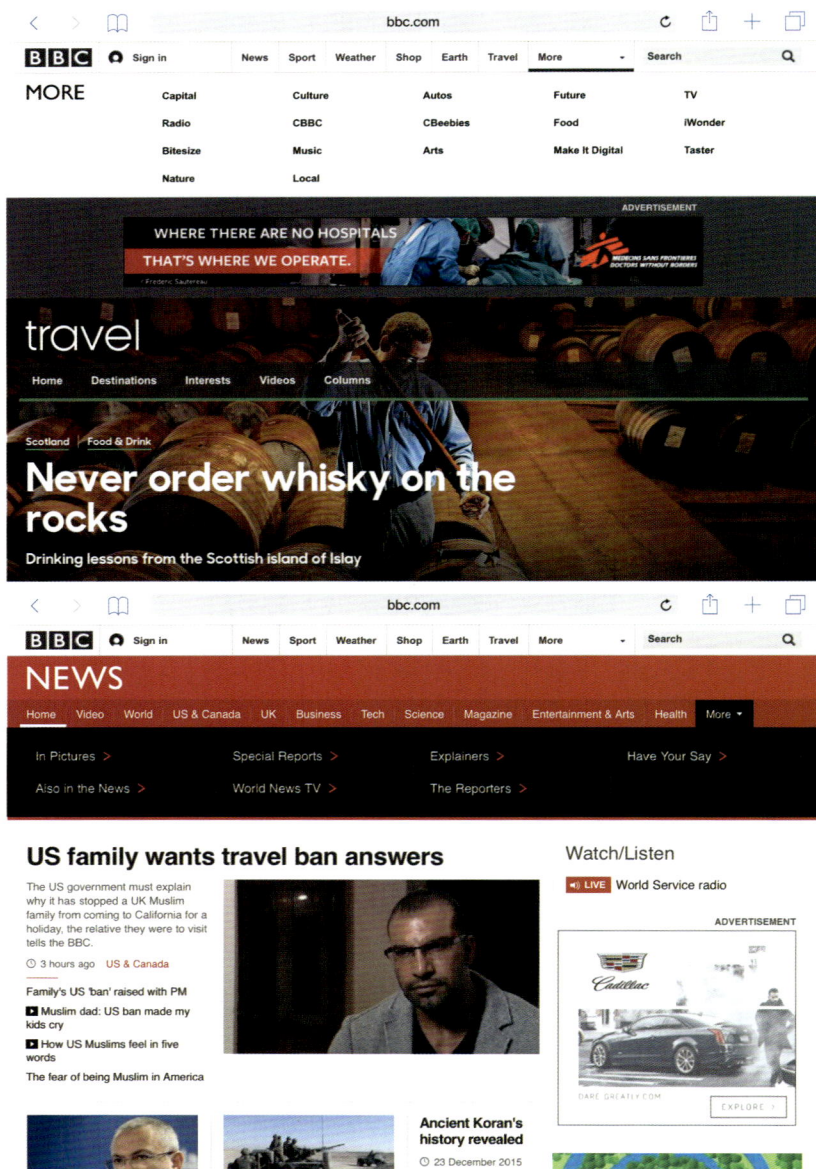

图 3-14　BBC 网站的索引

　　索引术语也可以让浏览更容易一些。一般来自于一群文件中的元数据,可以作为索引术语的来源数据,这一点对用户很有帮助。因为索引术语提供了另一种途径观看网站主要的信息组织系统,并且还能为网站索引提供相当有价值的替代途径。

　　一般而言,用户是完全看不见索引术语的。在内容管理系统以及其他数据库中,代表文件的记录通常包含存放索引术语的字段,就网站而言,索引术语可以放在 HTML 文件的<META>或<TITLE>标签中,作为隐藏的内嵌元数据。在信息架构建立时如能善用索引术语,就能有效减少成本,让用户做相关检索时提高发现该网站的机率。

5. 图标型标签

　　图标能提升信息的表现力,有时图标的效果会比文字更佳。我们常常可以看见图标用在导航系统的标签上,也可以充当标题标签。如图 3-15 所示,图标的优势十分明显,因为它可

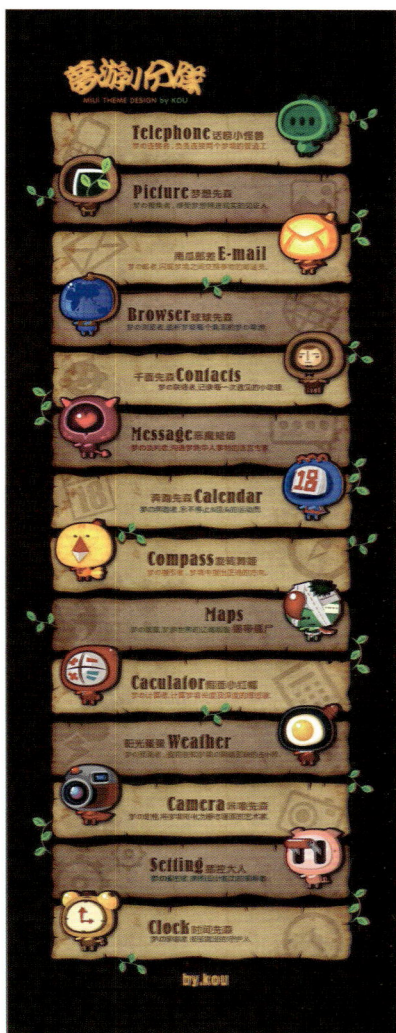

图 3-15　图标型标签设计

以十分生动地再现意义,让人产生亲近感,与此同时,图标型标签的劣势也是显而易见的,那就是它们表达意义的准确性远比不上文字。这也是为什么图标通常被用于导航系统或小型的组织系统标签中的原因。在大型标签群中,如索引术语中,图标表意的障碍就显露无疑。虽然图标在识别速度和表意的视觉性上还是不错的,但使用图标在一些需要准确表意的标签上,还是存在一定的风险。所以,在一些表意含糊的图形边加上文字就成为一个避免尴尬的选择。

不得不承认,图标型标签会增加网站的视觉效果,只要不影响网站的可用性,图标型标签还是值得一用。事实上,如果网站的用户时常造访,这种图标"语言"会经由重复曝光而在他们的心智中建立起某种习惯型模式。在这种情况下,图标就变成了功能的缩写,既具有代表性,而且也容易产生愉悦感。但是让用户熟悉某种视觉语言并不是一件容易的事情,视觉语言需要有功能意义,才能让用户真正认可,而忽略功能意义的视觉化,往往让人产生华而不实的感觉。

3.2.3 标签的设计

设计实质效用的标签是信息架构中的难点。即使设计出完美的标签,但由于语言本身的模糊性,也面临着认知理解繁杂的挑战。某个术语的同义字、同音异义字,以及该词条理解的不同情境都会影响标签的实际可用性。即使放弃任何的创新,使用惯例标签,也会存在各种问题,所以要评估标签设计的有效性相当困难。即使如此,标签的设计仍然具有很大的魅力,因为不确定性从另一个角度看,能为创新提供更多的可能,而且这些可能有时候能够让我们得到意外的收获。设计标签时,下面的原则值得借鉴:

1. 通用的原则

需要注意的是内容、用户和情境会影响信息架构的各个层面,对标签而言更是如此。任何与用户、内容、情境有关的变量,都会让标签的理解落入模糊境地。

一般来说,很难确定网站的用户、内容和情境是否会趋向相同的定义。这种模糊性使得设计师很难设计出能够全面准确描述内容的标签,而用户也很难根据他们的经验,猜想某个特定标签的意义。那么我们需要做如下处理:

(1)尽量窄化范围。

如果能锁定明确的用户,就需要尽量缩小标签可能意义的范围。只要固守少数几个具体的主题领域,可以得到更明确而有效的标签系统,如图3-16所示,通过一些方式将标签叠放起来,必要时再展开,能够减少标签意义之间的相互干扰。其实,对于商业策略的深刻洞察能使网站的目标和信息架构更明晰,在这样的情况下,标签也会达到更好的效果。

另一种方法是,当网站的内容、用户和情境都保持简单且集中时,标签的命名就相对简单许多。很多网站堆放了太多的信息,使得内容过于宽泛且缺乏亮点,结果用户很难感受到网站信息的价值,体现在标签系统上,常常因涵盖太多而无法真正发挥效力。

如果网站必须塞进所有的信息内容,那么在常用的标签栏中应尽量根据内容模块化,并简化标签的排布,这样可以清晰阐述对用户需求的理解。这种模块化的做法可能会让网站不同的区域产生有内容针对性的标签系统。需要注意的是,尽量避免将整个网站的标签同时堆在用户面前,用户在目不暇接中,只会选择回避。

(2)设计标签系统,而非标签。

标签是具有相同命名规则和视觉特征的整体系统。标签系统从某种意义上说是从属于公司形象系统的,公司形象系统的规则决定了标签系统设计的依据,只有遵循这个依据,标签系

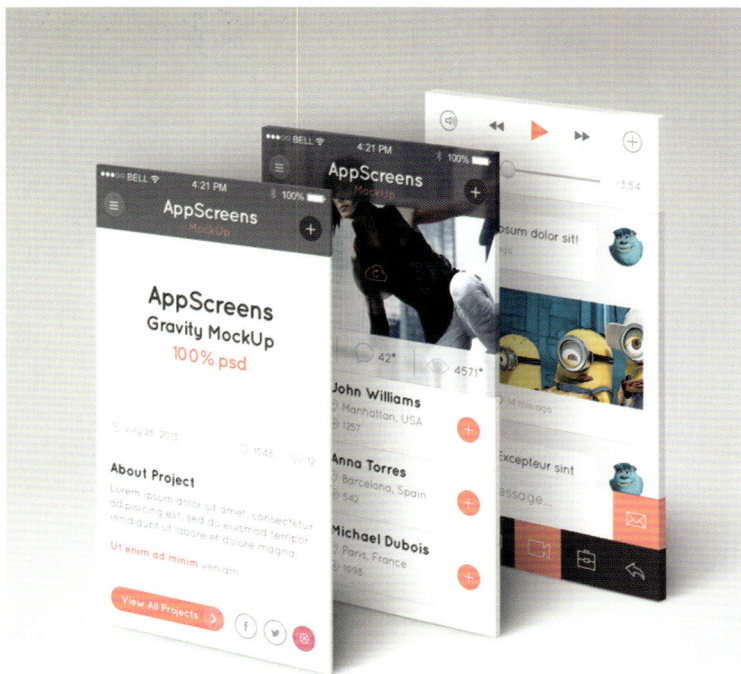

图 3 - 16　窄化范围设计标签

统才能体现一致性的特征。图 3 - 17 是云存储 Stomo 公司的形象与 UI 设计,从中我们不难发现标签系统与整体形象系统的关系。的确,一致性对于标签系统来说很重要,因为一致性代表的就是可预测性,当某个系统可预测时,就容易学习和熟悉。看见一两个标签,了解了这些标签的相关特性,如果遵循了一致性的原则,我们就可以知道其他的标签的相关信息。对第一次造访网站的人而言,这一点特别受用。一致性会让标签系统更容易使用,但一致性会受到很多因素影响,下列因素作用很大:

①风格。

标点符号和大小写的用法不一致是标签系统常见的问题,如果无法消除此现象,在设计时我们可以设置"样式备忘"来解决这些问题。

②版面形式。

同样,字体、字号、颜色、空白、分组方式的一致性应用,也可以从视觉上强化标签系统的一致性。

③语法。

动词为主的标签比较常见。在特定的标签系统中,可以考虑选择一种单一的语法样式,然后遵守下去。

④理解性。

尽量减少标签在语义上可能产生的歧义,在用户的经验范围内进行可理解性的设计,能够让用户快速熟悉网站的信息架构。

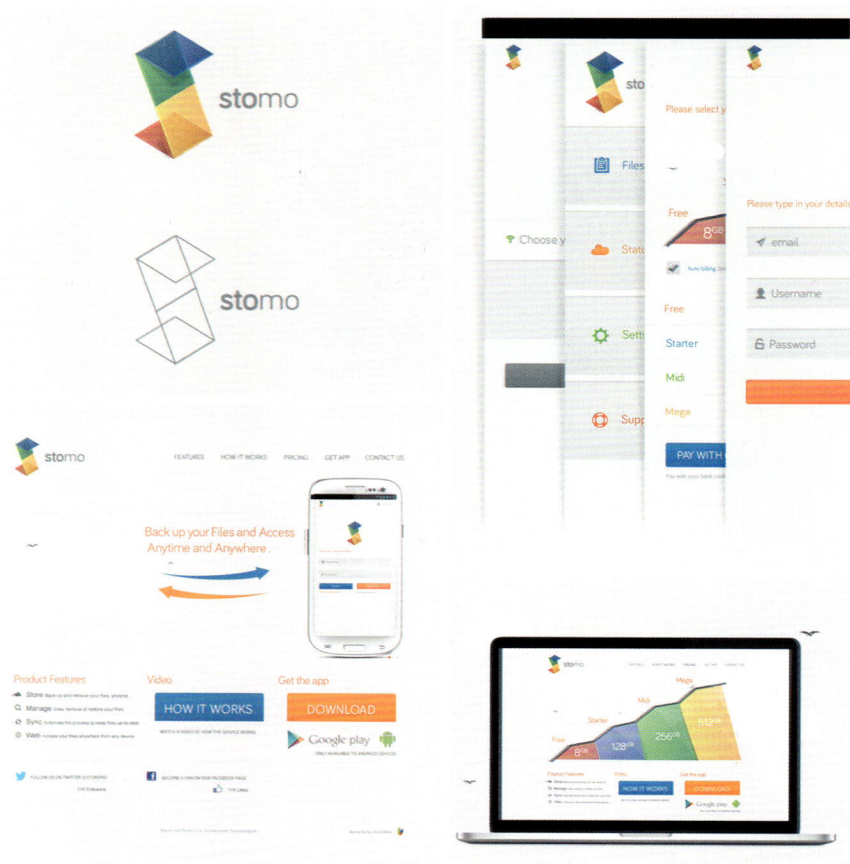

图 3 - 17　云存储 Stomo 公司形象及 UI 设计

⑤用户。

要考虑网站主要用户的习惯用语,拉近用户和信息媒介之间的距离,如果有必要,还需为特定用户开发独立的标签系统。

(3)标签系统的来源。

我们需要对现有的标签做认真的研究,这样做最主要的好处是对它们进行有实质意义的优化。想一想什么可用,而什么不可用,哪些同类的信息架构可以参考,哪些需要加入,哪些需要舍去……这样一来,一方面可以让标签系统化,另一方面也可以提升可用性。那么标签系统中的条目到底从何而来,有如下几个来源:

①我们自己的网站。

如果网站已经有标签系统,至少在网站建造期间,已经做过某些在当时看是合理的决策,所以将这些标签统统抛弃不用,并不明智。相反地,使用这些标签作为起点,兴许可以开发出更为完整的标签系统,但前提是必须仔细考虑当初在建造原始系统时所做的决策是否还符合现在的用户需求或使用情境。

一个有用的做法就是使用简单的表格整理现有的标签,这张表包含标签清单、每个标签的概况,以及其所指向的数据文件。建立标签表格,通常是清点内容过程中的必要步骤。这个工作十分有价值。但不建议对索引术语词汇进行制表,因为其数量太多,在操作的可能性上比较弱。以表格的方式整理标签,可以使用更集中、更完整、更精确的观点看待网站的标签系统,将之视为整体,这样一来,不一致性就很容易找出来了。

②类似网站和竞争对手网站。

如果要寻找新的想法,善意的学习很重要。Web2.0开放的特质使得学习别人并不是一件难事。所以,就像可以观看设计优良网站的源代码一样,也可以从别的网站借鉴到一些了不起的标签系统想法。

但是学习之前一定要事先弄清楚自己用户真实的需求,在此基础上查看竞争对手的网站,借用一些能用的东西,当然也要注意有哪些是不能用的,这样能确认并强化对于用户需求的认知。可以考虑为类似网站或竞争对手网站也建立一张标签表,这样来获得通盘的考虑。

③受控词表及叙词表。

标签系统的设计构思另一个好的来源就是受控词表和叙词表。和受控词表一样,叙词表也是一种检索术语的控制工具。它将文献作者、标引者和检索者使用的自然语言转换成规范化的叙词型主题检索语言,亦称主题词表、检索词典。叙词表是一种概括某一学科领域,以规范化的、受控的、动态性的叙词(主题词)为基本成分和以参照系统显示词间关系。受控词表和叙词表对于采用标签系统为内容做索引时可发挥巨大的作用。只要取得整套词汇的使用授权许可,那么就可以将其作为网站的标签系统。可惜的是,不见得每个领域都有受控词表和叙词表。有时候找到一个适用的词汇,可以强化另一群不同用户的需求。但是,从头建立标签系统前,先找一下是否有潜在的受控词表或叙词表可用的工作是非常必要的。

(4)创建新的标签系统。

当没有现存的标签系统时,或者想做一些特殊设计时,就会面对要从头建立标签系统的挑战。这个工作的基点其实还是网站的基础内容和用户。下面的工作和要素值得关注:

①内容分析。

标签可以直接来自网站的内容。通过读取网站中有代表性的内容,然后为每份信息文档速记一些描述性的关键词。这是一个很慢而且痛苦的过程,而且当信息文档量多时尤难完成。

现有的一些软件工具可以从内容中自动抽取出有意义的术语。例如Galileo公司的Cat-Pac软件,可以自动阅读文本、绘制概念地图并概括大意,拥有自动编码系统而无需预编码。如果面对繁杂的内容,这些工具可以节省很多时间。很多软件解决方案十分相似,像这些自动抽取工具可以解决80%的工作量问题。可以把软件输出的术语视为受控词表的候选词,但是还是需要做一些手动的工作以确认输出数据的实际意义。

②内容作者。

另一个做法是要求内容作者为内容提供建议标签。如果可以与内容作者进行接触,这种做法很受用。然而,即使作者从受控词表中选择术语为他们的内容命名标签,他们也可能没有理解到他们的文档只是众多文档中之一而已。所以,他们可能不会使用具有广泛意义的专指标签,这个时候还是需要专业人士进行判断。

所以,内容作者制定的标签不能照单全收,而且不能对它们的精确性有较高的期望,内容作者提供的标签只能视为有用的候选标签,而非最终版本。

③用户代言人。

第三种做法是找到专门的用户或者所谓的用户代言人,他们可以从用户的角度发表观点。作为典型用户,他们对于需求观点是有说服力的。

有时候从一小群用户开始,就可以找到足以为网站做索引的标签素材。只有当对用户有一定了解时,才可以做出能适合他们任务流程的标签。如何了解用户,一个重要的秘诀就是与了解用户需求的人一起工作,这些人通常是客服人员或是直接面对客户的销售人员。

④直接来自用户。

网站的用户可以通过直接或间接的方式告诉网站的标签应该写什么才合适,虽然对于这些内容不一定照单全收,或直接出现在标签上,但来自用户的内容在任何时候都是标签的最佳来源。

卡片分类法是从用户那里获得标签信息的最佳方法之一。有两种基本的卡片分类法,一种是开放式,另一种是封闭式。开放式卡片分类法是以现有内容为基础,按主题分成类别,这些类别可以直接命名为标签。封闭式卡片分类法是根据现有的类别区分主题,然后再将内容排序到这些类别中。对封闭式卡片分类法而言,一开始就要询问用户每个类别标签所代表的意义,然后和自己对标签的定义进行比较,看看是否相似,越相似,标签的功能意义就越强。这两种做法其实都是找出标签的有用方式,但它们只对小群标签适用。卡片分类训练的确可以得到很多信息,但是要认识到它们并不是代表符合网站情境的标签,如果标签不符合网站情境,那么标签的功能意义就会打折扣。关于卡片分类法,我们在后面的章节中会详细介绍。

⑤间接来自用户。

很多机构(特别是那些包含搜索引擎的网站)其实都是位于描述用户需求的数据领域的顶端。分析这些搜索查询是调整标签系统的绝佳方式。

搜索日志分析(也称为搜索分析法)是没有入侵性数据的来源方式,我们可以获取网站用户实际使用的标签信息。分析搜索查询字符串是为了解网站用户经常使用的标签种类。毕竟,这些是用户用语言描述他们信息需求的标签。我们可能会注意到,用户会用到缩写(或者没有缩写)、产品名称,以及专业术语,而这会影响我们使用专业术语标签的意愿。与此同时,我们可能会注意到用户的查询会使用到一个或多个术语,而这会影响我们要选用长词或短词标签的可能。此外,我们还会发现用户的术语和我们想象的特定概念不同。由此,我们可能会修改标签,或者采用叙词表找出用户喜欢用的术语。

采用通俗标记法(也就是由最终用户提供标签)的网站在目前也是比较多的,这种方式意味着有另一种有用的间接标签来源可供我们选择。在这类网站中,用户标签都是可供公众查看的。当我们在聚集器中显示这些标签时,就会发现有一组候选标签,这是一种近似于自由列表活动的结果。此外,来自于标签分析的数据形式,也很像搜索日志分析的方式。

(5)调整和微调。

我们的标签可能是直接从网站的内容中取得的,或是从网站的用户而来,或是来自于受控词表中的内容。无论如何,它们都需要再加工,这样才能变成有效的标签系统。

首先,以字母顺序排列术语清单。如果清单很长,可能会碰到一些重复的,那么就需要去掉。

然后,检验清单,检查其用法、标点符号、字母大小写等的一致性问题。在相关网页上,链接标签的用法和标题标签的用法也不一致时,都需要做一些调整。

要决定哪些术语放进标签系统中,就必须考虑系统的宽度和规模。首先,要找出标签系统是否有明显的差距，标签系统中是否包含网站所有必须包含的东西？ 如果网站的标签系统以主题性内容为主，就需要试着考虑那些还没有加进网站中的主题。这些被我们遗忘的主题可能会产生意想不到的效果，有可能会让我们改变整个标签系统的惯例。

最后，设计好的标签系统必须时常调整和改进。那是因为标签代表的是用户和内容之间的关系，现在这种关系会时常变动，所以势必要做出相应的修改。因此，要准备好进行用户测试，定期分析搜索日志，然后按需调整标签系统。

3.3 导航系统

3.3.1 导航系统的种类

导航系统往往由数个基本元素或者子系统组成。一般的形式有全站、区域和情境式导航，如图 3-18 的左图，也有嵌入式导航和辅助性导航（图 3-18 的中图和右图）。我们可以在一个信息架构内自行整合这些形式。

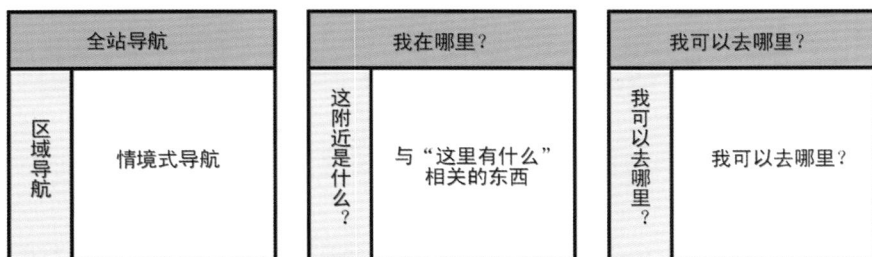

图 3-18　全站、区域和情境式导航系统（左），嵌入式导航（中）和辅助性导航（右）

嵌入式导航系统通常是环绕在网站的内容周围，或者融入内容之中，能够提供情境和灵活操控，帮助用户了解他们在哪里，以及可以去哪里。而辅助性导航系统，主要的形式有网站地图、索引、指南等，主要告诉用户可以到哪里。

一般来说，辅助性导航系统提供不同的方式以获取相同的信息，类似于搜索。如图 3-19所示，网站地图提供鸟瞰式的视角来观看网站；字母排序的索引（A 到 Z）可以直接获取依据一定规则排序后的内容；指南通常是一种线性导航，是专门针对特定的用户、任务或主题而设计的导航方式。

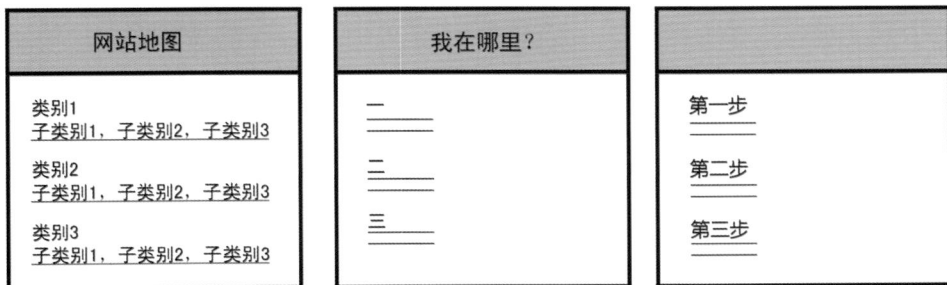

图 3-19　辅助性导航系统：网站地图（左）、索引（中）、指南（右）

每一种辅助性导航系统都有其特定用途,而且其设计目的,就是为了能整合搜索系统和浏览系统并形成较为宽阔的信息架构。

3.3.2　浏览器与导航系统

设计导航系统时,重要的是考虑系统使用情境。一般来说我们会使用浏览器来浏览网站,所以我们常常将浏览器和导航系统综合起来考虑。

我们知道,链接可以让我们访问网站上任何的网页。通过浏览器的后退和前进按键提供双向式返回功能,我们可以在网页之间进退自如。历史菜单可以让我们随机访问最近浏览期间看过的网页,而收藏夹可以让用户储存特定网页的位置,以供日后参考。浏览器除了有后退按钮之外,也提供一种"面包屑"的功能,即可以给超链接加上颜色。默认情况下,没有浏览过的超链接是一种颜色,而浏览过的超链接是另一种颜色。这种特征可以帮助用户了解什么是他们看过的,什么是没看过的,帮助他们回忆之前浏览网站时走过的路线。浏览器也提供预期查看,即当用户把鼠标移到某个超链接上面时,目的地的 URL 会出现在浏览器窗口底端,提示即将访问网页的内容。如果超链接指向另一台服务器的网站,则预期查看也会给用户提供这种站外目的地的基本信息。

很多有关导航将设计、分析和测试的精力都投在了以上浏览器的这些浏览特性上。但是,我们会常常不经意地破坏这些导航特点。例如:

①用代码的方式改变浏览过/未浏览链接的颜色;

②停用浏览器"后退"按钮的功能;

③停用浏览器的"书签"功能。

以上这些错误看似是别具一格的设计,其实是限制了用户建立常规的浏览习惯的可能,对可用性的提升也没有任何的帮助。

3.3.3　导航与情境

开始使用导航之前,必须先搞清楚自己所在的位置。一般来说"目前位置"的记号总会放在固定的位置上,如果没有这一地标,就必须靠一些并不可靠的标注,来找出我们目前的位置。有了"目前位置"的记号会让我们很清楚"我"在哪里,以及"我"怎样才能到达想去的地方。

在设计复杂网站时,情境特别重要。很多实体世界中的情境线索在网站上是不存在的——没有自然的路标,也没有南北之分。和一般旅行不同的是,超文本的导航,可以让用户立刻链接到某个完全不熟悉的网站去,这有点像是瞬间移动。来自于远程网页和搜索引擎返回的链接,可以让用户完全跳过网站的主页或前门,直达目的网页。更复杂的是,我们常常会打印网页,以供后续阅读,或者传给某位同事,结果就让情境彻底消失了。基于上述原因,设计导航系统时,如何确保情境的有效性十分重要。

为了确保网站有提供情境的线索,需要遵守一些法则。例如,即使用户通过搜索引擎或者附属网页的链接跳过网站的首页,他们也应该要清楚知道正在浏览网页的位置。达成此目标最有效的方法就是,把机构名称和身份识别图放进网站的所有网页中。

一般来说,导航系统应该以一种明确一致的风格来展现信息等级结构,而且要指出用户当前的位置,这样可以帮用户建立一个组织体系的心智模型,有了这个心智模型,既能够方便导航,也能够让用户觉得舒适。如图 3-20 所示的导航设计中,所有的页面均保持一致性风格,且用点燃的火柴标示用户当前的位置,在兼顾视觉性的基础上,同时也对可用性有了较好的关照。

图 3-20 导航系统的一致性风格

如果可以,我们可以进行一些用户导航的压力测试(Navigation Stress Test),具体的步骤如下:

①忽略首页,直接跳到网站内部的网页。

②随机选择一张网页,询问用户是否知道当前的位置与网站其他部分的关系? 是否知道当前所在的区域,以及这个区域上层或下层的网页是什么?

③询问用户是否知道这个网页会把他带到什么地方? 链接的文字说明足够让他们知道链接背后是什么? 链接是否有足够的差异性,可以让他们根据想做的事情做选择?

3.3.4 导航的方法:嵌入式、辅助式和定制式

1.嵌入式

大部分网站都包括之前在图 3-18 中看到的三种主要的导航系统。全站、区域、情境式导航的确非常普遍。每一种导航系统都会解决特定的问题,展现特有的解决问题的方式。要设计一个成功的网站,了解这些系统的本质以及如何协同运作十分重要。

(1)全站导航系统。

所谓的全站导航系统就是在网站上的每一页都会显示的导航系统。它通常是放在每页的顶端。无论用处在网站的哪个层次,这些全站导航系统可以直接连向网站的所有区域和功能,如图 3-21 所示的苹果、CNN 和 DELL 公司的导航即是如此。

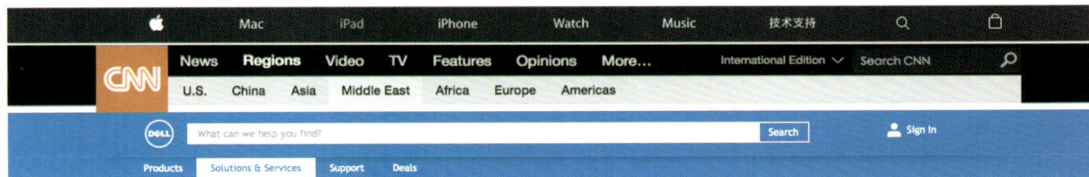

图 3-21 全站导航系统

因为全站导航条常常是网站中单一并且一致的导航元素,所以与可用性关联很大。因此,全站导航系统的设计应以密集且重复来访的用户为中心,进行基于用户行为的设计与测试。

大部分全站导航条都会提供一个链接回到首页,同时也会提供一个搜索功能。有些会强化网站的结构,提供情境线索让用户知道目前在网站所处的位置。值得注意的是,全站导航系统的设计需要关注用户的需求和组织的目标、内容、技术及文化,而且要进行多向的思考,这样才能减少失误。

(2)区域导航系统。

在许多网站上,全站导航系统可由区域导航系统辅助,使得用户可以立刻触及一些常用功能区域。有些网站会把全站导航和区域导航整合成一致且统一的系统。例如,图 3-22 所示苹果公司的网站,当点

图 3-22 苹果公司的区域导航

击"Mac"选项时，会出现诸如"MacBook""MacBook Air"等子选项，这样可以让用户做进一步的选择。

图3-23所示的是亚马逊购物网站提供的一个全站导航条，需要时可以展开，为每一个大类别提供区域导航的选项。选择"图书"看到的导航项和选择"音像、软件"看到的导航项不一样，但是这些选项都处于同一个导航架构中。

图3-23 亚马逊公司的区域导航

一般区域导航系统往往服务于子网站，或者是网站中的网站。这是因为：首先，内容和功能的某些区域实际需要采取独立的导航手段；其次，由于大型组织有分散型特质，不同的部门通常负责不同的内容区域，而且每一内容区域会根据用户特定的任务流程以不同的方式处理导航，在这种情况下，采用区域导航比较合理。

（3）情境式导航。

有些导航条目不适合放在全站和区域导航结构的分类中，这时就需要建立情境式导航链接，依据用户的情境需要指向特定的网页、文件或对象。对电子商务网站而言，那些"你可能喜欢"的链接可以根据后台关于用户兴趣的数据推送相关导航条目，这些条目都是情境式导航；而对教育网站而言，"你可能喜欢"指向的则是与用户搜索或兴趣类似的文章或相关主题。这样一来，用户就可以通过探索定义条目之间的关系而进行联想式的浏览。借助这一方式，用户还可能会了解超出他们意想的"知识"和"信息"，或者引起他们对之前从来没想过主题的兴趣。情境式导航可以让用户建立一种高度关联性的信息架构，使得用户从中得到意想不到的收获。

一般来说，这些导航产生作用，实际上是内容作者、编辑在内容置入网站信息架构时，就将情境相关的特定语汇内嵌到超文本链接中，由此就能产生情境式的导航链接。图 3－24 所示的是斯坦福大学网站，借助网页中的文本和图像，创造了一种情境，在情境中我们几乎可以感受到斯坦福大学浓厚的学习气氛。

在一些处理不当的情况下，情境式导航会对浏览网页的用户造成影响，比如说分散用户的注意力、增加页面的混乱感等，这种情况虽然以增加便利性为出发点，但往往适得其反。有鉴于此，我们可以在网页上提供一个特定区域或者是视觉惯例区，专供情境式导航链接使用，并让这些导航的信息保持一种适度性，尽量不让浏览的注意力分散，同时让用户进行有主有次、有先有后的浏览。适度地使用情境式导航链接，不但可以增加某种程度的灵活性，还可以弥补现有导航系统的不足。

（4）实践嵌入式导航。

导航系统设计最常碰到的困难，就是在移动的灵活性与提供太多选项之间如何取得平衡。如果导航系统中提供太多选项，就会让用户不知所措。解决问题的关键点之一就是认识到全站、区域和情境式导航元素如何在大多数网页上有效整合，并让彼此互补共存。

当这三种系统独立设计并独自存在时，它们都会起到不错的作用。但是，不假思索地把它们用在同一网站上时，各种不同的选项可能会让用户承受不了，结果淹没了内容。如何避免用户产生选择性困难或是走重复的路径，这就需要科学地思考设计和布局，将这些问题可以减到最小。

图 3－25 是一个户外用品公司的网站，在导航的设计上注意了多种导航方式的平衡使用，用以解决不同的用户需求，具有一定的针对性。导航条应该放在网页的哪里？把全站导航条放在网页顶端，区域导航条放在左手边，已经成为惯例。然而，各种变换都行得通，只要做过足够多的用户测试即可，尤其是与之前的惯例相左时。

文字标签和图标要选哪一种？文字标签起到的作用比较直接，也最能体现出每一选项代表的内容。图标设计有一定的难度，在表意上也比较难做到精准，而且用图标很难表达出抽象概念。然而，图标却可以弥补文字标签识别速度慢等不足，而且可以在网站和用户之间架起感性纽带。如果用户是网站的常客，那么完全有可能不用费时费力读取文字而靠图标的识别就能进行操作。的确，图标可以让快捷菜单的选取更为便利。

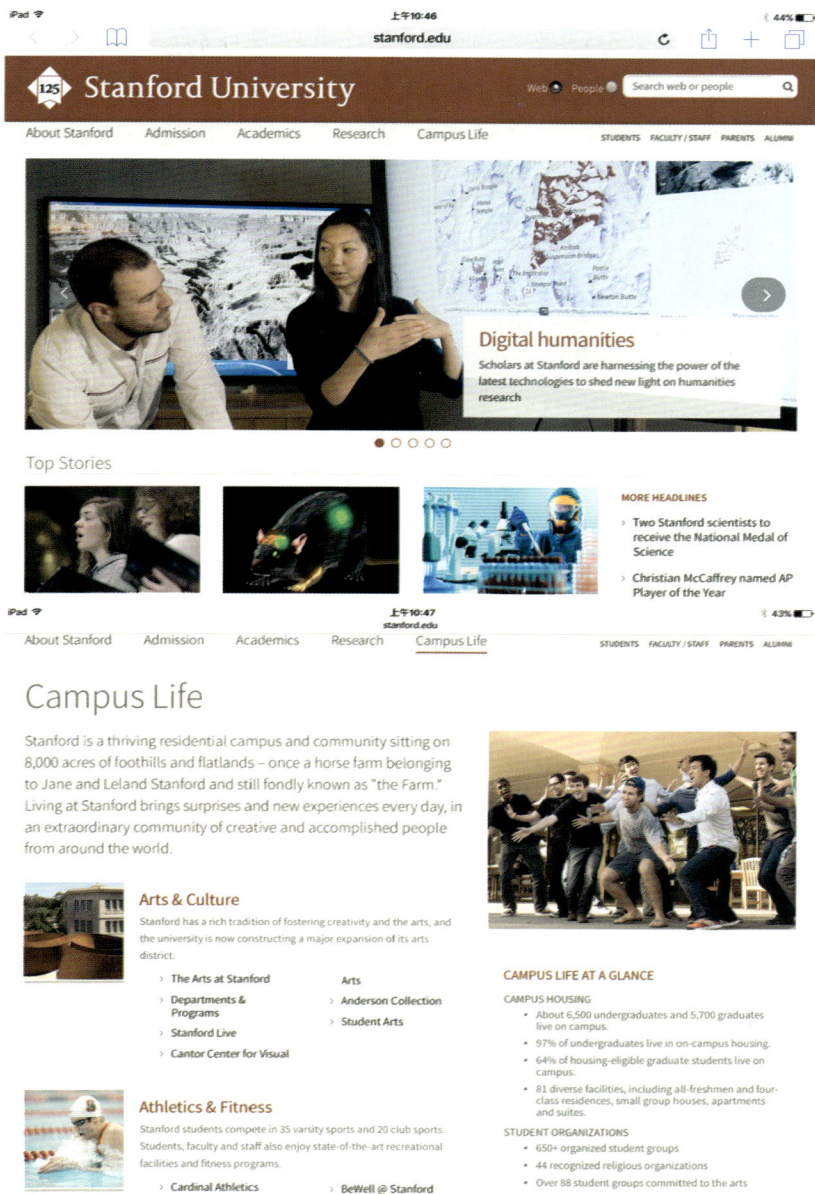

图 3-24 斯坦福大学的情境式导航

此外,值得注意的是,当前普遍使用的 HTML5 和 JavaScript 的一些技术,可以让导航选项的显示方式更有效地利用移动媒体有限的屏幕空间,通过加强信息的关联线索,从而可以减少网页数量和点击次数,同时又可让网站增加动态和交互式的体验。

2. 辅助式

辅助性导航系统包括网站地图、索引和指南(如图 3-19 所示)。这些都是网站基本导航系统之外的补充,可以提供更多的寻找内容和完成任务的可能。

辅助性导航系统是确保大型网站信息可用性和可寻性的重要因素。然而,它们常常不受

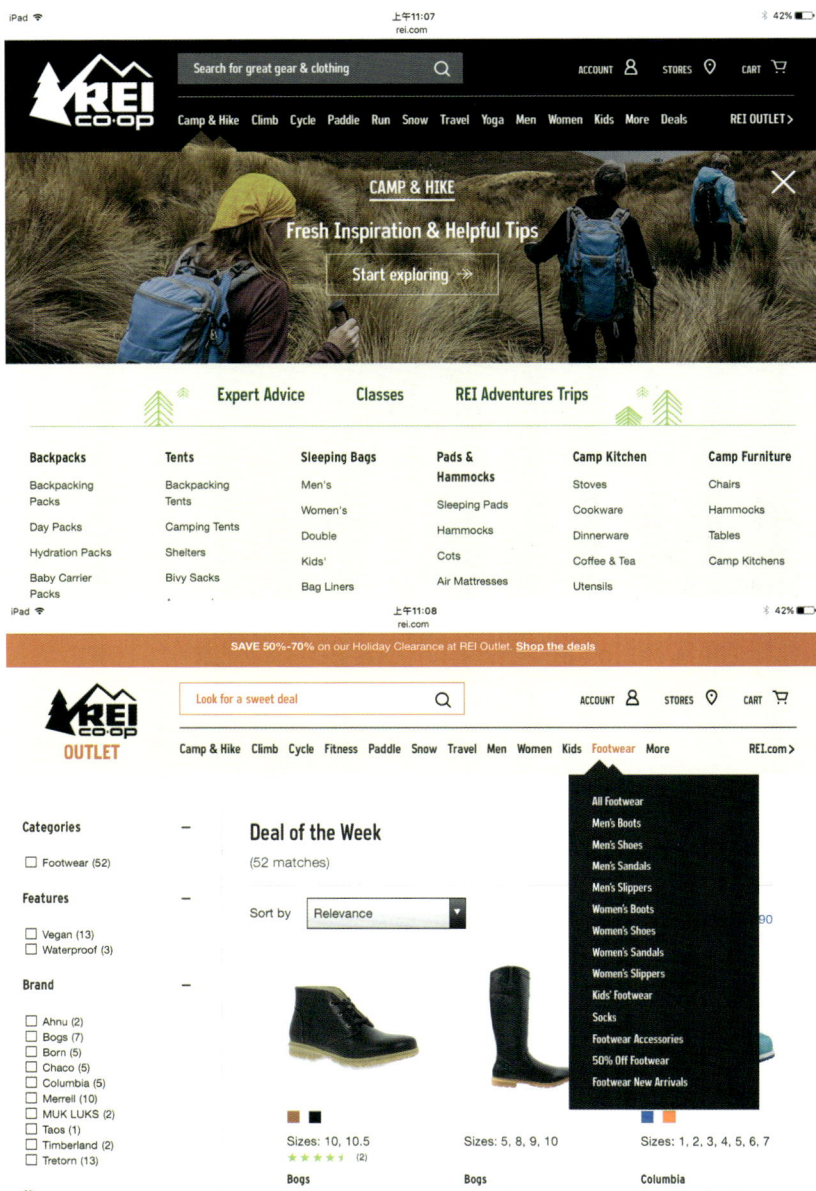

图 3-25　Rei.com 的导航系统

重视，而且也没有得到很好的应用。很多设计师还是抱着一种错误的观念，以为他们只要把分类做好，就可以满足所有的用户需求。有一些设计师认为，用户不想做选择，当分类法无法满足时，他们才会诉诸网站地图、索引、指南和搜索，这种观点在理论上是正确的，但忽视了关键性的一点，那就是用户总会喜欢走捷径，并且大多数用户不会愿意体验超过两次以上失误的导航，在这种情况下，他们会求助于辅助式导航快速地解决问题。

（1）网站地图。

图 3-26 是 Intel 的网站地图，像这样的网站地图在 Web 早期时代，和"目录"都是交互技

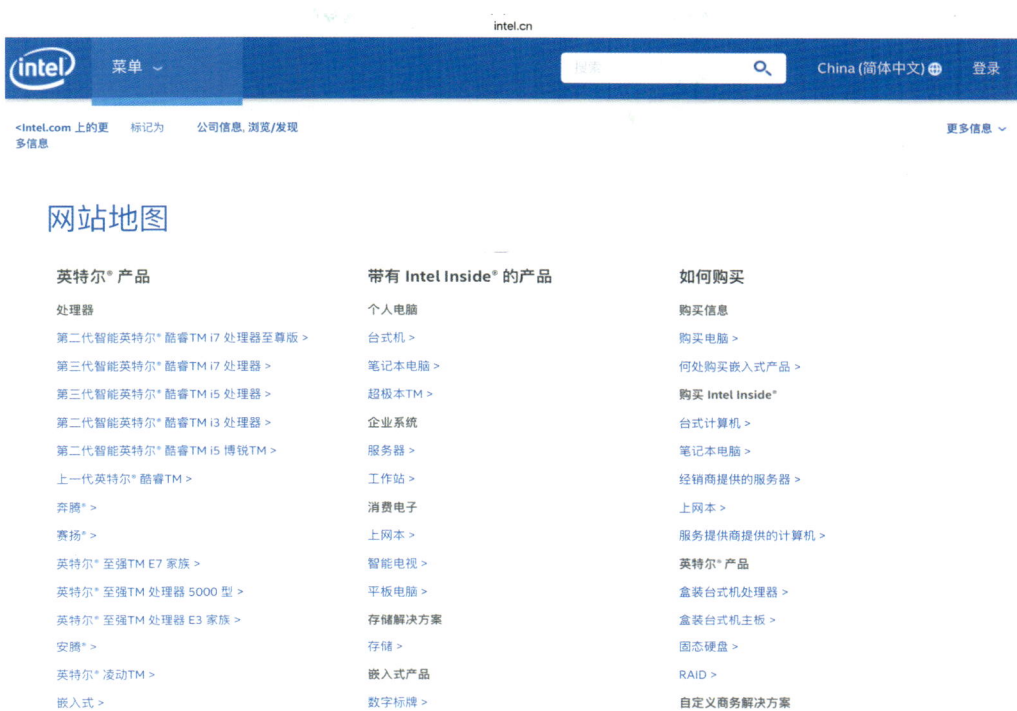

图 3-26 Intel 的网站地图

术的同义术语。现在来看，网站地图的交互性并不是那么受重视，虽然我们可以用更科学的方式来描述"网站地图"的功能模块，但是，"网站地图"这种辅助性导航方式的确让我们能以更通俗的方式来了解其功能意义。

典型的网站地图是展示信息层级的顶端部分，在内容上提供了较为宽广的视野，方便随机存取被分隔的各部分内容。网站地图可以采用图形方式或文字链接，方便用户直接访问想要的网页。

不得不承认，网站地图是网站上最自然的辅助导航方式，它有助于形成信息的等级。但是如果信息架构本身的层次不强，则采取索引的方式可能会更好。决定是否使用网站地图时，也要考虑网站的规模。对只有两三个层次的小站而言，网站地图似乎会有些多余。

网站地图的设计有以下原则值得参考：

①强化信息层次，使得用户对内容的组织方式能够快速熟悉；

②对了解网站用途的用户，尽量减少点击数，最好能直接访问到需要的内容；

③避免让用户面对太多信息，网站地图的目标是协助，而不是用成堆的链接吓坏用户。

（2）索引。

和网站地图不同的是，索引是相对扁平化的，展开后只有一两层的深度。因此，用户如果已经知道他们要找的东西的名称时，索引就相当有用。通过查阅按字母顺序排列的清单就能让用户马上到达他们要去的地方。

大型而且复杂的网站通常都需要网站地图、网站索引和网站搜索作为辅助。网站地图会强调层次，让用户逐级探索，而索引会跳过等级，方便对已知条目进行寻找。对于小型网站而言,网站索引就能解决绝大部分的问题。如图 3 - 27 所示,在一些网站上,每个链接后都指出了条目的数量,这让网站的索引更为有用。

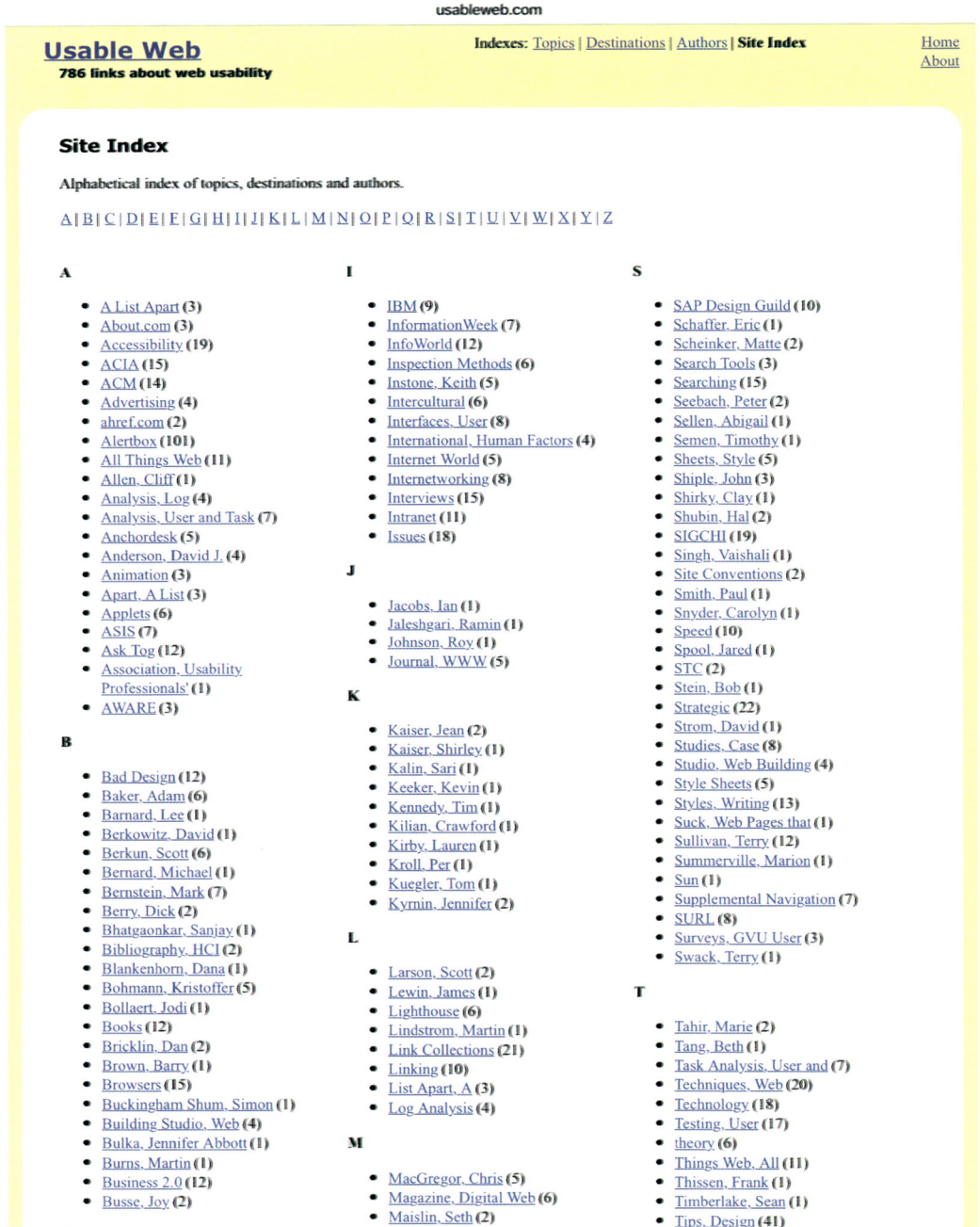

图 3 - 27　Usable Web 的功能性索引

建立网站索引有两种方法。对小型网站而言,可以利用我们对内容了解的知识来决定要引入哪些链接,然后手动创建索引。这种中央控制、手工建置的方式会得到单阶索引。相反地，对大型网站而且有分布式内容管理特性者，在文件层次上采用受控词表编制索引，则会产生网站的自动索引。在这种情况下，因为很多受控词表可能会分布在各个文件内，所以这种自动索引必须经过两个步骤：首先，用户从索引中选择术语；其次，再从以该术语为索引的文件清单中选出想要的索引条目。

（3）指南。

指南通常是为新用户介绍有关网站内容和功能的有用工具，同时也为有限制访问的网站提供一个相当有价值的营销工具（例如一些收费的在线出版物），能够让潜在的顾客知道花钱可以得到什么。此外，对内部而言，指南也很有价值，可以提供一个机会把网站的重点特色展示给同事、经理和投资人。《华尔街日报》网站的演示指南如图 3-28 所示。

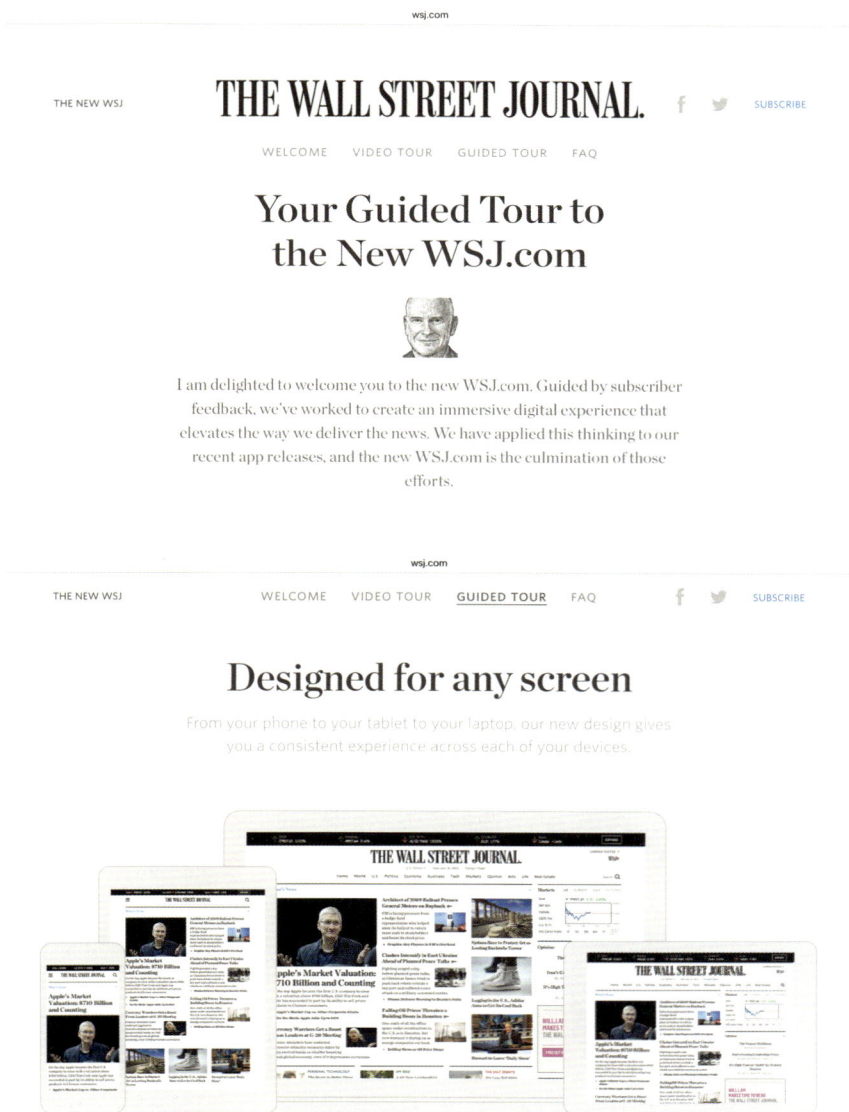

图 3-28　《华尔街日报》网站的演示指南

指南基本上是线性导航,因为一般来说,新用户是想接受指引,而不是被硬生生地扔到信息堆里。对于主要网页应该结合简单的文字说明,让用户了解网站的每一区域有什么内容。设计指南的原则如下:

①指南应该要简短;

②当用户得到相应的信息后随时都能迅速离开;

③导航的位置在每一页上应该都相同("上一页""首页""下一页"),这样用户才能反复翻阅指南;

④指南的设计应该是用来回答具体问题的;

⑤截图应该干脆、明确化,并具有把重点功能放大的效果;

⑥如果指南的篇幅过长,则需要考虑使用目录。

(4)配置器和向导。

配置器和向导可视为指南的特殊形式,但是,作为协助用户配置产品的配置器和导航复杂决策树的向导,还是值得单独提出来讨论一下。复杂的配置器会把软件应用程序和网站之间的界线变得模糊起来,而为用户决策做引导的向导可以让任务的流程更顺畅。如图3-29所示是 Mini Cooper 的配置器,这种方式的导航与用户的任务流程高度贴合,在架构形式上和应

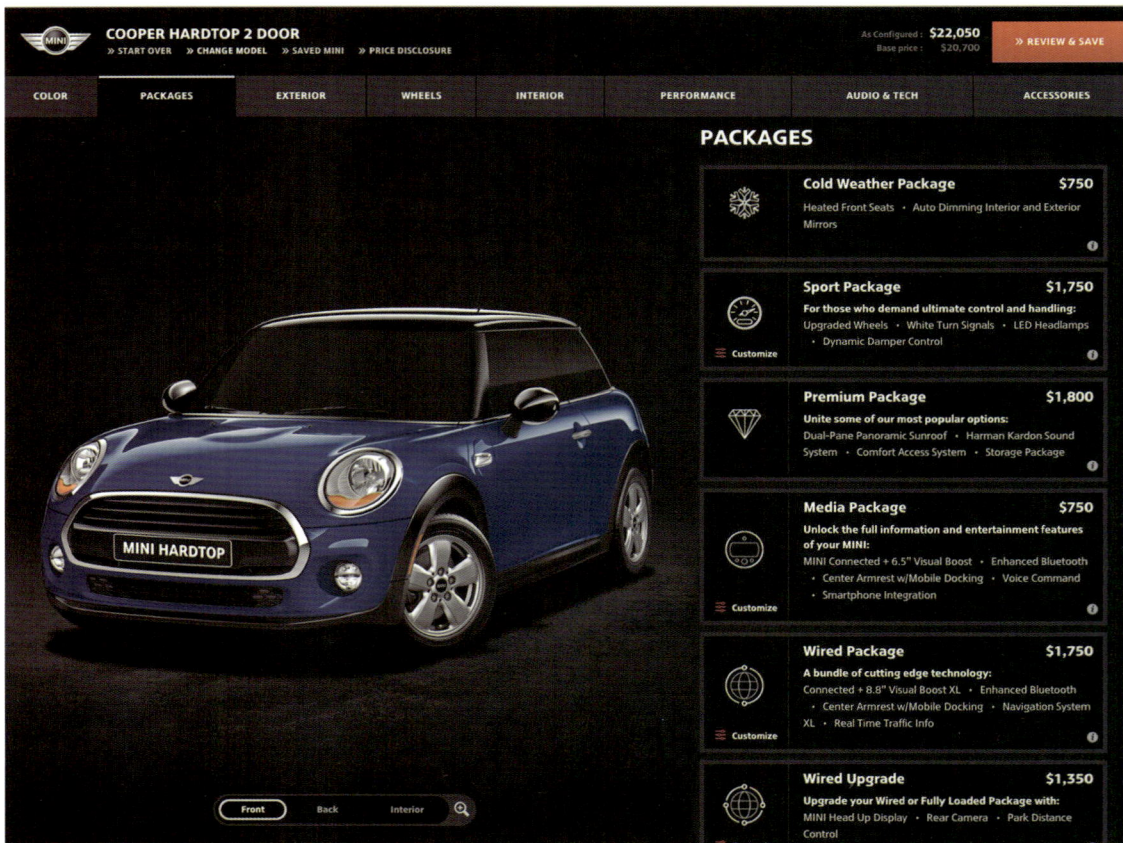

图 3-29　Mini Cooper 的配置器

用程序已经非常接近,用户不需要考虑下一步应该怎么做,界面的每一个构件都在提供明确的指示。用户可以沿着线性的流程移动,或者在步骤之间前后跳跃,此时十分像有一位专业顾问在做贴身的指导,用户也能感受到网站的服务意识。

（5）搜索。

如前所述,辅助导航的核心部分是搜索系统。搜索是用户最喜爱的工具,因为他们完全可以控制整个过程,而不需要记忆那些对于他们来说复杂的菜单路径。搜索也可以具有一定程度的针对性,在下拉式的表达中呈现以往或配置好的词条,用户可以根据需求的贴近性来进行检索。此外,用户还可以完全根据自己的需求搜索内容,而这样的词句不太可能放在网站地图或索引中。

然而,语言的模糊性使得大部分的搜索体验多少都会有些问题。毕竟,不可能所有人会用完全相同的文字去表达同一事物。所以,设计有效的搜索系统不是一件容易的事情,需要倾注各种努力。

3. 定制式

定制式的导航可以让导航系统具有个性化的特征,这会使导航在功能诉求的基础上提供更为贴心的服务。

（1）个性化和定制化。

个性化（Personalization）是指针对个人的行为、需求或喜好的模式,提供配置后的网页给用户。相反,定制化（Customization）则是给用户直接控制权,用户可以针对展现格式、导航和内容选项的组合,自己做调整。简而言之,以个性化而言,我们是猜测用户想要什么;而就定制化而言,是用户告诉我们他想要什么。个性化和定制化都可以用来补充现存的导航系统的不足,但这两种做法不能成为包治百病的解决方案。

事实上,个性化和定制化,通常扮演重要但有限的角色,真正实现它们需要有扎实的信息结构和组织基础,而且很难做到面面俱到。

在网站上,我们可能会用人口统计资料（如年龄、性别、收入、邮政编码）,以及过往的购买行为做一些根据经验和知识的研究,以了解顾客下次造访时,我们要在情境式导航系统中展示什么产品。

目前的购物网站都会根据我们的搜索历史以及购买历史来推荐商品,但是他们并不能获得我们从其他渠道购买经历的信息,如果我们要在个性化与个人隐私之间进行权衡,通常大部分人都会毫不犹豫地选择后者。所以,在进行大量用户研究之后,我们通常会发现并没有实质作用的信息,足以驱动有效的个性化。此外,在很多情况下,我们很难猜测用户明天想做什么、学什么或买什么。简而言之,个性化在一些特定的情境中可能运作得很好,但是,当扩展到整个用户体验后,就很可能不适用。

定制化是一种给用户控制权的观念,虽然使设计的压力得以减轻,这是定制化作为设计方法的魅力之所在。有时候,定制化的确会带来很多的价值和追捧。但是,定制化的问题在于大部分的人都不想花费时间进行定制,或者只愿意在对他们而言很重要的网站才需要这么做。的确,用户没有太多时间去熟悉定制化的导航系统,他们更希望拥有一套性能稳定的导航系统,因此他们更愿意去习惯现有的导航服务。

（2）可视化。

自从 Web 出现之后,我们就在全力建造有用的工具,让用户可以采用更加可视化和直观的方式进行浏览。首先是隐喻驱动的尝试,采用虚拟现实技术建立的在线博物馆、图书馆、购物中心大行其道。其次是动态、流动的"网站地图",用图形的方式显示网站中网页与网页之间的关系。这两种可视化的方式都很酷,用户也可以借此拓展想象力。值得注意的是,用户在这个方面十分现实,即使是很酷很炫,如果不能真正解决他们的实际问题,那么他们的反应就会像小孩对待玩具那样,一旦新鲜感消失,他们就会转而寻找其他的乐趣。可视化现在更流行的用途,是呈现数据的模式,通过可视化就能够发现变化,如图 3-30 所示。我们也可以将导航集成到模式变化中,这样可以将视觉的可视性拓展到实际的功能范畴。

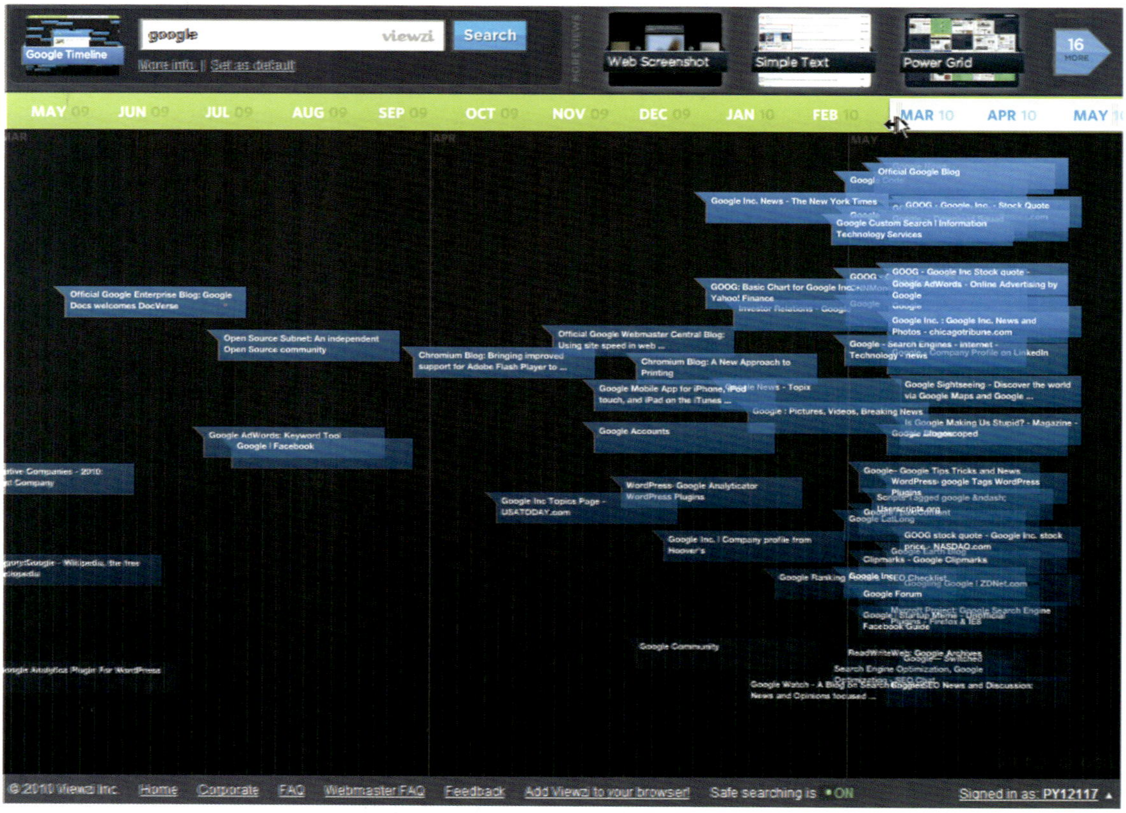

图 3-30　可视化的搜索结果

（3）社会化导航。

从比较正面的观点看,社会化导航(Social Navigation)的前提是建立在个人或群体的价值观基础上的。社会化导航可以通过观察用户的行为得到相关的结论。社会化导航拥有一定的前景,因为它高度体现了网络空间的民主化,让人们感受到群体意见的重要性。如图 3-31 所示的网易新闻排行榜,这样的排行榜是不少用户所青睐的,他们以排名的前后来判断事件的重要性,但社会化导航也从另一个侧面反映了虚拟社会形态的从众心理,一旦这种从众心理为媒介霸权所用,其隐忧不言而喻。所以,在信息架构的设计中,我们需要倡导伦理意识,这与掌握技术方法有同样的重要性。

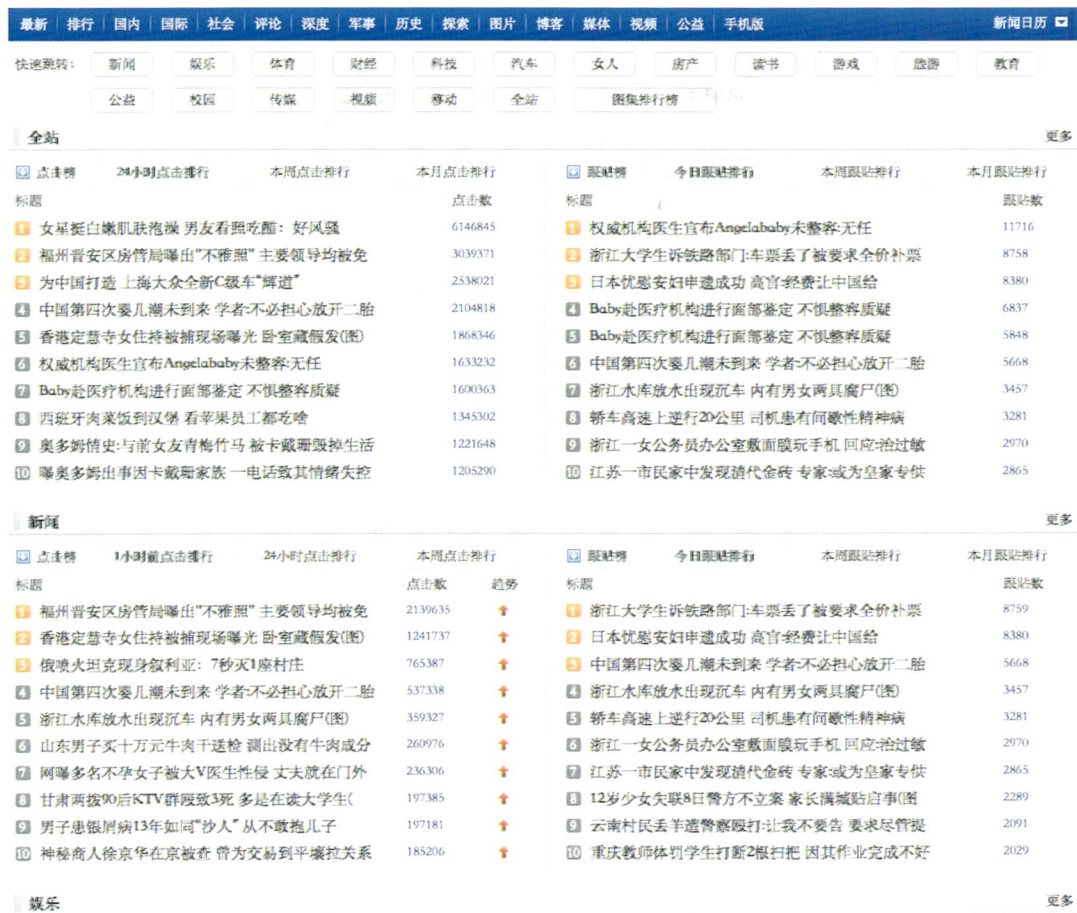

图 3-31　网易新闻的社会化导航

3.4　搜索系统

3.4.1　搜索功能与需求

我们在构建网站搜索系统前,需要先思考下列问题:

①网站有足够的内容吗?

②投资搜索系统还是投资更有用的导航系统?

③有时间和技术为网站搜索引擎做优化的工作吗?

④我们的用户习惯搜索吗?

⑤面对太多的信息需要浏览,搜索真的会有帮助吗?

⑥搜索功能模块的位置在哪里?

以上的问题决定着我们怎么看搜索的功能,以及对于搜索系统的真实需求,这样才能决定设计项目的意义。

图 3-32 是搜索系统基本构件与流程的解析图。在这个图中,用户通过在搜索界面发出查询请求,搜索引擎通过对内容分析得出的元数据和相应的受控词表对内容进行检索,之后以一定的排列和聚类算法陈列检索的结果,通过界面的设计,对结果进行可视化。用户对结果进行判断,提出新的查询请求,进入新一轮的检索,如此反复,直至满足,或放弃搜索的需求。

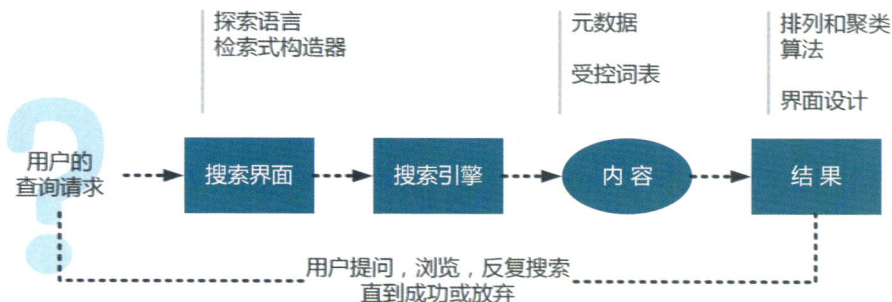

图 3-32 搜索系统基本解析

3.4.2 搜索的内容

如果我们已经选择了一种搜索引擎或服务,那么哪些内容应该做索引以供搜索? 显然,把搜索引擎找到的每一份文件全部的文字都索引出来,让结果无所不包,面面俱到,这是搜索系统最大的功能价值。

但是,事实上把每样东西都做索引,并不能完全满足用户。网站环境庞大而复杂,甚至会包含异质内容的子网站和数据库,如果我们想避免搜索的结果五花八门,就需要建立搜索区域(Search Zone),限定搜索的范围,减少搜索用的时间,让用户能够更专注于他们的工作。

选择要让什么可以搜索,不应受限于只选择需要的搜索区域。对一堆文件或记录而言,一些关键的字段可以纳入搜索的范畴,而另外一些不那么重要的字段就应该舍去。

如果我们形成了一定依据的价值判断,并参与构建了整个网站的信息架构,那么对于什么内容是"好的"已经有了感觉。在这种情况下,我们可能会以手动或者其他方法为有价值的内容贴上标签。这样一来,这些"好东西"就可以第一时间被搜索到。如果用户在第一轮搜索没有找出有用的结果,往往就会失去信心。所以对于搜索对象的修订也是十分重要的。

1. 决定搜索区域

当用户搜索某一搜索区域时,该用户已经通过交互界面表明他只对某些特定信息感兴趣。理想情况下网站中的搜索区域对应到用户的特定需求,这样可以得到更好的检索效果。如果把和用户需求无关的内容剔除掉,用户应该可以获取更精简、更相关的结果。

此外,可以让用户在网站上选择一个或一个以上的类别或子类别,然后进行搜索,这样会有效减少内容索引的工作量,同时也可以方便比较灵活地构建搜索区域。可以为每一类别设计各自的搜索区域,通过这样的累积也可以组合成较大的搜索区域。

有很多方式可以建立搜索区域,比如可以把文件分隔开,或者嵌入标签。搜索区域的基础包括如下几类:

①内容种类;

②用户;

③角色;

④主旨/主题;

⑤地理位置;

⑥年表;

……

搜索区域的划定可以让一大块内容以新的、有用的方式重新切块切片,为用户提供不同的观点浏览方式与内容。但是,搜索区域是一把双刃剑,通过搜索区域窄化搜索范畴可以改良结果,但是交互时就有可能增加复杂度。值得注意的是,很多用户在开始搜索时会忽略搜索区域,而倾向于通过输入简单搜索字符串来搜索整个网站。所以,在他们通过"高级搜索"界面做第二轮搜索之前,用户可能不会碰触那些细心制作出来的搜索区域,但这并不意味着搜索区域的设定作用不大,当一些熟练用户发现其优点的时候,他们会经常地使用,因为这种方式确实能有效提高效率。

下面是一些切块和切片的方法:

(1)导航/目的地。

大部分网站至少有这样两种网页——导航网页和目的地网页。目的地网页存放实际信息,导航网页可能含有主页、搜索页,以及帮助用户浏览网站的网页。网站的导航网页最重要的目的就是让用户到达目的地网页。

当用户搜索网站时,假设他是在寻找目的地网页,这是很合理的。如果导航网页也包含在搜索流程中,就只会扰乱搜索的结果,所以导航网页并不一定要无所不在。

导航页和目的地页之间,很难划出一条明确的界线;在某些情况下,一个网页可同时为导航网页和目的地网页,那就是为什么在做搜索区域时,需要先区分好导航网页和目的地网页的原因。导航/目的地这种做内容切割的方法也有其弱点,即这种方法本质上是属于精确组织体系,也就是说网页只能是目的地网页或导航网页,所以有一些局限性。之后的两种做法,组织体系是模糊的,在适用面上因此会更广一些。

(2)为特定用户或主题做索引。

如果已经决定采用以用户为导向的组织体系为基础,则以用户为依据作切割,建立搜索区域的方式是很合理的。此外,我们也可以根据某一具体的主题来做索引,这样可以从任务性质的方式切合用户的需求。如图 3-33 所示,《纽约时报》的网站就是采用这样的方式,我们可以看到在顶部导航的位置,做了非常细致的主题区分,通过这样的方式,为特定用户提供较为贴切的信息服务。

(3)为新近内容做索引。

以年表的方式组织内容,可能是最简单的搜索区域做法(这可能是最常见的搜索区域形式)。当检索的信息具有时间属性时,这种方法会特别奏效,因为过期的数据通常不会被索引到,而且日期信息一般也很容易加入。因此,由日期建立搜索区域或是热点区域,在操作上会比较简单。

2. 选择要对什么内容组件做索引

为网站的某些局部内容提供访问途径通常很有用。同样,让用户可以搜索文件中特定的组件也很有价值。这样做可以让用户检索出更具体而准确的结果。如果文件只是包含管理性质的内容组件,这些组件对用户而言并没有什么特殊意义,那么这些东西就可以排除在索引之外。

图 3 - 33　《纽约时报》的网站截图

　　利用文件结构还有另一个原因,那就是内容组件不仅是只有增进搜索精确度的作用,还可以让搜索结果的格式更有意义。为大量的内容组件做索引可以提高搜索的灵活性,同时也能让搜索的结果呈现更科学。

3.4.3　搜索的算法

　　搜索引擎的运作方式是用多种方式寻找信息,搜索算法决定着搜索引擎以什么样的方式去寻找信息。所以搜索算法本质上是一种工具。就像其他工具那样,特定的算法可以协助我们解决特定问题。搜索算法是搜索引擎的核心,但绝对没有一个搜索引擎能够满足所有用户的信息需求。

　　大部分搜索算法采用模式匹配(Pattern Matching)的机制,也就是说,它们会比对用户的查询字符串与网站文件做全文的索引,以寻找符合的文本字符串。当找到吻合的字符串时,来源文件就会加入到搜索结果的集合中。这听起来似乎相当简单,但是这个比对过程可以用很多不同方式进行运作,由此也会产生不同的结果。

　　有些算法可以传回很多结果,而这些结果有着各自不同的相关性;有些算法只传回高质量的结果,这些结果被用户采纳的机率非常高。查询结果变动范围的两个极端术语就是查全率(Recall)和查准率(Precision)。

　　有公式可以计算它们:

查全率＝检索出来的相关文件/集合中的所有文件

查准率＝检索出来的相关文件/集合中的相关文件

　　用户在一些情况下，他们会想做大量的检索。在成百上千的结果中，每一条都和用户的搜索有着某种程度的相关性，这时他们对查全率和查准率的要求是不一样的。比如说用户是在做"自我搜寻"，他想看到任何与自己姓名有关的资料，那么他会希望得到较高的查全率。当然，如果是他在做科学研究，那么查准率就会比较重要。

　　同时拥有查全率和查准率会不会比较好？可惜，鱼与熊掌不可兼得。查全率和查准率是反向相关的。因此必须先考虑用户的利益，以此为依据在查全率和查准率之间取得平衡。然后，选择一种搜索引擎，依据需求设定其算法是偏向查全率还是查准率。

3.4.4　展示结果

　　当搜索引擎把结果组合好后，有很多方式可以展示结果，所以，还是需要做一些选择。在配置搜索引擎该如何显示结果时，要考虑两个重要的议题：对每一份搜索出的文件而言，要显示哪些内容组件，以及如何列出或分组这些结果。

1. 要显示哪些内容组件？

　　最简单的原则就是，对那些已经知道自己要找什么的用户而言，信息就少显示一些；但是，对那些不确定自己要找什么的用户而言，信息就多显示一点。另一种变通的做法是，对那些已经知道自己要找什么的用户而言，就显示有代表性的内容组件，如标题或作者，协助用户迅速区分他们所搜索的结果。而对那些不确定自己要找什么的用户而言，则可以从描述性的内容组件中获得相关的提示，如摘要或关键词等。我们也可以提供一些选项让用户决定要显示什么。但是，设定默认配置时，还是要综合考虑用户最常见的信息需求。

　　图 3-34 是微软网站搜索结果的内容组件，我们能够看到，页面中对不同性质的内容组件

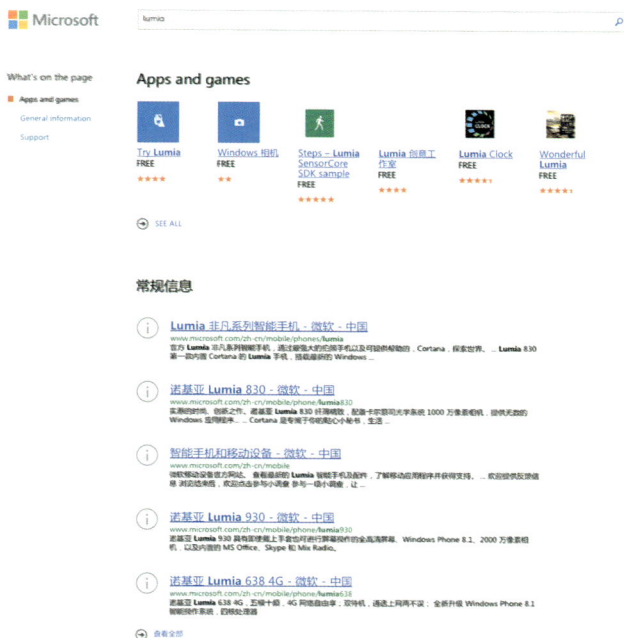

图 3-34　搜索的内容组件

做了清晰的划分,用户可根据需求来决定显示内容组件的量。其实每一条结果要显示多少信息非常重要。也许我们的网站很小,或者大部分用户的查询都有特定的目标,经过精确匹配后,使得他们只会得到一小部分结果。如果认为在一些情况下用户会喜欢多一点信息,也许可以让每一条结果多显示一些内容组件。但是,如果搜索结果太多而一个页面无法全部显示时,许多用户在一般情况下是不会去看第一页以后的结果的。所以,每一条结果提供太多的内容组件,就有可能会影响最终结果显示的效果。

每一条结果要显示哪些内容组件,也是取决于每一文件中有哪些组件是可用的,这也是内容的组织方式,或者说是内容的功能作用。

2. 要显示多少文件?

要显示多少文件,主要由两个因素决定,即信息量和信息数。如果搜索引擎的配置是要为每一条搜索出的文件显示诸多信息,那么就可以考虑显示小一点的结果集,反之亦然。如图3-35所示 IBM 网站在结果显示上就给予了用户决定权,用户可以根据需求来选择显示文件的数目。此外,用户的屏幕分率、联机速率,以及浏览器的设定都会影响能够有效显示的结果数量。一般来说,简单化是最安全的,即只显示一小群结果。但是,我们可以提供很多的设定值,以让用户根据其软硬件状况或需求进行设定。

用户在浏览搜索结果时,要让他们知道搜索出的文件总数有多少,这样他们才知道后面还有多少文件要看。此外,也可以考虑提供结果的导航系统,以帮助他们更好地对结果进行浏览。

图 3-35 根据需要选择显示文件的数目

3. 列出结果

当我们有一群搜索结果，也想了解针对每一条结果该显示哪些内容组件，并且想了解这些结果应该用什么次序列出。这些问题的答案都取决于用户有什么样的信息需求，他们想收到怎样的结果，以及他们想怎么使用这些结果。

列出结果的方法，常见的有两种，即排序（Sorting）和排名（Ranking）。排序的结果可以按日期先后排序，也可以按任何内容组件的字母顺序（如标题、作者、部门），还可以由搜索算法决定（如根据相关性、受欢迎程度）。

用户如果要做决策或采取行动，排序就相当受用。例如，用户在比较产品清单时，可能想按价格或者某种特征排序，以帮助他们做决定。任何内容组件都可以排序，但是，要提供可以用的组件给用户排序，帮助他们实际达成任务，才有意义。当然，哪些组件是以任务为导向而哪些不是，则需要依情况而定。

如果有必要对信息展开深入的了解，排名就很受用。排名通常描述搜索出文件的相关性，即由最相关的排列到最无关的。用户要了解的信息是最相关的结果。当然，相关性是相对的，选择以相关性排名时要特别注意。用户通常会假定最上面少数几条结果就是最佳的结果，但这种假定会存在一些问题，关键还在于内容是否真的符合用户的实质需求。

（1）按字母排序。

任何内容组件都能按字母顺序排序。字母顺序是很好的通用排序法，尤其是排序姓名时。因为无论如何，大部分用户都知道字母顺序，并且对这种排序不会有太多的异议，所以这样的方式通常都会奏效。

（2）年表排序。

如果信息的内容（或用户）对时间很敏感，年表排序就是有用的做法。而且即使没有任何日期信息时，还可以使用文件系统内置的日期来进行排序，这样也不会给用户造成任何的不便。

（3）按相关性排名。

相关性排名的算法有很多种，通常是按下列项目之一或其中几项决定相应的算法：

①搜索出的文件中含有多少个查询字符串中的术语？

②这些术语在文件中出现的频率有多高？

③这些术语出现的位置有多近？相邻？同句？或同段？

④术语出现在何处？例如，出现在标题时，通常比出现在正文中相关性要高。

以上这些方式都可以确定相关性的排名。不同的相关性排名对不同的内容有不同的意义，且相关性的排名一定需要针对同质的文件而言，包括文件内部的信息架构，这样相关性的排名才能获得一定的准确性，但是对于异质文件而言，就会出现驴唇不对马嘴的现象。比如说，文件 A 可能比文件 B 的排名高，但是并不等于文件 B 的相关性就弱。为什么呢？这主要因为 A 可能只是一份很长的文件，碰巧含有很多查询字符串中的术语，而文件 B 较短，但具有真正的相关性，只是由于查询符合字符串的术语较少，就排在了 A 文件的后面，这样的排名显然不合理。所以，当文件异质性越高，就更要小心使用相关性排名。

此外，人工做的索引也是建立相关性的另一种方式。采用这种方式时，如何界定关键的描述字段，基本上都取决于索引者的价值判断，所以人工做的索引客观性不见得高，但是有时准确性会超出我们的意料。

（4）根据受欢迎程度排名。

Google 为何能成功，是因为它以受欢迎程度对结果排名，其做法是把搜索出文件中的链接数目列入重要思考因素之中。如图 3 - 36 所示，Google 会区分这些链接的质量，当链接来自的网站，如果有很多的点击量，则表示此链接的价值高于较少点击量网站的链接。这种方式相对来说有着不错的说服力，Google 也因此建立起令人瞩目的口碑。

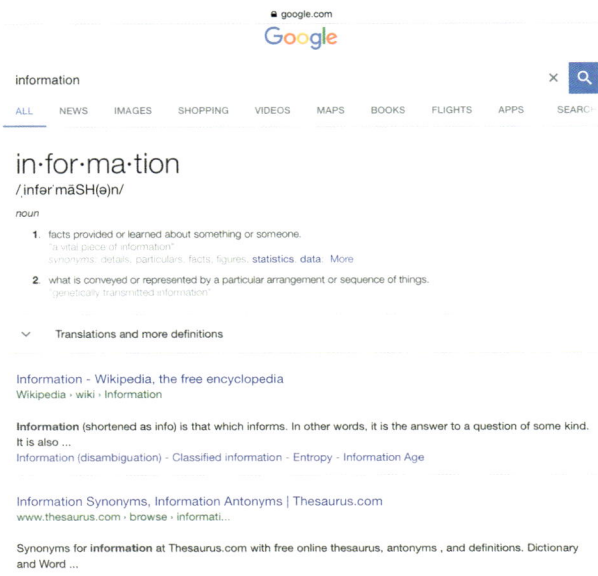

图 3 - 36　Google 会根据链接的质量进行搜索结果的排序

但是，小型网站或一群独立、彼此没有链接交集的网站，或一些多用户的信息环境，是不需要用到受欢迎程度的排名的。一般来说，小型网站不同的信息文档会有不同的受欢迎程度，但是一般也不会产生明显的差异，所以不值得采用这种做法。在一些大型的多用户网站，链接点击频繁可能是因为任务流程的需要，并不等于链接的信息具有很高的欢迎度。所以，面对欢迎度的排名问题，需要区别对待。

（5）以用户或专家的评价排名。

现在很多的用户愿意评价信息的价值，在很大程度上，用户的评价可以作为结果排名的依据。

如图 3 - 37 的网页所示，这样的用户评价可以强化他们的参与感，形成围观效应，同时也能为他们的判断提供一定的参考依据，所以在显示搜索结果的时候将用户或专家的评价排名列为算法的一部分，也非常符合功能的诉求。

（6）按位置付费排名。

搜索结果的位置付费排名（Pay-For-Placement，PFP）目前已变成一种互联网公司典型的盈利方式。某个网站出价越高，在用户结果列表中的等级就越高。百度推广就是一个很好的例子。

但是这种方式是一种商业运转的模式，应予以有效的监管，特别是针对高等级结果的商业

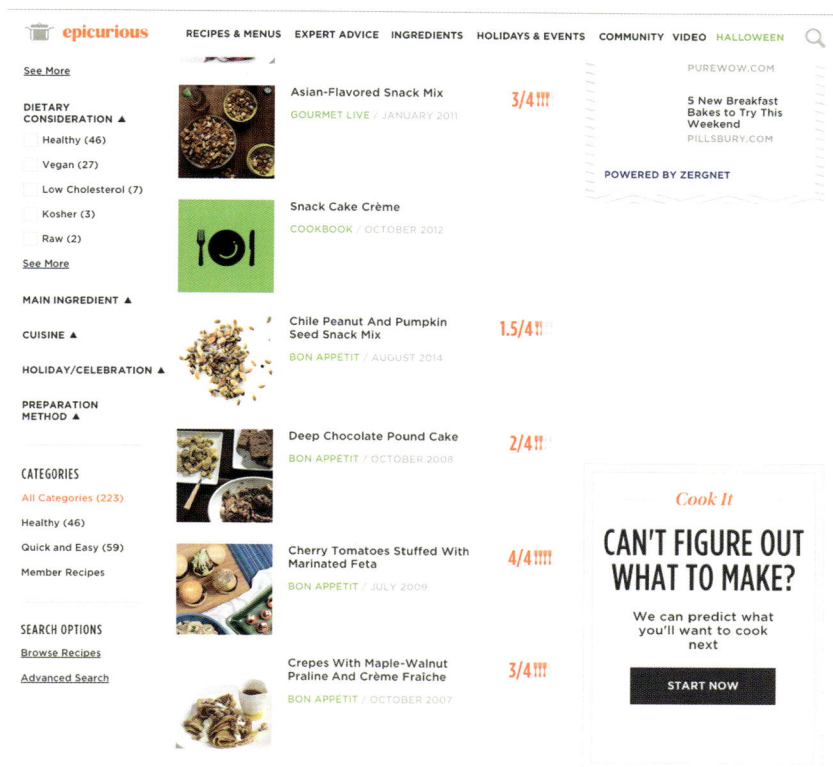

图 3-37 以用户或专家的评价排名

资质审查,应被设定为一个关键性的环节,这样才能让位置的付费排名具有一定的诚信度。在网络的虚拟空间中,这十分重要。

4.分组结果

尽管我们可以用各种方式列出结果,但没有一种是完美的。一般设计结果的陈列方式,必须介入搜索引擎的构建工作,这样才能让搜索的结果如我们预想的那样合理呈现。如果陈列的结果是经过分组的,那么可以让用户进行有效的判断,尤其是面对一大堆的搜索结果时,这种陈列方式能够有效提升效率。比如,我们可以依照某个共同点把搜索的结果聚集起来,依据一定的规则将检索到的信息分成几个组群,诸如主题、用户、语言,以及产品家族等。这样可能会让搜索的结果更具有逻辑性和可读性,如图 3-38 是 Google 快讯检索后的结果呈现,十分的清晰明了。

5.导出结果

如果用户已经获得了一组搜索结果,接下来他们可以结束搜索任务或继续以不同的关键字进行搜索,沿路修改他们的查询以及他们的搜索思路。面对搜索的结果,我们可以设计以下几种处理方式:

(1)打印、寄送或储存结果。

当用户最终达成了他们的搜索愿望,他们可以把结果做成书签存下来,但是,他们可能不想再回到这份文件所在的网站,或者是他们只想把页面抓取下来,随身携带,这时就需为他们

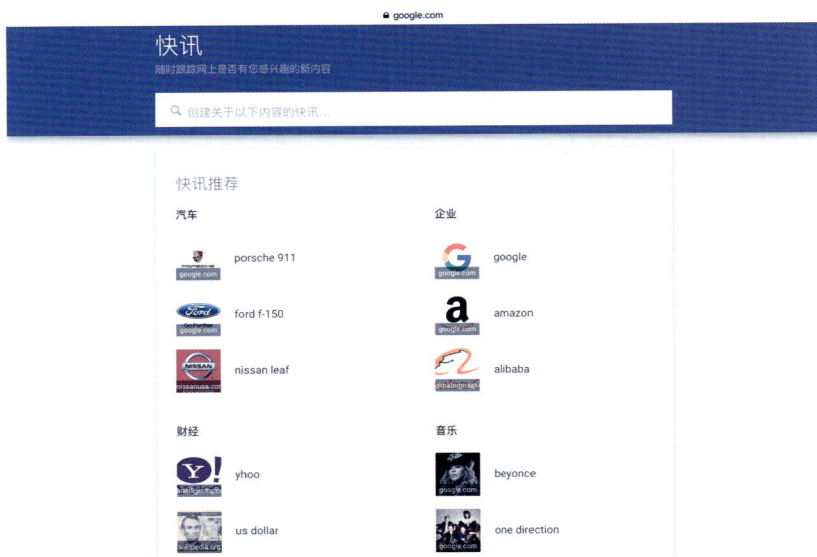

图 3 - 38　Google 快讯服务

提供打印、寄送和存储结果的端口。

（2）选择结果的一部分。

有时候，用户想带在身边的文件不止一份。如果要在成百上千条结果中过滤出想要的，则必须有一个方法可以让用户标示出他们想要的文件或文件的某一部分，这样才不会忘记或遗漏掉。

（3）储存搜索。

在某些情况下，我们想保留的是搜索本身，而不是结果。对于想及时追踪领域动态而言，储存搜索特别有用，它可以随时执行一个储存下来的搜索，或者制定日程，使得查询定期自动执行。当搜索结果变得"便于携带"时（让用户可以直接访问，而不用再造访原有搜索系统网站），一些搜索引擎的服务可以完成这一功能诉求。例如，可以使用 Google 快讯服务在 Google 之中储存和自动重新执行搜索，就值得借鉴。

3.4.5　搜索的界面

搜索的界面可以将之前的部分全部整合起来——要搜索什么、搜索到什么，以及如何展示结果。如我们所知那样，用户差异性是巨大的，而且搜索技术也是五花八门，并没有绝对理想化的搜索界面。到底搜索界面设计的"正确方法"有哪些，很难逐一描述，但我们可以找出一些外在变量，以供参考。

1. 界面体现的专业水准

用户习惯特殊的查询语言吗？如布尔运算符，或者他们宁可使用自然语言？他们对于查询的结果感到"够好"就满足了吗？他们愿意尝试反复搜索多次吗？这些对于用户的理解，都直接反映出搜索界面的专业水准。搜索界面的影响因素包括以下方面：

①信息需求的类型。

用户只是想尝一口，或者他们是想做全面性的搜索？什么样的内容组件可以帮他们点击文件时做出恰当的决策? 结果应该简洁,或者对每一份文件都应提供详细的细节? 此外,用户是否愿意提供很详尽的查询表达式以表达他们的需求? 这些问题都是定义信息需求类型的关键。

②被搜索的信息种类。

信息是由结构化的字段构成或者全由文字构成? 是导航网页,或是目的地网页,或是两者都是? 是用 HTML 书写,或是用其他格式创建的,如非文本格式等? 内容是动态的或是静态的? 是全都是字段,还是全都是文字? 如果对于这些问题准确地把握,就能定义被搜索的信息种类。

③被搜索的信息数量。

用户会受不了搜索出文件的数量吗? 多少结果才合适呢?

在 Web 的早期,很多搜索引擎都是在模仿在线图书馆目录和以 CD-ROM 为主的数据库中所采用的"传统"搜索引擎功能。这些"传统"的搜索引擎功能多半是为研究者、图书馆员,以及其他懂得将信息需求以复杂的查询语言表达的人设计的,用户通常要懂得复杂的语言才能使用它们。

而在 Web 的用户呈爆炸性增长之后,全方位搜索的经验和专长需求逐渐下降到最低点,新生代的搜索用户耐性普遍都不高。一般来说,用户通常只会输入一两个术语,不会包含任何运算符,然后就急匆匆地按下了"搜索"钮,并希望能得到最佳的结果。

搜索引擎开发人员的做法是,把"传统"的功能隐藏在"高级搜索"界面之中,或者直接把高级功能内嵌到搜索引擎里面,使用户看不见,通过这样的方式让搜索界面尽可能简单。在大多数的时候,提供一个简单的搜索框和"搜索"按钮给用户使用就足够了,这样他们会觉得非常轻松自然。

(1)搜索框。

有的时候我们真的可能需要一个无处不在的搜索框。用户会假设搜索界面的运作方式,而且在设计搜索系统时,我们也会做一些测试,来发现用户对于搜索的需求。对于搜索框,一些常见用户假设如下:

①我只需输入一些术语描述我要找的东西,搜索引擎会把其他的事情做好;

②我没必要输入那些标准的搜索语言;

③我不用担心我输入的术语因为有同义词而影响结果的精准;

④我没有时间去搞清楚我可以搜索哪些字段;

⑤我写的查询字符串会搜索整个网站任何可能的地方。

这些用户的假设从某种程度上体现了他们在搜索这一问题上的愿望。但所有这些愿望只能用一个搜索框来实现,足见其重要性。

搜索框在页面中的位置应该是独立的,如果和其他输入框放在一起时会造成一些误解。特别是在同一页面中,存在许多输入框时,如何区别搜索框就十分重要了。比较好的做法是把搜索框放置在全站导航系统旁边,或放在网页顶端,或者把标签定为"搜索",远离其他的输入框,并明确标示起来。这样会让搜索的界面明晰而不会有误解。

(2)高级搜索。

高级搜索界面可以将搜索系统的很多秘而不宣的功能公开给用户。和搜索框不同,高级搜索界面可以对搜索系统做更多操控,而且通常是由两种类型的用户在使用:一是高级用户,二是"受挫"的搜索者。

我们通常会把搜索引擎各种高难度的搜索功能放到高级搜索页面,让一小部分人在需要时可以使用。但是高级搜索繁复的界面往往会让普通用户感到无所适从,所以在一般的情况下,应隐藏好高级搜索功能。如图 3-39 所示,在必应的搜索界面其实提供了丰富的检索功能,为了不让用户有额外的认知负担,除了搜索框之外的功能,都被整合到了按钮、菜单这样的选择控件中,以此让信息架构的核心功能更加突出,且页面视觉感觉更加简洁整体。

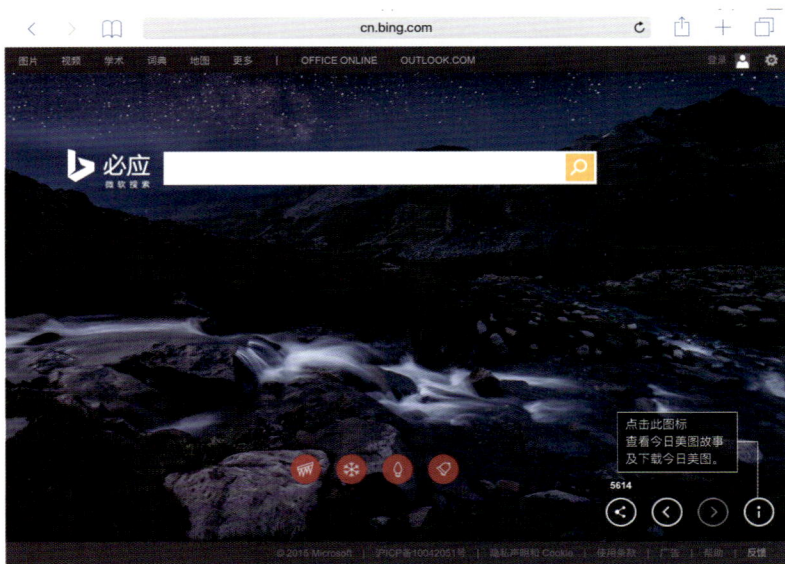

图 3-39 必应的搜索界面

(3)支持修改功能。

我们经常会讨论,用户找到他需要的内容以及搜索完成之后,还可以做些什么。以下是一些功能设想,可以帮助用户提炼他们的搜索。

①在结果页中重复搜索。

有时候用户很健忘,尤其是在成堆结果中徘徊辗转之后。在搜索框中显示最初的搜索字符串会相当有用。

②说明结果来自何处。

让人搞清楚搜索出来的内容来自何处很有用处,尤其是如果搜索系统支持多种搜索区域时,用户决定扩展或窄化搜索,这样的提示就很有价值了。

③说明用户做了什么。

如果搜索的结果难以令人满意,可以说明背后"发生了什么事",让用户了解情况,并提供一个"跳板"让用户可以修改搜索的主题。如图 3-40 所示,"发生什么事"的设计除了可以参考前两项原则之外,还有几点要考虑:重述查询;说明之前搜索了什么内容;说明任何可用的过滤器(如日期范围);显示隐性布尔运算符或其他运算符,如预设的 AND;表示其他当前的设定值,如排序方式;提示搜索出结果的数目。

④整合搜索与浏览。

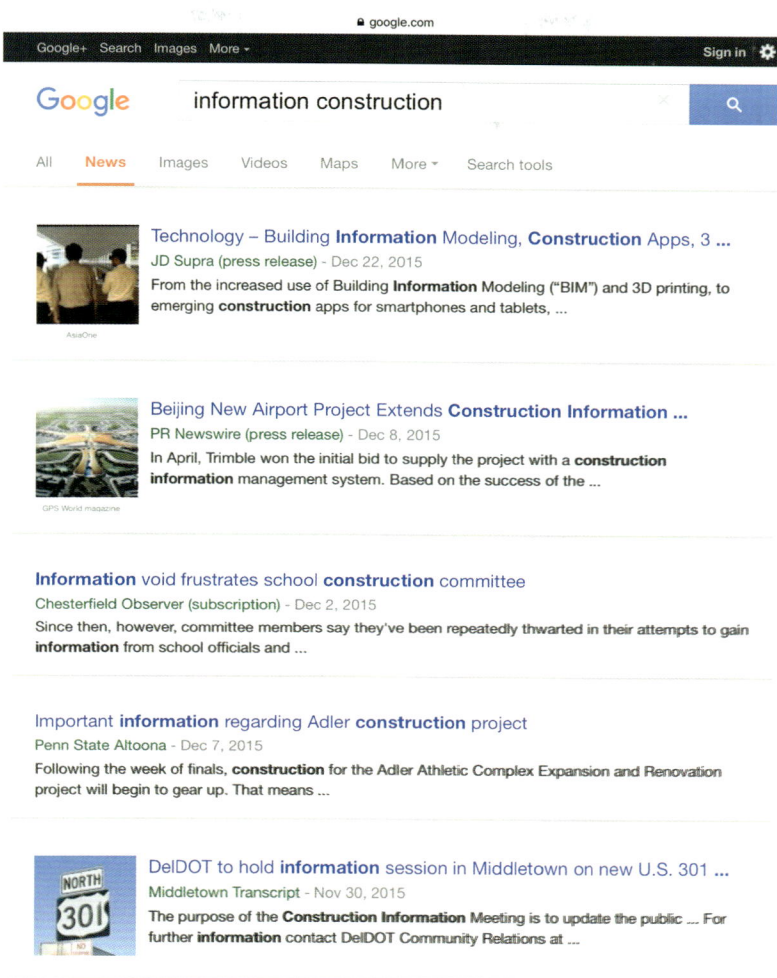

图 3-40　提示用户"发生了什么事"

　　整合搜索与浏览,因为搜索和浏览都是一种寻找过程,找机会把搜索系统和浏览系统连接起来,能够让用户能在两者间顺利转换。

研究与探讨

　　组织系统、标签系统、导航系统和搜索系统是新媒体信息架构的基本组件,通过对这些组件的了解,我们可以对信息架构有一个较为完整的概念框架。除了书中提及的案例,有哪些典型案例能够为我们提供观念上的支撑? 请尝试分析从组织系统、标签系统、导航系统、搜索系统或其他你认为有价值的维度分析一个案例,说明其优势、劣势,以及改进的方向。

第4章 搭建合理的新媒体信息架构：流程与方法

搭建合理的新媒体信息架构需要经历研究→策略→设计行为三个关键性的环节,其中研究部分不但需要关注用户,还需要关注具体情境中的用户,因为只有在情境中,用户的行为才能得到合理的解释。在策略阶段将确定目标以及实现目标的路径,同时也会形成策略报告和项目的计划。设计行为的环节将专注于可视化的沟通,用蓝图和框架图来体现关于信息架构的构思。

4.1 研究

4.1.1 设计流程概览

1. 概览

网站媒体设计的早期,很多设计师会采取单阶段流程,即所有的工作都围绕"撰写 HT-ML"展开。借助网站生成工具,几乎每个人都能成为网站的搭建者,但很少人会真正耐心做研究或规划策略。网络媒体的设计其实并不是一件简单的工作,而是涉及很多方面。图 4-1 就说明了信息架构的设计流程。

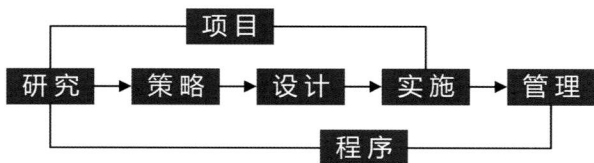

图 4-1 信息架构的设计流程

研究阶段是从查阅现存背景材料和策略小组开会开始的,目的是获得对设计目标、商业情境,以及对现有信息架构和主要用户的了解。之后进行一系列的研究,采用各种方法探索与信息架构相关的信息生态。

策略阶段对构建信息架构设计的基础情境十分有帮助,它不但可以提供高视野的框架,建立方向和范围,还可以通过实践引导整个项目。具体来说,策略阶段将定义出网站的组织和导航的顶部结构,此外还会提示实施路径,定义一些关键性的细节,比如适合的文件类型、粗略的元数据纲要等。

信息架构的设计阶段是把研究的结果付诸具体的阶段,在这个阶段将建立详细的蓝图、框架图的层次,以及元数据的纲要,并让图形设计师、程序设计师、内容作者协同工作。在整个阶段，信息架构的设计师将发挥重要作用，不但需要把握全局，而且也要重视细节。

信息架构设计的实施阶段就是将所有的观念落实到具体的环节中，其中包括网站的建造、测试和启用等，其中包括建造和测试始终迭代进行。对于信息架构设计师而言，这个阶段的工作会牵涉到制定逻辑跳转关系、测试和除错、制定设计说明文件以及环节沟通等，此时设计师的工作性质主要是协调，并确保整个项目的顺利实施。

最后是管理阶段，这是网站信息架构持续演化和改善的阶段。管理包括内容的增补等例行性工作。同时也需要监控网站的运作和用户的反馈，找出网站需要做修改的地方进一步改善。

整个设计流程中，前四个阶段是与项目相关，而最后一个阶段则侧重于维护，由此也组成了一个持续改进的程序过程。

2. 研究框架

好的研究就是提出能切中要害的问题。要找到关键性的问题，就需要对情境建立一个概念性的架构。

如图 4 - 2 所示，这样的三圈图是获得有效研究方法的重要工具，情境、内容和用户实质上是有关信息架构研究的三个重要范畴，这三个范畴几乎涵盖了所有的相关因素，所以它能帮助我们找到一些研究的线索。图 4 - 3 是三圈图对应的工具和方法，这些方法在解决具体问题时，十分有效。

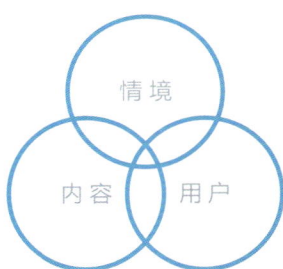

图 4 - 2　关键问题的三圈图　　　　　　　图 4 - 3　关键问题对应的研究方法

4.1.2　情境

脚踏实地，从商业情境着手很重要。了解了商业情境，才会形成具有实际意义的设计目标，这是开始项目的必由之路。忽略商业情境就如同忽略用户一样危险，但真正能够读懂商业情境的人并不多。

当然，情境不仅仅是商业范畴，我们也必须了解目标、预算、计划、技术基础架构、人力资源和公司文化。有时候法律议题也很重要，特别是有规模或是特殊行业的情况下。所有这些因素都会影响信息架构设计的结果。

当进行情境调查时，我们需要认识到，为项目争取认同与支持十分重要。因为在今天，大部分设计工作都是协同完成的，尤其信息架构的设计更是如此。即使某一些信息架构可以以"设计师为中心"完成，但是其中的内容没有用户广泛地参与，那么至多也只是个空架子。在新媒体时代，信息的内容是散状分布的，如何进行创造性的聚合，是我们关注情境的一个根本性的原因。

1. 背景研究

项目开始时,我们需要对背景有深入的理解,涉及的问题包括:

①短期和长期商业目标是什么?

②商业计划是什么?

③相关的预算有多少?

④用户是谁?

⑤用户为什么要访问这个网站?他们怎样才能成为忠实用户?

⑥用户的任务流程是怎样的?

⑦内容怎么建立?怎么管理?谁来管理?

⑧技术基础可靠吗?

⑨目前的可行性方法与遇到的难题是什么?

为了解决这些问题,一方面我们需要找项目相关人做大量的访谈,另一方面也需要查阅大量的背景资料,了解以往关键性的信息。通过这些方法获得能够反映项目全貌的资料。

2. 演示报告会

进行报告演示是让项目相关人了解情境的重要沟通方式,这样能够让设计师、内容作者、软件开发人员、营销人员,以及管理者都齐聚一堂,一起了解项目的全局。为了让团队成员尽可能地了解设计的任务、愿景、用户、内容,以及基础,有时侯不得不开一整天马拉松式的会议,通过这样有明确议程的报告会,可以为信息架构的设计确定一个整体框架。这样不但可以培养小组间的合作关系,还能让团队树立一致的目标,从而形成合力。通过报告演示会,还可让不同经验背景的人一起聚焦项目的各个环节,找到可能存在的"雷区";通过沟通和协作,巧妙跨越"雷区",并形成比较全面的解决方案。

3. 策略小组会议

一些大型的设计团队会形成一个集中式的策略小组或工作小组,专责于项目的决策。通过将信息架构设计各个环节的重要人物集中起来,就整体性方向的问题进行面对面的沟通,这样不仅能够快速决策,还能建立必要的信任。一般策略小组会议人数不能太多,5~7人比较合适,人数太多或太少都会影响会议的效果。会议的议题主要包括两大类:一类是如何达成共识;另一类是如何形成协作。在策略小组的会议中需要用轻松的心态面对已经形成的计划,把自己想成是"促进者"而不是"独裁者",积极地根据现实情况调整设计的走向,并吸纳新观点、新想法,面对多种可能,积极展开讨论,并确保每个人都有愉快的会议体验。

4. 内容管理会议

在信息架构的设计过程中,我们需要与内容的拥有者和管理者共同讨论设计的细节问题,这样可以方便了解内容的本质和内容管理的流程,而关于内容的设计才能做到有依据。内容拥有者和管理者的经验和使用需求决定着信息架构的可用性,十分重要。内容管理的会议通常包括以下议题:

①有关内容的部分,是否有主次之分?

②是否有内容管理系统来处理、撰写和发布相关的事宜?

③这些系统是否使用受控词表和属性管理?

④内容如何输入系统?采用的技术是什么?

⑤内容拥有者的处理权限是什么？

⑥内容的用途为何？

⑦建立此内容区域的目标和愿景为何？

⑧谁是用户？

⑨内容的格式为何？动态或静态？

⑩谁来维护内容？

⑪未来将要规划的内容或服务是什么？

⑫内容来自何处？如何取舍？

⑬哪些法律议题会影响内容的管理流程？

5. 信息技术会议

在开始项目的初期，需要尽可能早地与系统管理者以及软件开发人员会面，了解网站或企业网络现存和未来技术的基础和走向。通过这样的会议可以讨论信息架构和技术基础之间的关系。信息技术会议讨论的议题如下：

①内容管理软件是否存在可用性问题？

②我们是否可以建立元数据注册机制？

③内容管理软件是否可以处理文件的自动分类？

④是否可以实现自动化的索引？

⑤如何实现个性化？

⑥搜索引擎的灵活性如何？

⑦搜索引擎是否可以和叙词表整合？

⑧我们可以定期取得搜索记录和访问量统计数据吗？

值得注意的是，很多设计团队的技术人员都陷在具体的后台工作中，对于信息架构和可用性的问题无暇顾及，信息技术会议能够从后台层面找到一个实用可行的方案，使技术人员能够看到全局。

6. 与投资人面谈

与有远见的投资人会谈，通常是商业情境研究中最有价值的成分。通过这样的方式可以提升设计项目关键人物的参与程度，把一些新的观点、想法和资源摆到桌面上。与投资人面谈的议题通常包括：

①设计团队正在做的工作以及在整个战略规划中的位置是什么？

②在行业中如何确立竞争力优势？

③公司的企业网络所面对的主要难题是什么？

④公司目前的创新提案有哪些与设计项目相关？

⑤部门和员工共享资讯的方式是什么？

⑥企业网络成功的关键因素为何？

⑦这些因素如何被度量？如何看待投资回报率的问题？

⑧企业网络设计的需求与评估标准是什么？

通过与投资人非正式的面谈，可以让我们了解投资人的所思所想，这些信息将决定着设计创意是否能被最终接纳。

4.1.3 内容

我们可以把内容大致定义为"网站上的信息"。内容可能是文件、数据、程序、服务、图片、音频和视频、个人网页、归档的邮件信息等。值得注意的是,我们这里谈的内容也包括未来的信息和现在的信息。

信息架构需要有内容才能被使用,也就是说信息的可寻性是先于可用性的。如果想建立可寻性的信息,就必须花费时间研究这些信息之间的区别,找到其间的关系,并探索文件结构与元数据是如何影响信息可寻性的。

1. 启发式评估

很多有关信息架构的设计都会牵涉到在现有网站上进行的改良,而不是另起炉灶。在这种情况下,我们就有机会站在别人的肩膀上。可惜的是,因为人总是习惯把焦点放在错误上,而且总是想推翻一切从头来,但这样有可能会使我们不自觉地又陷入另一个错误当中。从某个层面上说,现有信息架构在设计时一定是有所依据,而不是凭空而来。现在不适用的原因是因为当时的依据可能已经不能适用于现在的状况,如果能够洞察到这种变化的机制,就能够很方便地找到设计的方向。启发式评估就是让我们找到现有信息架构的问题,并着手改观,实现"再设计"的重要方法。

启发式评估其实是一种专家的评判,即寻找专家,确定一组正式或非正式的设计评估准则,再对网站的信息架构进行测试。这里提到的"专家"是不隶属于设计团队的"局外人",并且不受机构政治因素的影响,这样才能做到客观公允。

做启发式评估的时机很重要,最理想的方式是在查阅背景材料之前,就要做启发式评估,这样可以避免一些先入为主的偏见。

最简单的启发式评估是由一名专家检查现有的信息架构,找出主要的问题和改进的方向。这位专家会凭专业知识和项目经验去衡量一个信息架构存在的问题,并且提出一系列的假设,这些假设能够为后续的设计调研和内容分析提供基本的素材。这种方式很像医生为常见病做诊断开药方。在这种情况下,医生一般不会去翻书或者要求病人做复杂的医学检查,他们会根据病人对症状的描述,以及医学知识和临床经验,对病情做出专业的判断。当然,这种判断不见得在所有的情况下都合理,而且在很大程度上取决于专家的个人知识与经验。虽然存在这样的问题,但是这种单一专家模式的启发式评估,通常可以在花销和质量之间取得较好的平衡。

较为复杂的启发式评估一般是由多位专家以不同的方式检查网站的信息架构,并根据一组具有典型意义的原则和指标清单测试网站的各个构件。这份清单一般包含下列准则:

①网站应该提供多种方式让用户获取相关信息;
②应该采用索引和网站地图来弥补分类法的不足;
③导航系统应该让用户在情境中获得有效引导;
④网站应该使用一致且适合用户与任务流程的语言;
⑤搜索和浏览全面整合,并且彼此强化。

在具体操作方式上,让每位专家独自检查网站,分别对这些标准写下自己的意见。然后,综合比较这些专家的意见,讨论差异性,最后达成共识。达成共识很重要,这样可以避免个人意见占据过强的位置,让各领域的专家都有机会发表看法。因为不同背景的专家看问题的方式和视角会不尽相同,这样形成的评估结果也会具有广泛意义。在操作上,我们可以根据项目范围，在不同领域专家的人数和评估方式上取得一些平衡，这样可以使得评估更符合项目的实际情况。

2．内容分析

内容分析是自下而上的，主要是仔细检查信息架构中现存的信息文件和对象。网站中的这些数据信息，可能与之前的设计目标和愿景不一致，这就需要找出愿景和现实之间的差距，并妥善解决差异问题。

内容分析可以采用非正式调查或正式的审计。在研究阶段的初期，高层次的内容分析，是了解内容范围与实质的一个有效工具。到了之后的流程，通过一页一页的内容审核或清点就可以产生一个移植的路径，把内容移植到内容管理系统，或者形成一个便利的内容组织方法，进行网页层级的内容编辑。

（1）收集内容。

实施内容的收集，必须提炼、分析网站内容中具代表性的样本。在这个环节，我们不需要太过科学地看待样本，太科学的方法不一定能够做到真正恰当的样本分析。相反地，使用一些直觉和判断，平衡样本的大小与项目时间限制，会提升效率，保证质量。

我们可以采用"诺亚方舟法"，即每种动物都试着抓出一对，这样可以保证样本的典型性。在这里我们的"动物"是白皮书、年报、在线退款单之类的信息数据文件，但是这种方法的难点在于到底哪些信息数据可以归为一类，即可以构成一种"动物"，这个同样需要我们的判断。

下面的几个维度，应该可以让我们分辨出不同的"动物"，然后建立多样且有用的内容样本：

①格式。

格式是区分内容样本最直接的方式，在网站的信息架构中有多种文件的格式，诸如文本文件、软件程序、图像和语音文件、归档的邮件信息等。我们也可以将一些离线资源和在线资源结合起来思考。

②文件类型。

文件的类型一般是按照内容进行区分的，我们可以试着找出和我们商业模型最为相关的文件类型范例，这些范例包括产品目录记录、营销手册、邮件信息等。这个维度也需要将离线和在线资源统一起来思考。

③来源。

样本的来源也是一个重要的分析维度，选择的样本应该反映出内容来源的多样性。在企业的内部或外部网络中，这些内容样本会反映出机构的形貌。它们可能来自于工程、营销、顾客服务、财务、人力资源、销售、研究等各个方面，选择这些样本不仅在技术上有用，而且也是平衡部门关系的绝佳考虑。如果网站包含了第三者的内容，如电子期刊，或 ASP 服务，也需要把这些内容纳入思考范畴。

④主题。

单靠主题建立内容样本有些棘手，因为网站不见得会有清晰的主题分类体系。在这种情况下，可以寻找专门针对行业设计的通用分类体系或叙词表。所以在设定主题时，可以广泛一些，不能拘泥于具体形势。

（2）现有的信息架构。

网站现有的信息架构是取得多样内容的重要基础，我们需要跟以上提到的维度相结合来看现有的信息架构。有时候,我们可以在现有的信息架构上跟着首页上主要类别的链接走一走,或者跟着全站导航条逛一逛,通常这样就能取得很多的内容样本。但是,我们的分析工作不要受到旧架构的影响。在浏览现有的信息架构时,我们还需要考虑还有哪些其他维度可为网站建立具有代表性的内容样本提供参照,这些维度可能包括现有用户、现有文件的长度、动态性语言等。

在平衡样本大小和时间预算时,要考虑到每一种内容的相对数量。例如,如果现有网站有好几百份技术报告,当然会从中找到一些样本。但是,如果只发现一份白皮书,可能它就没有放进样本的价值。另一方面,我们必须考虑某种内容类型的重要性。网站上可能没有很长的年度报告,但是,有可能其他的内容很丰富,对投资者非常重要。所以对现有信息架构的分析都是必要的。

最后一个要考虑的因素是"收益递减律"。当我们在进行内容分析时,通常会碰到一种情况,就是觉得已经没什么新鲜事了,这时我们需要暂时休息一下,调整一下思路,重新寻找新的切入点。其实,内容分析的实在用处在于它会让我们挖掘现有网站上的"新资源",提供观察点让我们知道现有用户是怎样获取内容的,这些都有可能是创新的基点,这样就能把"分析"变成"生产力"。

(3)分析内容。

内容分析通常围绕"想知道什么?"这一问题展开。一般内容分析的边际效应之一就是让我们对信息架构的内容题材熟悉。对于必须很快熟悉用户语言的设计团队来说,这是特别重要的。但是,内容分析的真正目的是提供信息架构设计与完善所需的重要数据,通过内容分析可以帮助我们找出内容和元数据之间的模型关系,为内容做更好的结构、组织与访问途径。在具体操作过程中,我们可以先从少部分内容开始做起,然后继续做下去时,根据进展调整流程。对每一种内容样本而言,我们可以先记录下列事项:

①结构化元数据。

可以描述这一内容样本的信息等级。有没有标题?内容有没有分节或分块?用户想直接获取这些信息吗?这些问题对于结构化内容的元数据是否有一定的帮助等等。

②描述性元数据。

可以考虑描述内容样本的各种方式,如主题、用户、格式等,通过描述,我们就有可能进行分类分析。

③管理性元数据。

管理性元数据也是对元数据进行描述,但描述的关键点则是与商业情境的关系。在这个过程中主要聚焦以下内容:是谁创建了这个内容样本?谁对这个样本拥有权限?这个样本是何时建立的?主要解决了怎样的商业需求?有效期限有多久?何时应该移除?理清这些问题可以让内容分析跨出十分重要的一步。

在某些情况下,可能现有的信息架构中已经有了元数据,那么这些元数据资料也需要纳入进来思考。当然,我们不能被已有的元数据字段集束缚住,在内容分析时,需要发现那些尚未被关注的新字段。在做管理性元数据时,思考以下问题可能会大有裨益:

①这个内容样本的性质是什么?

②我们能用以往的类型去描述这个内容样本吗?

③这个内容样本和其他的内容样本有何差别?

④用户怎么找到这个内容样本？

在进行了以上的研究后，我们需要找出这些内容样本与商业模式之间的关系。

①这些内容是不是有一些显而易见的分组方式？

②是不是具有清楚的层次关系？

③这些层次关系是不是具有商业潜力？

④是不是可以和商业模型的各个流程结合起来思考？

由于我们需要在内容样本的情境中找出模式关系，因此内容分析一定会是一个反复性的过程。可能需要到了第二轮或第三轮，才能发现一些亮点，真正的创新或有用的解决方案才能浮现。

内容分析是一件枯燥而痛苦的工作，需要我们耐心，并发挥创新思考，这样才能找到新观点，做出完胜的信息架构策略。内容分析的结果能在信息架构的设计阶段起到重要作用，通过将文件类型和元数据纲要全数翻新，可能会让我们找到一些新形式。这个过程对于信息架构的组织、标签、导航，以及搜索系统的形态也能起到有价值的参考。

3. 内容映射

启发式评估提供给我们的是自上而下的方式以了解网站的组织和导航结构，内容分析可以让我们深入了解内容对象的关系与模型，而内容映射则可以把这两种方式连接起来，得到更为直观的研究结果。内容映射图是对现存信息环境的可视化表达方法。如图4-4所示，内容映射图通常是高阶视角的，而且本质上是概念性的产物。内容映射图同时也是一种有效的认知工具，但是内容映射图也并非是具体的施工蓝图。

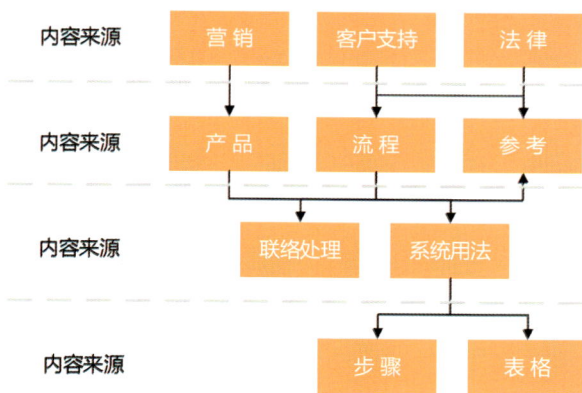

图4-4　内容映射图

一般来说，内容映射图各有特点。有些图的焦点是放在内容的拥有者和发布流程之上，有些是表达内容各类别之间的关系，还有一些则是探索内容区域的浏览路径。建立内容映射图的目的是帮助设计团队对现存内容的结构、组织和位置产生一定程度的理解，以此为基础，才能激发出改善信息存取途径的创意。

对于内容映射，我们经常使用标杆法。用标杆这个词，是指在需要做一些比较性衡量或分析的时候，这种方法所起到的参照作用。标杆法会牵涉到对企业内部和外部网络进行系统性的鉴定、评估，以及信息架构的特色比较。

这些比较可能是定量或定性的,可以评估用户在使用竞争对手网站时执行任务流程所需的秒数,或者记下每个网站最有趣的特色,进行具有实质意义的比较。这里的"比较"可以是不同网站之间的比较(竞争式标杆法),也可以是相同网站不同版本的比较(前后式标杆法)。这两种标杆法都是相当具有灵活性且具有实际价值的工具。

(1)竞争式标杆法。

借鉴好的想法对于信息架构的设计来说,是很自然的事情。无论这些想法是来自竞争对手、朋友,或是敌人,都可以创造竞争优势。参照好的想法能够在很大程度上缩减在设计或创意过程中的耗费。

当然,需要看到,盲目地抄袭想法会有各种各样的风险。因为"借来"的想法有好有坏,而好坏的标准就在于是否真能解决实际的问题。这就需要做仔细的甄别,否则就容易弄巧成拙,这样的事例在互联网行业屡见不鲜。从互联网行业拓荒岁月时代开始,我们就认为,良好的信息架构其特征就是大量的财务资金流动和强而有力的营销活动,但从现在的信息生态看,这种观点明显有误区,如果不假思索地借用就有可能酿成大祸。所以竞争式标杆法的关键在于如何辨别从竞争对手那里借用的信息架构是有价值的。

(2)前后式标杆法。

标杆法也能运用在同一网站,即看看网站在设计前后有没有实质性的改变。我们可以据此来回答投资报酬率(ROI)的问题:

①企业内部网站重新设计之后,可以减少员工获取重要文件的平均时间是多少?

②企业外部网站重新设计之后,是否改善了用户在网站的任务流程,并获得了更高的效率?

③重新设计的网站在哪些方面对用户的效率或信息架构的性能产生了负面影响?

从某种意义上说,前后式标杆法会让我们把任务和愿景叙述中所描述的高层次目标和特定、可测量的标准结合在一起,这种整体和细节导向相结合的做法,可以让我们做出比较实用的信息架构设计,而且可以提供一个评估成败与否的参考标准。以下是前后式标杆法以及竞争式标杆法各自的优点:

①前后式标杆法的优点。

a.通过纵向地比较,可以找出网站信息架构经过长时间沉淀后的特色,并在后续的设计中突显其位置。

b.将一些宽泛的一般化描述落实为特定而具有行动意义的定义。

c.为改进的设计方向提供现实的参照点。

②竞争式标杆法的优点。

a.列出各种信息架构特色表,把新的想法摆在桌面上。

b.将竞争对手宽泛的一般化描述转变为特定而具行动意义的定义,为设计提供路径。

c.检验我们头脑中的假设,通过横向比较各种方法的可行性,这样可以避免因错误的理由而把那些错误的方法复制过来。

d.以竞争者为标杆位置,以此为依据,进行富有成效的再设计。

4.1.4 用户

用户是信息架构的使用者,同时也是信息架构实际的使用者,他们的称呼有多种——访客、受众、会员、员工、顾客等,诸如此类。他们的计数方法是点击次数,是印象,是广告收入,是销售量……无论怎么称呼，无论怎么计算，他们都是信息架构成败与否的最终决定者。设计出来的信息架构让用户不知所措，他们就会转身离开；设计出来的企业内部网站让员工失望，他们就不会使用。

有很多方法可以研究用户群。一般市场研究公司会专注研究某些品牌的用户喜好，或是以民意调查的方式得到某些品牌的整体印象。专门的用户研究公司则会采用实验或面谈的方式，从个体研究中找出一些具有普遍意义的结论。研究学者（人类学家）会观察人类在自然环境或社会环境中的行为和交流方式，以了解他们的文化、行为和信仰。

总之，没有单一的方法可以被视为了解用户及其需求、心智模型，以及信息搜寻行为唯一正确的方法。"用户"是一个多维度的谜语，我们需从各种角度去看，才能有整体性的感受，而且每种方法都需要针对不同的人群多次使用，才能得到相对客观的结论。

当我们考虑把这些用户研究的方法整合到信息架构设计流程中时，我们需要奉行"打折的可用性工程"黄金法则——有测试总比没有测试好。不要让预算或计划成为空谈。此外，我们还需将用户视为最强而有力的"盟友"。当与设计团队讨论创意点时，用户的行为和喜好将是最为重要的现实依据，具有绝对的说服力。

1. 使用量统计

大部分的信息架构项目都牵涉到重新设计现有网站。就这些情况而言，我们需要先观察用户是如何使用这个网站，以及他们在使用时，在哪些地方碰上了问题，这些方式对我们的设计相当有作用。

一般来说，从"使用量统计"数据的收集与整理开始，是比较合理的切入点，大部分统计数据软件一般会提供下列报告：

（1）网页信息。

记录网站中每一页面每天的点阅次数。这些数据显示出哪些网页是最受欢迎的。花时间追踪这些网页的点阅次数，就能观察出趋势，特别是将网页修改前与修改后的点阅次数进行综合比较，就能很自然地对设计修改做出评估。网页的受欢迎程度在很大程度上决定着是否需要重新设计，或重新设计的着手点。

（2）访客信息。

一般的统计数据产品会宣称它们可以告诉我们谁正在使用网站，以及它们来自何处。事实上，它们只能告诉我们用户ISP的网域，这些数据的价值通常很有限。面对这些价值有限的数据，我们需要从不同的视角，并用不同的观点进行审视，结合网站访客的到访时间、频次，以及登录地点或入口网站的链接与所使用的浏览器等，就可以得到许多的启示。

用户在网站中移动的路径即是我们说的点击流。如果想从使用量统计资料中得到高度精确的信息，就可以使用能够处理点击流的分析软件，有些网站可以提供相关的服务，例如Google Analytics的SkyGlue。通过这些软件，我们可以轻松地了解用户的任务流程。此外，我们还可以追踪用户来自何处（来源网站），他们在网站中游走的路线，接着到哪里去（目的地网站）。这样一来，就可以得知他们在每一网页中花了多少时间，做了哪些操作，成功与否等，这些数据会相当丰富。但是，要让这些数据真正发挥作用，还需要了解用户为什么会来这个网站，他们找到了什么，为什么需要这些信息，以及为什么离开等。这些信息会帮助我们理解点击流软件提供的数据结论，怎样得到这样的信息呢？一个直接的方式就是通过用户要离开网站时以弹出问卷方式取得。

2. 搜索日志分析

要研究用户,有一个比较简单但相当有价值的做法,就是去追踪和分析用户通过搜索引擎获取的查询内容。研究这些查询内容,就能找出用户在搜索什么,以及他们用哪些字段在寻找。在开发受控词表时,这是相当有用的数据。基本上搜索日志的分析可以让我们对用户真正在搜索的内容有感知度。通常,用户会输入一两个关键词,然后进行搜索。如果可以获得他们使用的关键词,就可以通过实时搜索软件获得相同的结果,通过分析,用户的兴趣点就不难找到。一般我们可以通过后台,每月收到搜索日志的报告,了解我们在该月对哪些特定术语进行了搜索,以及搜索的次数等,这些内容足以让我们得到清晰的用户画像。

我们还可以和后台技术人员合作,建立更精确的查询分析工具,这还能让我们通过日期、时间,以及 IP 地址进行过滤处理,从而提升分析结果的代表性。这个工具可以帮助解决下列问题:

①哪些受欢迎的关键词在我们的网站却找不到有价值的结果?

②这些找不到有价值结果的用户是不是输错了关键词?或者他们要找的信息并不是我们网站的内容范畴?

③哪些受欢迎的关键词搜到的结果较多?而哪些结果会相对较少?

④用户会对哪些结果感兴趣?

⑤哪些关键词越来越受欢迎或是哪些越来越不受欢迎?

通过了解这些问题的答案,我们可以采用及时而且具体的步骤修正问题,并改进搜索结果。当然,我们也可以在受控词表中加入一些优选术语,或是改变主页的导航标签,优化搜索技巧,或是重新编辑网站内容等方式获得更有说服力的搜索日志分析。

3. 用户支持数据

除了观看自己网站的后台统计资料之外,我们还需要了解用户服务或技术支持部门关于用户支持的数据,特别是那些直接面对用户的部门,在那里会有一个巨大的用户数据的宝藏,只要有心挖掘,总能捕获一些有价值的反馈信息。一般直接面对用户的人大多都是回答用户问题的人,用户的问题在大多数的情况下都具有一定的代表性,通过这些问题我们能够了解用户的真实状况,以及他们所遇状况的症结。总之,用户支持数据对于研究用户非常有说服力。

4. 参与者的定义和招募

邀请用户参与研究是用户研究最为典型的做法。通过从用户中选择一些代表来参与研究,包括调查、焦点小组面谈,以及人类学研究等,我们可以获得一些用户研究的典型样本,这样可以缩小范围,对一些问题进行有效聚焦。毕竟,全面研究每一位用户是不切实际的。

对于用户研究参与者的定义是一个关键因素。取得这个定义,我们需要在看待用户的传统方式(如家庭用户、企业用户、增值型经销商)与设计师感兴趣的独特部分(如熟悉旧站的人,以及不熟悉旧站的人)之间取得某种平衡。对大型项目而言,设计师应该考虑与市场研究公司合作,一般情况下,他们拥有界定用户类型的经验,可以在这些用户类型之中找出具有代表意义的参与者。

5. 问卷

问卷是一种宽而浅的研究工具,它可以提供一种从一大群人那里快速而廉价获取数据的机会。问卷可以通过电子邮件、网站、电话、信件或私人面谈进行,问卷不但可以收集定量数据,也可以收集定性数据。

设计问卷时，如果想得到合理的响应率，就必须限制问题的数目。与此同时，也需要保证匿名，充分考虑用户的隐私权和相关的心理因素。面对回答问卷的用户，我们很少有机会可以追踪问题或进行面对面的补充性对话，所以问卷并不能让我们得到有关用户行为的更为详细的数据。也就是说，问卷得到的只是一些经过"动机保护"后的所思所想。

一般问卷最适合用来确认以下问题：

①哪些内容和任务是用户认为最有价值的？

②用户对当前网站最感到失望的地方在哪里？

③用户对改进后的设计方案有何想法？

④用户对当前设计方案的满意度如何？

······

除了获得用户意见的价值之外，问卷也可以提供有关"民意"的设计改进理由。如果 90% 的用户建议某项设计需要改进，那么我们就必须对此有所作为。

6. 情境式调查

情境式调查是各学科研究中使用频率较高的方法。这种方法是人类学家的专长。事实上，设计界越来越看重人类学家的这一专长，把他们对人种文化或历史研究的方法用到新媒体产品的设计上。

这些情境式调查方法对信息架构的设计而言，也非常有用。例如，只要观察用户的工作空间（如计算机、电话、电子布告栏、便笺贴纸上记下的事情）就可以了解他们每天用到的信息资源范围，而他们用到的信息资源范围对于信息架构的设计来说，很有参照意义。

如果可能的话，观察人群在正常的任务流程中如何与网站交互，也很有价值。有时候花几个小时观察典型用户，其收获会超出我们的想象。但是，单纯的情境式调查也会遭遇偶然性的尴尬。所以，情境式调查还需依赖用户测试，这样才能获得有实质意义的结果。

在某些情况下，只要留心观察人群的行为，就会有收获。观察用户每天做的事，如开会、打电话等，会为我们提供洞察力，让我们了解怎样帮助用户更有效率。在这里有一个难点，就是在理想的世界里，部门、小组和个人的角色与责任都是以整合的方式运作的；但在现实的世界里，大部分项目会因为这些不同部门自己划分的"势力范围"而各自为政。所以在大多数的情况下，各个部门或人群之间几乎没有做事方式的沟通。所以情境式调查如果缺少对背景的了解，就会很难理解异质群体的行为。解决这个问题，需要我们有代入感，在充分了解背后的相关因素后，再进行调查，这样通常会收到事半功倍的效果。

7. 焦点小组

焦点小组是用户研究工具中，最常用也是最滥用的。在使用焦点小组研究方法时，我们常常需要集合一群网站真实的潜在用户或实际用户。在进行过程中，我们要问一些事先准备好的问题，不能天马行空的闲谈。进行有目的的询问或讨论决定着我们是否可以得到有价值的结论。

焦点小组可以为网站内容和功能提供各种想法。通过从用户群落中找出几个人来，围绕具体的问题展开讨论，我们很快就会得到诸多建议。这样大幅减少了设计团队内部头脑风暴的耗费。然而，焦点小组可能对产品本身很适用，但是，对信息架构可能并不适用。比如说，一般人可以告诉我们他们喜欢什么，不喜欢什么，他们对常用的电器，比如冰箱有什么想法，但是一般人就他们知识范畴和语言表达来说，很难会说出关于信息架构的观点。在很大程度上，用户只能用行为表达对信息架构的态度,但很难用言语去描述他们的理解。所以焦点小组也是测试网站可用性中较为弱势的工具。所以,焦点小组中获得信息通常在信息架构的设计过程中并不是很有分量。

8.与用户面谈

与用户面谈通常是提出一系列的问题。这一过程一般先从简单的 Q&A 开始,让参与者尽量轻松一些,这时候是询问他们需求和对网站的优先处理事项的最佳时间。之后的问题可以聚焦在追踪用户测试时所产生的议题上,这时的问题主要涉及用户如何看待网站的不足,以及有什么改进建议等。以下的问题是在与用户面谈时经常谈及的:

(1)背景。

①你的工作背景是什么?

②你在现在的工作中担任怎样的角色?

③你从事现有工作的时间有多久?

(2)信息使用。

①你的工作通常需要一些什么信息?

②什么信息最难找?

③如果找不到时你会怎么做?

(3)企业网络使用。

①你使用企业网络吗?

②你对企业网络的印象如何?好用或难用?

③你如何在企业网络上寻找信息?

④你使用定制化或个性化功能吗?

(4)文件发布。

①你做的文件会被别人或其他部门使用吗?

②你的文件生命周期有多久?

③你使用过内容管理工具在企业网络上发布文件吗?

(5)建议。

①你认为做哪三件事可以改变企业网络?

②如果让你增加三种功能用以提高网站的可用性,你会加什么?

③如果让你告诉网站设计策略小组三件事,你会说些什么?

当我们思考在与用户面谈时需要问些什么问题时,需要意识到大部分用户都不是专业人士,这一点是很重要。他们不了解专业术语,如果一定要涉及相关的内容,就需要做好通俗转述的工作。

9.卡片分类

卡片分类在信息架构的用户研究中作用十分强大,通过这种方法我们可以把用户的所思所想落到实处。卡片分类法操作起来十分便捷,在很多时候一些便签纸和一支笔就能实施。如图 4-5 所示,在一组索引卡片或便签上面写上网站内类别、子类别以及内容上的标题。通常大约 20～25 张卡片就够了。为了方便分析数据,我们需要为卡片编号。我们可以让参与测试的用户按他认为有意义的方式排序这一叠卡片,分成几类并附上标签,然后再请用户把他分类的结果大声说出来,测试人员需要做的就是好好写下笔记,并详细记录标签的内容。

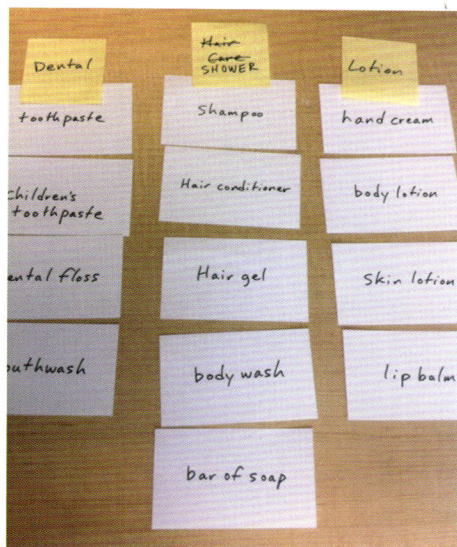

图4-5 卡片分类法

卡片分类的研究可以让我们了解用户的心智模型，解开用户通常在脑中的隐性编组、排序，并为任务和内容制定名称和方式，这种方法非常简单并相当灵活。在研究的早期，我们可以采用探索式，而不做任何限制的卡片分类。用户可以按照自己的愿望增加卡片，然后进行编组和排序。在我们对结果进行整理后，可以使用封闭式卡片分类，也就是说用户必须使用已预先确定内容的卡片和已经定义的标签。通过这种方式，我们可以获得用户对于信息架构原型的质疑或验证。我们也可以要求用户根据他们认为的重要顺序排序。卡片分类可以让我们了解用户潜在的需求与愿望。

做卡片分类用户研究时要考虑下列几点：

（1）开放/封闭。

在完全开放的卡片分类中，用户可以写下他们自己的卡片标签以及类别标签。完全封闭的卡片分类，只能用预先准备好的卡片和标签类别。开放式卡片可以在测试的过程中，根据需要添加，一般这种方式用于发现"新大陆"；而封闭式卡片则主要用于验证现有的一些判断。这两种方式之间有很多的协商空间，我们需要找出一些平衡点。

（2）措辞。

卡片上的标签可能是一个字、一个词、一句话，或者是有关样本子类别的描述，对此，我们可以附上图片，也可以把卡片标签写成问题或答案，或者可以使用主题导向或任务导向的描述。

（3）粒度。

卡片的内容可以高度抽象，也可以非常具体。抽象时可以仅提供一个感受层面概念，具体时可以是网站中某一页面的主题或主页的类别标签，还可以是特定的文件，甚至是文件中的内容元素。

（4）异质性。

开始时，卡片的内容可以包含很多层面，混合各式各样的信息，这样可以关照定性的数据。面对这些异质性的卡片，用户会在解除迷惑后说出心里话。接着我们可以将这些异质性的卡片进行归纳分析,获得高度一致性的标签描述,以产生定量数据。

(5)交叉列出。

如果我们是想充实网站的主要等级,或者是探索另一种可能的导航路径,我们可以多复制一些卡片,让用户根据自己的理解在多个类别中交叉列出,也可以请他们在卡片或类别标签上写下自己的描述性语言,这些描述可以是涵盖多个类别的,这样可以让我们看到信息架构的多种可能。

(6)随机性。

在一些情况下,我们可以有策略地选取某些卡片标签以证明某种假设,或者也可以从一组可能相关的标签中随机选取,这时我们的一些之前没有触及的观点也可能随之萌发。

(7)定量/定性。

卡片分类可以作为面谈时的工具,或者作为数据收集工具。此外,卡片分类在搜集定性资料时非常有用。如果是打算走定量路线,在进行卡片分类时,就需要奉行科学的方法,尽量避免先入为主的偏见而影响结果。

卡片分类的研究方法适用面较广,有些公司也开发了专门的软件来支持远程的卡片分类,这样可以让研究更为灵活和客观。如图4-6所示的Userzoom卡片分类应用,在操作时十分方便,用户只需要进行简单的点击、拖拉就能进行远程的操作。

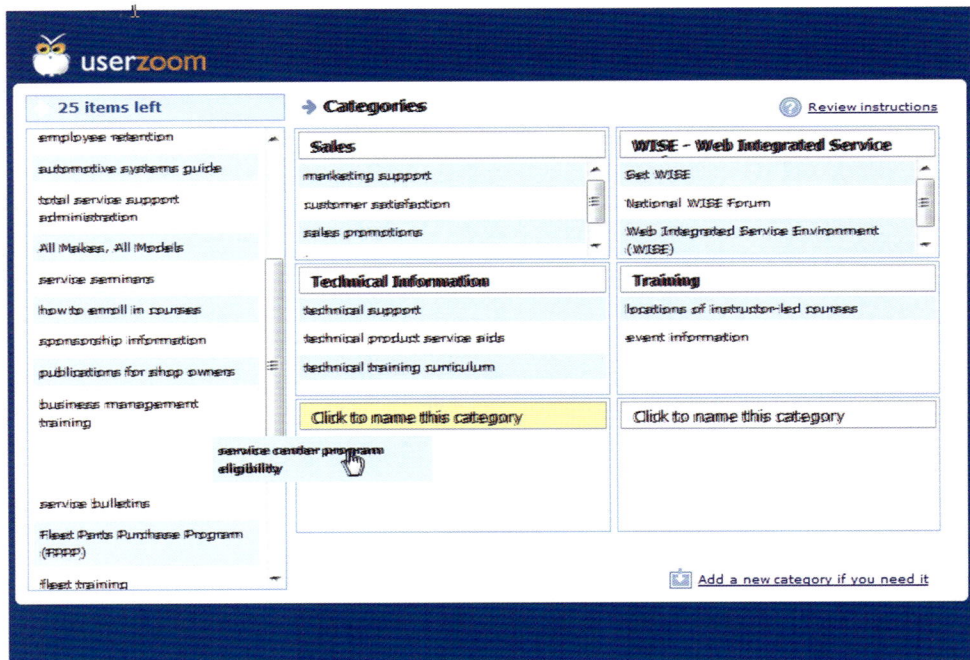

图4-6 Userzoom的卡片分类应用

现在常用的卡片分类的做法有多种,当然分析结果的方法也有多种。从定性的观点看,在测试期间当用户大声说出他们的卡片排序和标签分类时,我们就应该抓紧时间形成想法,并进一步地追踪问题形成的脉络,这个工作需要同时进行。

如果从定量的观点来看,有一些数据需要注意,比如用户把两张卡放在一起的时间百分比。当两数据项之间有高度关联时，用户的心智模型中就会反映出相似性。

此外还有把特定卡片放到相同类别中的时间百分比。在封闭式排序中获取这个数据是完全可行的。对开放式排序而言，我们需要把类别的标签预先标准化。

这些度量可以用相似性模型图表现出来，显示了聚类和各聚类数据之间的关系。当然，我们可以把数据交给统计分析软件处理，让它自动产生可视化图像。然而，如图 4 - 7 所示，这些自动产生的可视化图像通常很复杂而且难以理解。在很大程度上，它们主要是用来识别出模式，而不是表明结果。

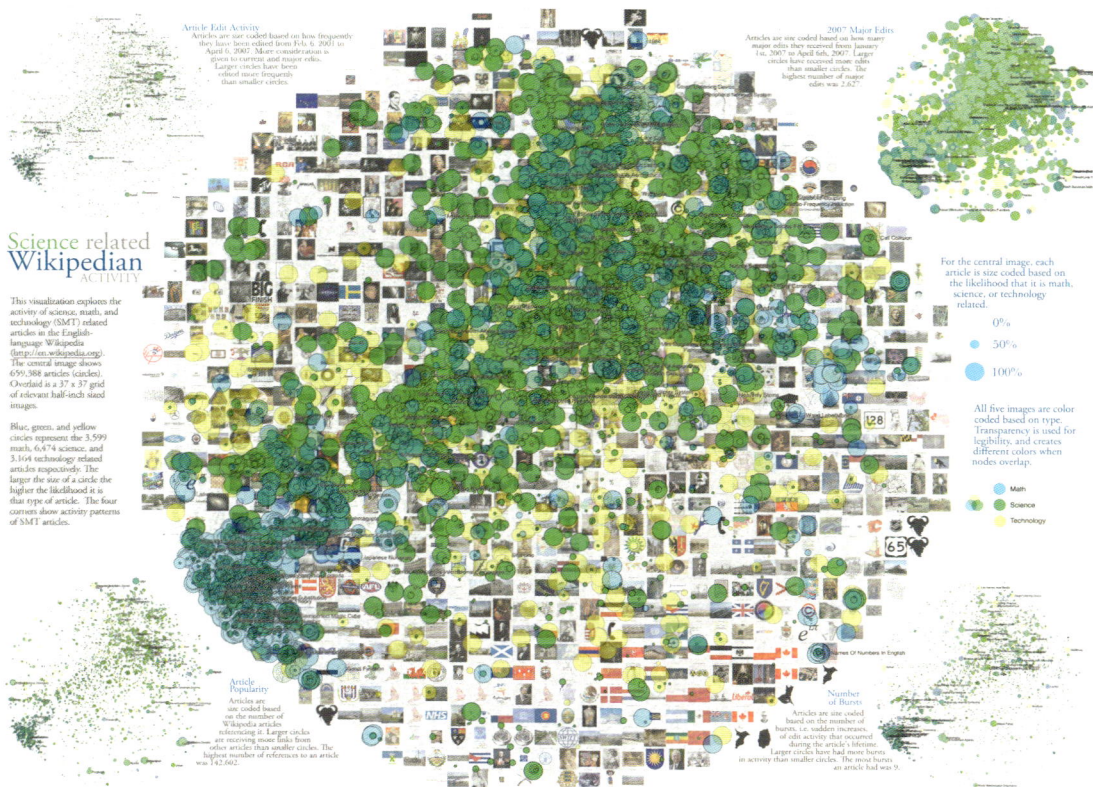

图 4 - 7　可视化图例

10. 用户测试

用户测试有很多别名，包括可用性测试和信息需求分析等。

可用性测试对信息架构的设计作用主要可以体现在以下三点：

①可以帮助我们找出该信息架构任何的可用性问题；

②从测试参与者的表现收集定量数据；

③确定该信息架构的用户满意度。

进行用户测试的时候，测试者需要注意以下四点：

①我们测试的是信息架构，而不是用户；

②我们需要更多地依靠用户的表现，而不是他们的偏好；

③对于测试结果我们应该应用起来;

④测试的过程需要基于真实的用户体验,这样才能找出问题的最佳解决方法。

用户测试的场地有两类:一类是单间。如图 4-8 所示,1 号图是一个简单用户测试的场所,其中只包含供 1 位参与者和 1 位测试调解人使用的简单的电脑设备;2 号图所示的场地较1 号图复杂一些,测试调解人和参与者的位置不变,此外还提供了 3 个观测者的座位,并设置了摄像机、麦克风和镜子这样的辅助仪器;3 号图所示的实验场地较之 2 号图最大的不同是测

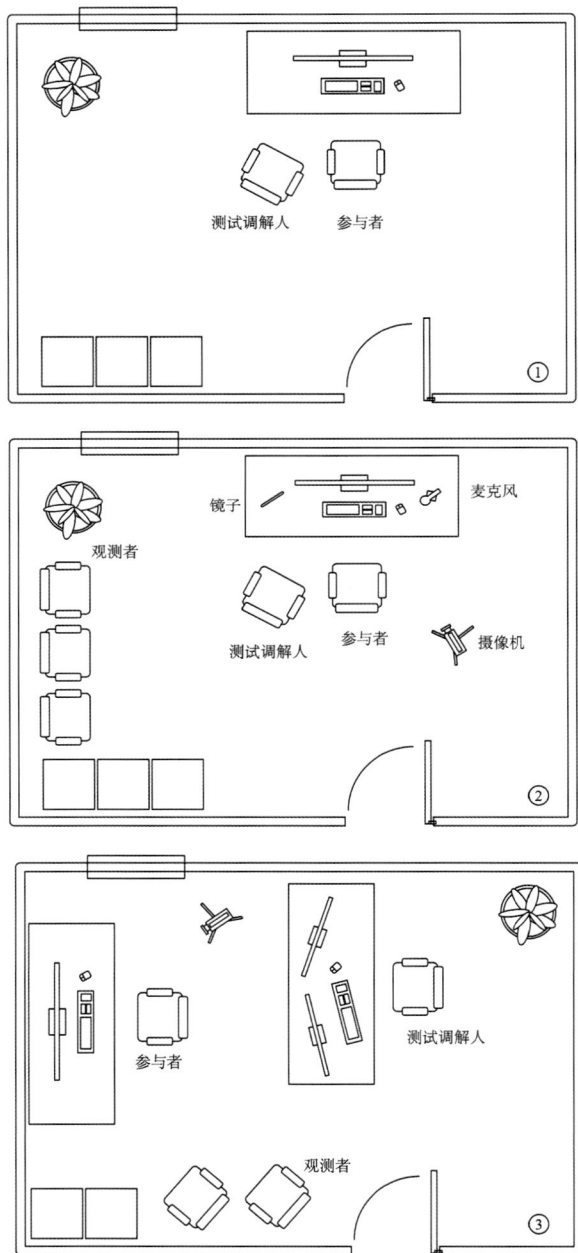

图 4-8　典型的用户测试场所(单间)

试调解人不直接面对参与者,而是通过电脑终端进行测试的调解,这样能最大限度确保参与者在没有干扰的情况下,参与测试实验,与此同时,在这个场地中也提供了观测者的座位。除了单间的实验场地,如果条件允许,也可以采用图4-9那样的双间实验场地。在图4-9中,1号图将观测者单独安排在测试场地之外,并通过摄录设备,实时观测实验场地的动向,而在测试场地中只设参与者和测试者的位置,这样可以最大限度地减少对测试过程的干扰。2号图是最为理想的用户测试场所,其最大的特点即是将测试场地与观测场地完全分开,参与者完全独立完成所有的测试任务,而测试调解员只在另一个房间提供远程的引导,观测者通过单向玻璃观察用户在测试过程中的所有反应,并做实时和必要的记录。这个场地能够在技术上最大限度确保测试结果的客观。

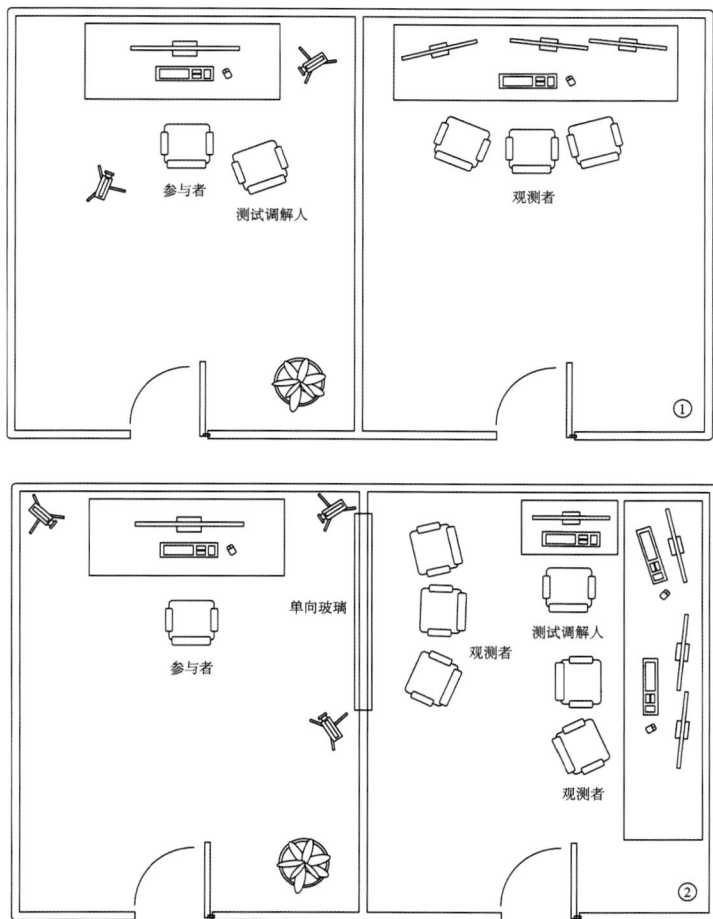

图4-9 典型的用户测试场所(双间)

使用怎样的场地进行测试,与测试的预算有着非常紧密的关系。从某种意义上说,用户测试的预算是一个非常现实的问题,以下因素会对用户测试的预算造成影响:

①计划所用的时间:确定测试的主要问题、需要测试的用户类型、招聘的用户的筛选问卷以及测试场景;

②招聘的花费:公司人员的时间、付给招聘公司(通常是一个很好的选择)的花费、可用性

专家需要花费时间熟悉产品及其制作团队、设计相应的测试场景,如果需要录制测试过程,还需要花费使用实验室或便携式摄录设备的租金;

③团队观察用户(进行测试)花费的时间;

④付给测试参与者的报酬或礼物;

⑤分析视听资料,查找存在的问题以及推荐解决办法所用的时间;

⑥和开发人员讨论变动和修改方案,撰写调查结果和建议报告所用的时间。

如果有可能,我们应尽可能地早做用户测试工作,并且在有条件的情况下进行多次的迭代。可用性测试可以让设计师和开发团队在产品成形之前尽早发现问题。问题越早发现,可以越早弥补,所造成的损失就会越低。

参与的人数需要根据设定的测试任务数量和测试环境来确定。一个典型的测试需要8~16个人(每用户组)。如果每个用户将花费一小时,那就意味着每个用户组的测试需要1~2个工作日。

开始测试之前,我们需要准备好测试的原型以及适合测试的场地。在测试时,我们可以让一名用户坐在计算机前,打开浏览器,尝试在测试原型的网站上寻找信息并完成任务。每种任务大约控制在5分钟内,并通过机器(如眼动仪)或人工的方式记录下所有可能相关的数据。

只要有可能,这种测试应包含各种类型的用户。把熟悉和不熟悉该网站的人混在一起,此时专家和新手会有不同的反应行为,这些反应行为能够有效拓展我们的视野。另一个重点是选择正确的任务,这是我们在研究过程中必须明确界定的。如果我们正处于探索阶段,可以考虑沿下列路线细化工作的流程:

①从容易到困难。

从简单的任务开始,会让用户觉得舒适和自信。然后,再包含某些困难或不可能完成的任务,观察用户在使用网站时的表现。

②从简单信息到详尽信息。

请用户找寻特定的信息,也可以请他们找出特定主题中详尽的信息。

③从寻找主题性信息到完成具体的任务。

请用户就一些主题来寻找相关的信息,之后也可以让他们完成具体的任务。

用户测试通常可以提供丰富数据。在大多时候,我们只需要观察和倾听就能满载而归。在这个过程中,明显的度量指标包括了"点击次数"和"寻找时间"等,当然这些数据通常在比较中才会具有说服力。

在研究阶段,我们会不可避免地在头脑中冒出各种各样的方案,不要忽视这些好想法,我们需要将它们快速地记录下来,而到底需要采用哪种方案或创意,是在策略阶段需要解决的问题,当进入策略阶段后,以前的记录会变得相当有价值。

4.2　策略

4.2.1　信息架构的策略

信息架构的策略是一种高层次的概念性架构,可以为我们提供明确的方向和宽广的视野。此外,能简化讨论的过程,可以让设计团队的成员都站在相同的基准之上思考问题。如同各部门的运营计划应该由一个统一的商业策略主导,信息架构的细节设计也应该由一个完整的信息架构策略作为主导。

为了能够成功，我们需要一个能在独特信息生态中运作的策略方案。根据我们对情境、用户，以及内容的研究成果，设计一个策略，以平衡每一种需求和现实情况。信息架构策略需要涵盖的事项如下：

1. 信息架构管理

建立出一种实用的策略用于开发和维护信息架构非常重要，其中包括了以怎样的方式统一权限的问题，是采用"中央集权模式"还是"联邦模式"，信息架构以怎样的方式来服务于用户的需求，还包括了信息架构的管理责任人以及责任的范畴和评估标准等。

2. 技术整合

对于新媒体来说，技术问题始终都是基础问题。在信息架构的策略中我们需要明确如何善用团队内部的技术力量，同时还需要考虑是否需要利用其他技术用于开发或管理信息架构。相关的技术种类包括搜索引擎、内容管理、自动分类、协同合作过滤机制，以及个性化等。

3. 策略实施的路径

信息架构策略的实施路径是自上而下还是自下而上？这个问题决定着我们应该把关键性的精力放在哪里，是网站当前状态的改进，还是机构环境，以及管理模式等。不同的实际情况，决定着我们采用怎样的策略实施路径。

(1)组织系统和标签系统（自上而下）。

从组织系统和标签系统来考虑信息架构的策略实施路径，这会牵涉到定义网站的主要组织体系（例如，用户必须能以产品、任务或顾客类型进行浏览），然后，找出优先的组织体系作为母体，并形成标签的等级体系。

(2)文件类型识别（自下而上）。

这会牵涉到识别出一组文件和对象类型（例如，文章、报告、白皮书、财务计算器、在线课程模块），而且必须和负责的内容成员密切合作，才能进行有效的文件类型识别。

(3)元数据字段定义。

在这个阶段必须定义结构化，并具有管理性、描述性的元数据字段。有些字段是全域的（例如，适用每份文件），有些字段是区域的（例如，只适用特定子网站内的文件），而有些只与某种特定文件类型有关（例如，对新闻的网站而言，我们必须关注不同时期的头条）。

(4)导航系统设计。

导航系统和辅助导航系统的设计需要符合信息架构策略的路径，并且把自上而下，以及自下而上的策略用到实处。例如，搜索区域可以让用户使用自上而下的产品等级体系，如图 4-10 所示是佳能公司（中国）产品服务与支持模块的信息架构设计，在导航方式上就使用了自上而下的产品等级体系，用户依据提示可以自上而下找到所需的信息。而如图 4-11 所示，佳能公司（美国）同样模块的信息架构设计则采用了完全不同的方式。在搜索框的上方，提示有四个大类的内容检索，依据选择大类的不同，搜索的结果会有相应的差别。使用这种方式的前提就是用户必须较为准确地了解产品的型号或名称，这与中国区的网站所采用的方式有很大的不同，中国区的网站用户不需要了解准确的产品型号，即可以通过逐级提示的方式，来达成检索字段的输入。两种方式的差异后面包含丰富的文化基因，主要是因为产品命名的方式主要采用拉丁字母与数字的结合，中国区域的用户对这种产品命名方式的认知敏感度明显低于美国区域的用户，所以采用自上而下的逐级提示会更加适合一些。此外值得一提的是，在佳能公司（美

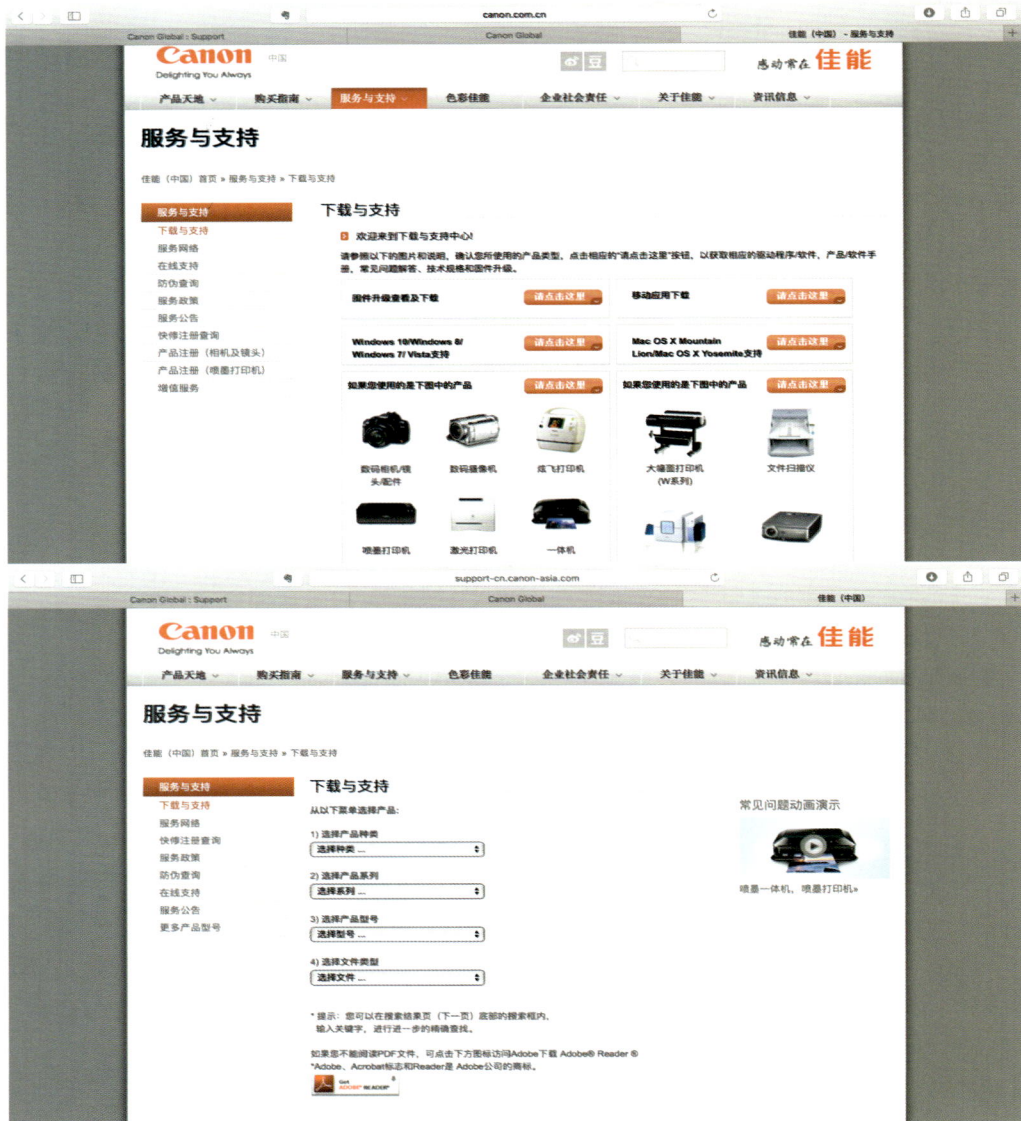

图 4-10　佳能公司(中国)产品服务导航系统

国)的产品服务与支持模块中增加了自助服务区域,点击自助服务的部分,我们会进入一个关于佳能产品的"知识中心",在这里我们可以得到完整详细的服务支持,这个区域的内容非常符合专家类型的用户做周边知识探索。这个模块也体现了信息架构的策略对用户需求的解读。

　　设计师在面对每一种信息生态时,都应该看到其独特的需求,找出哪些该引入策略中,哪些该予以强调。无论如何,我们应该要有创意,并且要做好分析工作。

　　策略通常会在信息架构的策略报告中作详细说明,并用演示文稿进行沟通,然后再通过项目计划决定信息架构设计的实际工作。然而,我们不需要把策略制定得过于完美,在实施过程中的创造性的调整也很重要。最后,信息架构策略必须让设计师、开发人员、作者、投资人,以及任何参与设计、建造、维护网站的人都能了解并接受。让别人能接纳我们的愿景通常是项目

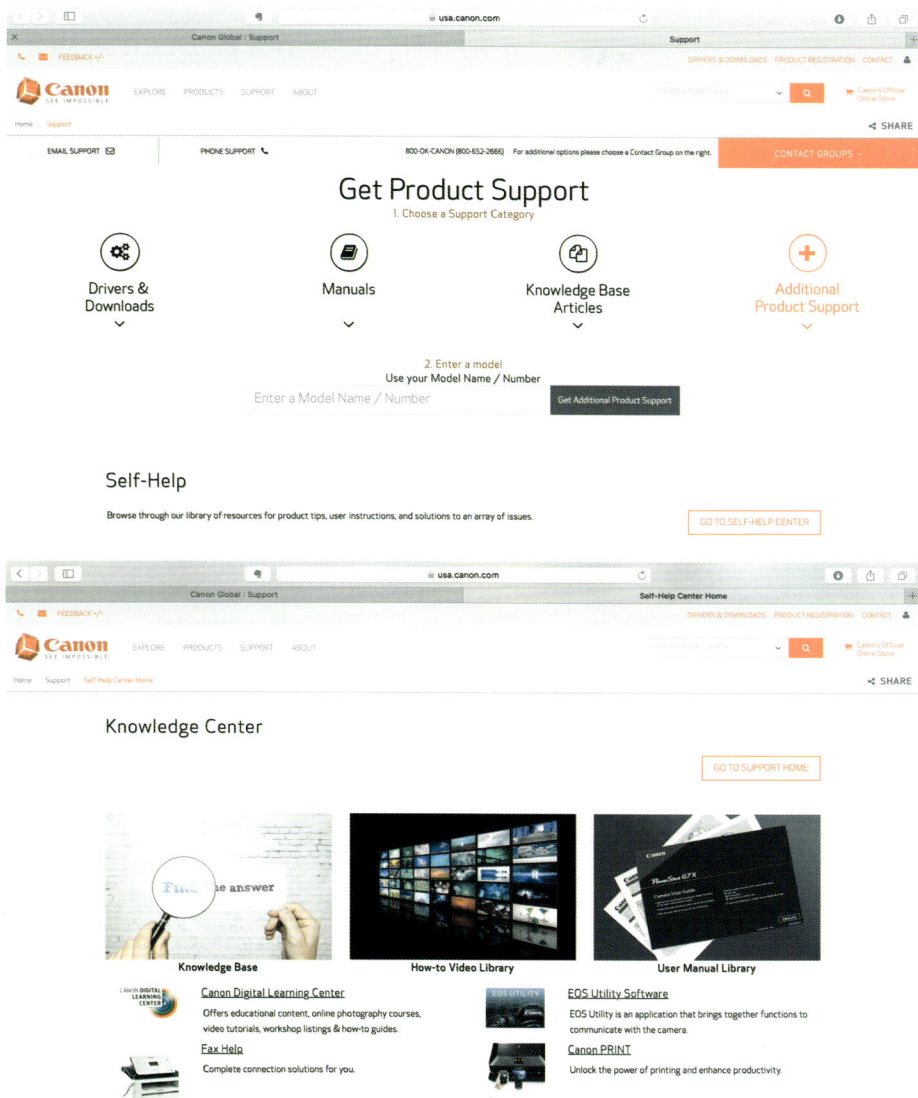

图 4-11 佳能公司(美国)产品服务导航系统

实施的关键。

4.2.2 从研究到策略

成熟的信息架构设计师一般会在研究开始前,就开始构思架构和组织网站的可行策略。在研究阶段中,通过用户面谈、内容分析及标杆法分析,可以不断整理和调整脑海中的各种假设。

无论如何,不要等到策略阶段开始后才和设计团队讨论策略。有一些难点,诸如到底应该在什么时机才跟项目的相关人说出议题、沟通及测试有关的策略想法,到底什么时候需要把概念性的蓝图和框架图做出来,什么时候把这些东西拿给客户看,以及什么时候测试我们的假设等，这些答案并不是很容易找到的。

从研究阶段到策略阶段最大的挑战是我们与项目相关人如何就内容、情境，以及用户等方面的既有观念进行磨合，并达成一致。这就需要一个结构化的方法，并寻找必要的学习和相互沟通的机会。然而，在这个过程中，当我们开始体验"收益递减律"时，其实就已经开始遇到难题了。

在与用户漫天交谈，但提出相同的问题再也了解不到任何新信息时，这时就是应该从研究转向策略的时刻。此时的重点需要从开放式的学习转向设计与测试。这时我们的焦点会放在有形之物（概念性蓝图和框架图）上，向所有的项目相关人清楚说明我们的想法，在策略会议中与客户、同事分享这些有形之物，然后，请用户测试设计成形组织结构和标签体系。

4.2.3 设计的策略

从研究转向策略，就是把焦点转向流程和产品。此时的设计方法仍然很重要，但是，利用这些方法做出来的产品和结果，将成为注意力的焦点。对信息架构设计师而言，要从吸收模式转移到创造模式，这是一个艰难的转变。无论做了多少定性研究，信息架构策略的开发都是一种创造性的流程，其中充满了乐趣。

图 4-12 是策略设计流程的纲要，以及最后可以得到的结果。注意箭头的指向，这是高度反复与互动的流程。让我们分别沿着路径来看这四个步骤：思考、表述、沟通、测试。

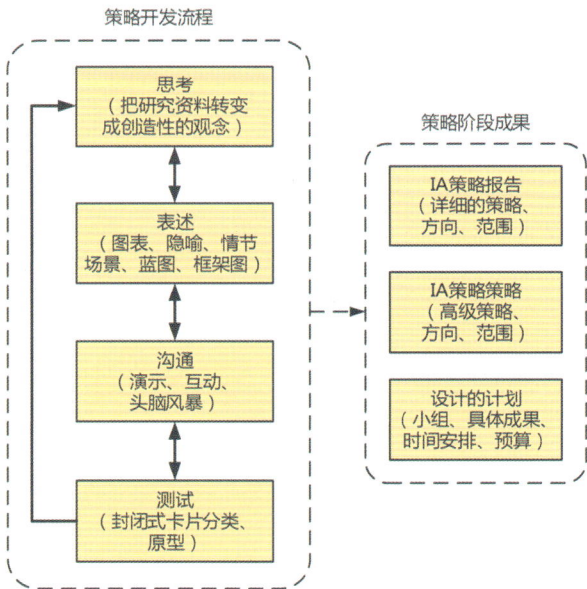

图 4-12 信息架构策略的开发流程

1. 思考

思考可谓是人类心智史最后的谜题。从某种意义上说没有人真的了解输入（如研究数据）转为输出（如创意）之间的流程。关于思考的方式选择，应该是颇具个人意义的选择，主要看哪种方式能让我们更有创意地产出。有些人在散步、漫不经心读报时，是其思考的最佳时刻，有些人则在团体讨论中才能才思泉涌。所有这些的重点就是我们必须找出时间和空间，消化在研究中了解到的所有东西,这样才能有生产力。

2.表述

当观念开始成形时,把它们清楚表述出来是很重要的。最好是从随意书写开始,在纸上或白板上画下草图,写下文字,如图 4-13 所示。这个时候需要放弃那些能给我们带来便利的图形设计软件,否则,我们就会把发展创意想法的时间,浪费在那些视觉布局和格式的编排上。

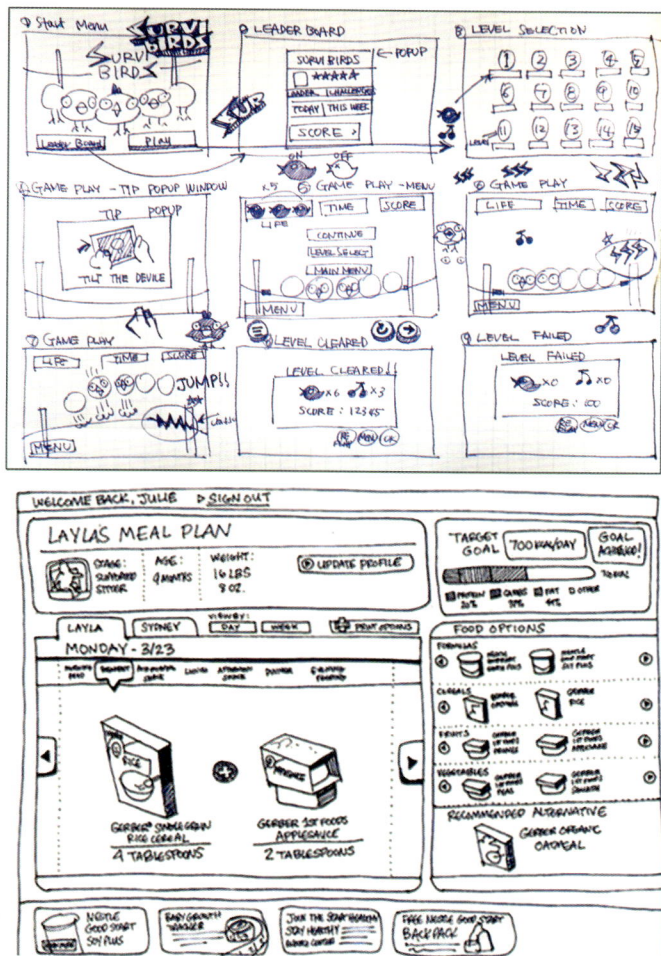

图 4-13　信息架构设计草图

在工作方式上,有些人喜欢单独工作,而有些人则需要一个团队环境。但是从信息架构设计的项目性质看,团队环境非常重要。然而进行团队协作,我们必须做好各种沟通性的表述,如在白板上、在草稿纸上画好设计草图。用可视化的表述可以把一些关于创意的图像摆在团队成员面前,这样便于检测和进行以此为基础的发挥,同时还能让一些想法快速成型。

3.沟通

创意的想法必须走向沟通,才能发挥其实质作用。所以我们必须找出最有效的方法,把这些独特的想法传达给项目相关人。作为信息架构设计师,要用好各种各样的沟通工具,其中可能包括隐喻、情节、用例场景、概念性图表、蓝图、框架图、报告以及演示文稿等。从某种意义上说，隐喻不但是一种沟通工具，其实也是一种设计方法，通过这种的设计方法，我们可以让一些应用显得更加亲切，拉近交互双方之间的距离。在进行设计沟通的时候，我们要根据不同的沟通需要，选择恰当的沟通工具。除隐喻之外，情节描述也是很好的方法，即通过对一段故事情节的描述，或文字或图片，让听者设身处地地思考，这在很大程度上，能够消解听者在认知上的隔阂。

关于团队内部的沟通，通常最好的做法是同"安全"的同事进行随意聊天，以这样的方式请他们帮助修正想法，并建立信心。然后，可以和那些比较"可靠"的同事分享设计的草案，他们会帮助我们找出难题或漏洞，这个过程可以让我们扩展想法和巩固信心。这样当我们在做正式的项目演示时，就能尽量避免出错。

在一些项目经验中我们发现，尽早并经常地沟通表达想法是大有裨益的。在很多时候，我们都不大喜欢把尚未成形的想法讲出来——各种各样的顾虑会让我们尽量不去冒险。减少这种顾虑的方法之一就是用轻松，并非正式的方式，或"否定"语气谈论自己的想法，目的是激起反应和刺激讨论。通过这种沟通方式会让每个人在表达、讨论不同观点时，以轻松的方式面对，这样就比较容易达成共识，并且得到一个比较好的工作氛围。

4. 测试

无论预算是否充足，开始采用某种信息架构策略前，都应测试我们的想法，即使是邀请朋友或家人做一次随机的可用性测试，也会比无动于衷要好。

很多在研究阶段期间萌发的想法经过少许修改，就能形成测试的样本。有了这样的样本，就能进行测试；有了测试的结果，就能在小范围内进行有效的沟通，并能确保策略方向与实际情境的吻合。同样，我们也需要拿一些不在内容分析样本中的文件和应用程序来测试我们的原型，即用来测试的样本，以确保信息架构的策略可以适用各层级的内容。在这个阶段，最有价值的测试方法，就是各种卡片分类和任务分析的方法。

前面提到的封闭式卡片分类法可以很好地让我们观察用户对信息架构高层组织和标签体系的反应。为每一种高层类别都建立"类别卡片"，需要书写类别标签。然后，从每一类中选出数据。我们可以以不同的粒度（如次级类别标签、目标文件与应用程序）执行多次，然后把卡片混在一起，要求用户按其想法进行分类。当用户完成这个工作时，需要大声说出其想法，通过这样的方式来测试类别和标签是否真正奏效。

任务分析也是有效的做法。这种方法不是像研究阶段那样，测试用户浏览现有网站的能力，而是建立纸上原型或HTML原型让用户浏览。设计这种用于测试的原型，其难点在于我们需要仔细考虑要测试的是什么，也就是目的，以此目的为导向来搭建测试的整个过程。

在分析的一端，我们需要把信息架构的高层（如类别、标签）从界面组件（如图形设计、布局）中独立出来，这样可以进一步展示等级菜单给用户看，通过这种方式测试纯粹的信息架构，要求他们找出某些信息内容或者完成某项任务。

在分析的另一端是设计完整的网站原型。在大部分情况下，这种测试是在流程的后期阶段才做。开发这种原型需要花费很多工夫，会牵涉界面设计师和软件开发人员的相关工作。

此外，我们需要注意的是，测试本身就存在很多变数，这使我们常常无法真实了解用户对信息架构的反应。

在很多的情况下，我们会做组合式的测试，有些是集中把等级系统独立出来，有些则是用简单的框架图。框架图并非是设计完整的原型，但是框架图可以让我们看见，当信息架构放置在网页的情境中时，用户如何与信息架构交互。关于框架图，在后面章节中会详细阐述。

理论上，这些测试可以验证开发出来的信息架构策略是否具有可行性，并可以帮我们找出策略的问题之所在，提供调整策略的方向。

4.2.4　工作产品与成果

1. 隐喻探索

隐喻是表达复杂想法、产生创作热情强有力的工具。通过隐喻可以让我们根据日常生活中的经验去了解那些抽象、难懂的事物，并能找到两者间的对应及创意关系。在很大程度上，隐喻可以解释说明、引发兴趣，并产生说服力。例如，"信息高速公路"这个概念就是通过"高速公路"让人们了解"信息基础设施"这个抽象概念。

图 4-14 就是一组运用隐喻的信息架构设计，通过日历和记录本这样日常生活中的物品，以及人们使用这些物品的经验，能够让用户以最快捷的方式熟悉应用的操作方式。的确，关于隐喻的探索可以让创意流动起来。通过和项目相关人一起合作，运用头脑风暴的方法找出适用于项目的隐喻，并思考这些隐喻是否能以组织型、功能型或视觉型的方式应用在项目实践中。例如，怎样组织虚拟书店、图书馆或博物馆？我们的网站是否与这些工作类似？差别在什么地方？用户在网站中具体是做哪些事情？网站展示的虚拟情境是什么？对隐喻的探索在很

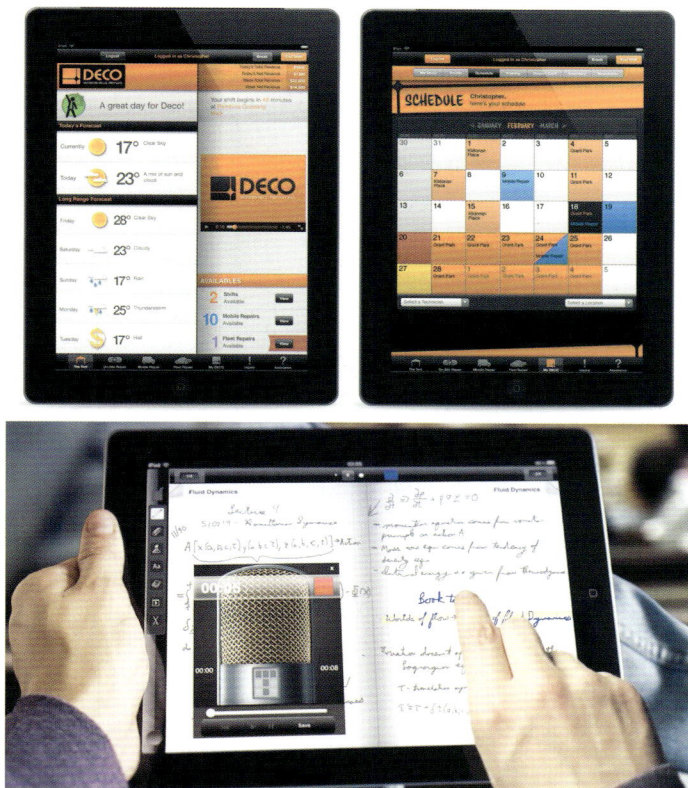

图 4-14　运用隐喻的信息架构设计

大程度上可以使我们放轻松，以愉快的方式来做设计，这个时候我们会被头脑中源源不绝的想法吓一跳，这就是隐喻带给我们的创意热情。

进行头脑风暴之后，我们需要把每个人的想法做更严格的筛选。开始先从期待的内容中随机挑出几个样本，放到由隐喻而生的初步架构中，看看是否适用，或是尝试几个用户场景，看隐喻是不是能支撑可用性。隐喻的探索是有用的，但我们不需要把所有的想法都挤进某个隐喻的信息架构中。有时隐喻虽然是概念设计过程中获得想法的绝好工具，但是如果滥用就会有问题。比如说虚拟社区的隐喻，有些在线的社区，例如那些图像化的邮局、城镇大厅、购物中心、图书馆、学校和警局等，用户并不知道这些"建筑物"的图标对于自己来说有什么实质的用处，或是可以为他们需要完成的任务带来怎样的方便，这些精美的图标不过是一些可有可无的花架子而已。在这种情况下，隐喻的可用性即被这些中看不中用的形式磨灭了。

2. 场景

虽然蓝图是提炼信息细节和结构的优良工具，但是，蓝图并不能激发创意团队的热情。作为信息架构设计师，想说服项目相关人认同自己的做法，就必须让他们直观了解自己的想法。场景法是帮助项目相关人了解用户如何在设计的网站中浏览和体验的最佳方法，而且也能为设计师找出有关设计导航系统的新想法。

为了提供多维体验，显示出网站真正的潜力，最好是描述一些场景，显示人群不同的需求以及浏览网站的不同行为。通过之前完成的用户研究，可以将其中一些非常有价值的数据用在场景创造中。做这个工作之前，需要花费一些时间沉浸在这些数据中，做一些分析工作。

是谁在用我们的网站？他们为什么用？怎么用？试着选取三四种用户类型，各类型用户都以明显不同的方式使用网站。创建一个人物角色代表一种类型，赋予他们姓名、职业以及典型用户的所有特征，还有他们造访网站的理由。然后，开始设计该用户使用网站的细节流程，通过场景突出网站的特色。

通过场景，我们可以很好地展示自己的创造力。有时候我们会发现这些场景描述很容易上手，也很有趣。以下是一个简单的场景样本：

张冰是医科二年级的学生，定期造访某医学网站，因为她喜欢该网站的交互式学习体验。她以"调查"和"意外发现"这两种模式使用网站。例如，当她的解剖课是在研究骨骼结构时，她会以调查模式搜索有关骨骼的资源。她发现"交互式人类骨骼"可以让她对每一块骨头的正确名称和功能的知识进行测验。她把这一页做成书签，这样她就能在考试前一晚仔细复习。作业做完之后，张冰有时候会以意外发现模式浏览网站。她对毒蛇的兴趣让她找到谈论几种会影响人类神经系统的毒液的文章。这些文章之中有一篇是把她带到交互式游戏中，教她如何使用能够越过血脑屏障的化学物质（如酒精）。这个游戏激起她对化学的兴趣，接着她又换成调查模式继续学习。

通过以上的场景，我们能够将用户的行为、任务的流程直观化，同时也能为设计策略的形成提供有现实依据的参照。

3. 案例研究和情节

要让各种类型的听众都能理解像信息架构这样抽象而复杂的话题，其实并不是一件容易的事。当我们与设计团队成员进行沟通时，由于他们熟悉和了解在这个领域的专业词汇，所以我们可以直接开门见山地与他们讨论。但是，当我们和客户交谈时，就必须使语言更加睿智，才能激起他们的兴趣，让他们容易消化那些专业领域的想法。

　　案例研究和情节是把信息架构概念带进现实生活的好方法。当我们试着说明一种关于信息架构的设计策略，我们可以进行形象化或情节化的描述，并在现实情境中与过去的经验做比较，这样可以让客户参与进来，与他们讨论什么可行而什么不可行。

4. 概念性图示

　　概论性图示是另一种把抽象概念带进现实生活的方法。作为信息架构设计师，我们通常必须向项目相关人解释组织体系和标签体系背后的高层次概念和系统。为了很好地表述观点，我们常常需要画出像图 4 - 15 那样的关于机构业务的信息生态图，来体现对于模式的理解，这个时候我们会发现的确是可以"一图胜千言"。通过概念性的图示，可以让我们以较短的时间，达成对模式的整体性描述。

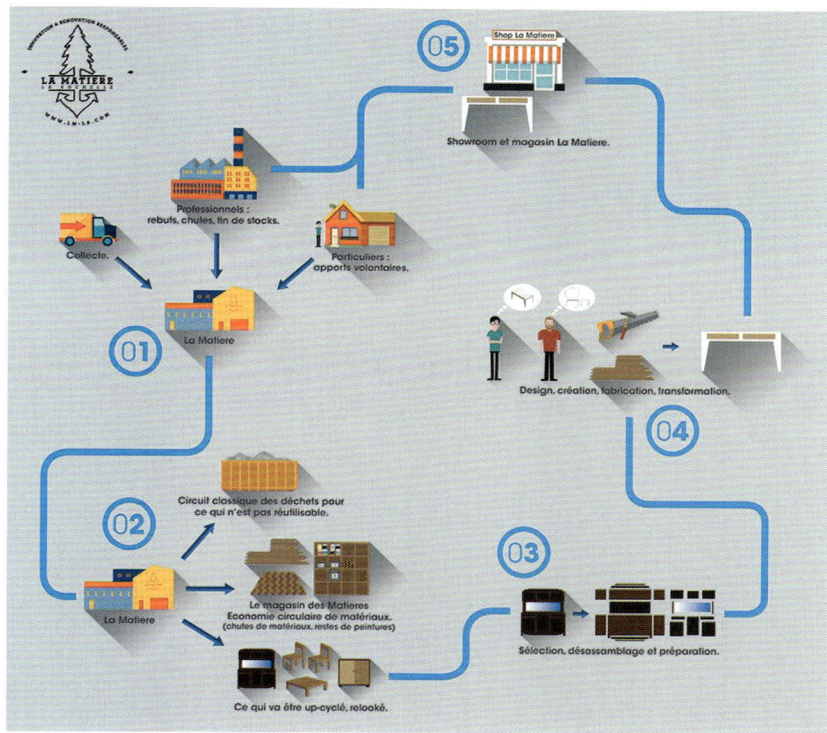

图 4 - 15　LM-LR.COM 的业务信息生态图

5. 蓝图和框架图

　　头脑风暴是一个相当令人兴奋而且有趣的过程，我们可以很快得到一大堆的点子，但是这些点子都是无序而混乱的，蓝图和框架图可以把这一堆让人兴奋的点子变得有次序。蓝图所显示的是网页和其他内容组件之间的关系，如图 4 - 16 所示，而框架图则显示出网站上主要网页的内容和链接的原型，如图 4 - 17 所示。蓝图和框架图是信息架构设计师梳理想法的重要工具，但是需要注意的是，蓝图和框架图在描述结构、运动、流程与内容之间的关系时相当有效，但是这两种图并无法传达内容或标签的语义本质。

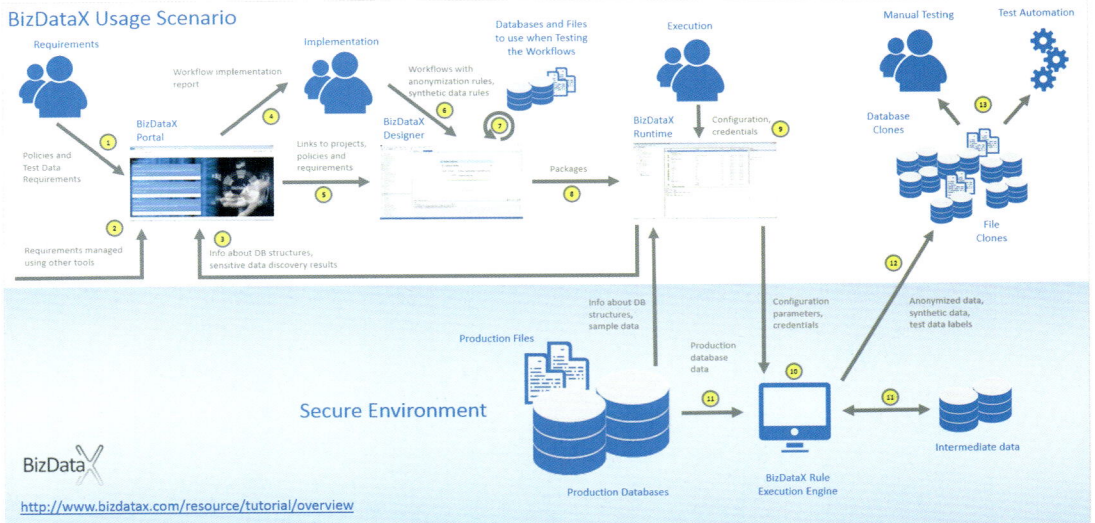

图 4 - 16　BizDataX 的使用场景蓝图

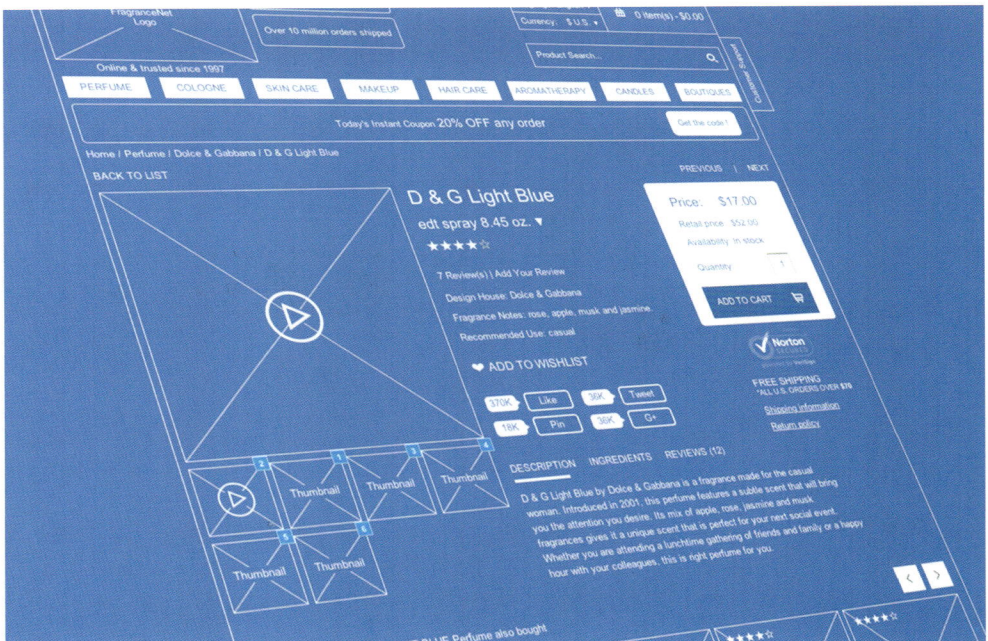

图 4 - 17　视频网站的框架图

4.2.5　策略报告与项目计划

提出详尽的策略报告是把信息架构策略的细节清楚讲明的重要途径。把先前研究的结果、分析和想法整合成单一文件的过程，执行者必须富有魄力和才智，并且善于沟通。有的时候，我们会发现某个想法很不错，但是，很难融到整体性的项目框架中，为了保证一致性和凝聚力，还是不得不忍痛割爱。如果在策略报告中涉及模糊宽泛的想法，就必须分割成各种细节并分别予以说明，这样才可以让所有参与其中的人了解其意图。

对信息架构的设计团队而言，策略报告通常是最大、最难而且最重要的成果。这份报告代表着团队成员对于设计项目已经达成了的共识，特别是对一些关键问题的看法。对于策略报告中所提到的愿景，需要作细致的解释与说明，这样才能为项目的实施争取更多的资源。

写策略报告最难的事情就是组织报告的内容。这里我们会面临了一个"鸡生蛋，蛋生鸡"的问题。事实上信息架构的策略并非是线性的，但是策略报告不得不以线性的方式撰写。写策略报告很少会有完美的答案，有几种解决方式可以参考：首先，可以在报告中引入视觉图样，也可以画出非线性的蓝图，后面再接着用线性的文字进行"看图说明"。其次，策略报告不能也不该单独存在，应配以面对面的演示和说明、深入的讨论，包括答疑，这样才能让我们的想法清楚地为人所知。

在制作项目计划时，除了讨论内容管理之外，还需要为信息架构设计产生项目计划。项目计划作为策略阶段成果的一部分，可以让工作有条不紊地进行。首先，项目计划应该与策略报告平行推动，这样可以确保信息架构策略和实施同步并植根于实际。其次，项目计划可以搭起策略和设计之间的桥梁，通过项目计划可以把每位团队成员的工作串联起来（如交互设计、内容创作或应用程序开发），在一定的目标下加以整合，并为整个网站的设计合理分配时间。在项目计划中，常常需要展示某些进展，所以项目计划有短期和长期之分。在短期计划中，我们会定义具体可行的方法，并侧重于时效性。在长期计划中，我们则要展示一个高瞻远瞩的方法体系，并说明成员互动的整体机制。

4.3　设计行为与形态

4.3.1　制作信息架构图

信息架构设计师在项目实施时，总是承受着极大的压力，这个压力就是要将设计的成果，以最为恰当的方式表达出来。无论是体现信息架构的价值，还是说明设计细节，信息架构设计师都不得不依赖视觉表达来说明他们的工作。

一般来说，信息架构是很抽象、很概念性的东西，而且网站的设计项目其实是一个可任意延展的过程，很难界定哪里是终点，哪里是起点。即使是网站建成，还需要不断地充实和完善，因为用户每天都在发生变化，似乎是一个看不到终点的马拉松赛跑。此外，在使用过程中，在网站中一方面会产生大量的数据，另一方面在数据交换的过程中，也会面临各种的取舍问题，这样一来原本的信息组织方式就会发生各种可能的变化。要将这些变化用一定的视觉形式限定下来，并多维度地体现真实的状态，不是一件容易的事情。

所以，就必须面临一个很麻烦的问题，即要用视觉媒体说明工作的价值和本质，但是，成果本身却很难以视觉的方式呈现。

其实每位设计师都会有自己觉得最为恰当的视觉化方式，制作信息架构图也没有所谓的标准化方法，但是可以遵循如下一些原则：

①用视觉的方式提供信息架构的各种"观点"。有时候信息系统过于复杂，难以一次显示完毕，所以可以考虑使用各种不同方式显示信息架构的各个层面。当所有的图拼合起来之后，就有可能接近信息架构的全景。

②为特定用户和需求制定不同观点的视图。从客户的角度看，漂亮的图形是相当吸引人的，因此在漂亮图形上耗费任何的精力和财力都会物有所值，但是在制作图形时一定明确其需求，否则就会产生巨大的浪费。

③如果是自己设计的信息架构图，就应该尽可能亲自介绍它。因为关于图像的理解总是多样并有可能充满歧义，这些图像理解的差异可能会造成一些误解。由于还没有标准的视觉语言用来描述信息的架构，因此到场说明很重要，必要时，还需要为自己的成果辩护。

4.3.2　视觉沟通

视觉沟通可以用图表的方式体现内容组件之间的连接关系，也可以体现信息架构的作用机理。一方面图表可以体现内容组件的单元由什么组成，以及这些组件应该怎样分组和排列。另一方面，图表还可以体现这些内容组件之间如何连接才能支持导航。

一般来说，图表主要的目标总是要传达网站的内容组件是什么，以及它们是怎样连接的，它们不一定需要十分精美，但它们一定要能提升沟通的强度。在使用图表的时候，要注意使用各种适合观者的形式，这也是在关注视觉沟通的语气。其实，信息架构的设计和其他可视化的设计之间，其界线是很模糊的，而且在这点上，视觉是一个很重要的核心概念，善用这个概念可以帮助我们用可视化的方式诠释各种技术方案，也可以让方案得到更多的认可和支持。

4.3.3　蓝图

蓝图会显示出网页和其他内容组件之间的关系，可以用来表述组织、导航以及标签系统。蓝图在形态上会显示信息空间概貌，所以蓝图很像是一张浓缩的地图，可以供网站开发人员使用。

1. 高层次蓝图

高层次蓝图通常由信息架构设计师建立，是一种体现自上而下信息架构策略路径的视觉沟通形式。从主页的设计开始，设计师就可以使用蓝图推动信息架构设计的流程，其实在项目的策略阶段就可以开始着手蓝图的建立。当把观念变成蓝图，就会让设计工作变得务实。如果头脑风暴可以把我们带到云端，那么建立蓝图则会把我们带回真实的世界。想出"个性化"和"适应性信息架构"这些观念并不像想象的那么难，只要把这些观念定义清楚，落实到具体网站的蓝图，就有可能实现。

在设计阶段，高层次蓝图是探索主要组织体系逻辑关联十分有用的工具。它会反映出网站的组织结构和标签，还可以从制高点俯瞰网站的全貌。在项目推进时，高层次蓝图是激发讨论有效的工具，比如说讨论内容的组织和管理，以及用户想要的访问路径时，蓝图就十分有效。这时的蓝图可以用手画，也可以使用一些专门的软件，比如 Visio，如图 4 - 18 所示，OmniGraf-flme，如图 4 - 19 所示。这些工具不仅能帮我们快速布局架构蓝图，也可以在对网站实施管理时给予帮助。此外，蓝图也能让我们的成果更具有专业性。

图 4 - 20 是某在线教育网站的高层次蓝图，其中包括了网页内的组件、网页编组，以及网

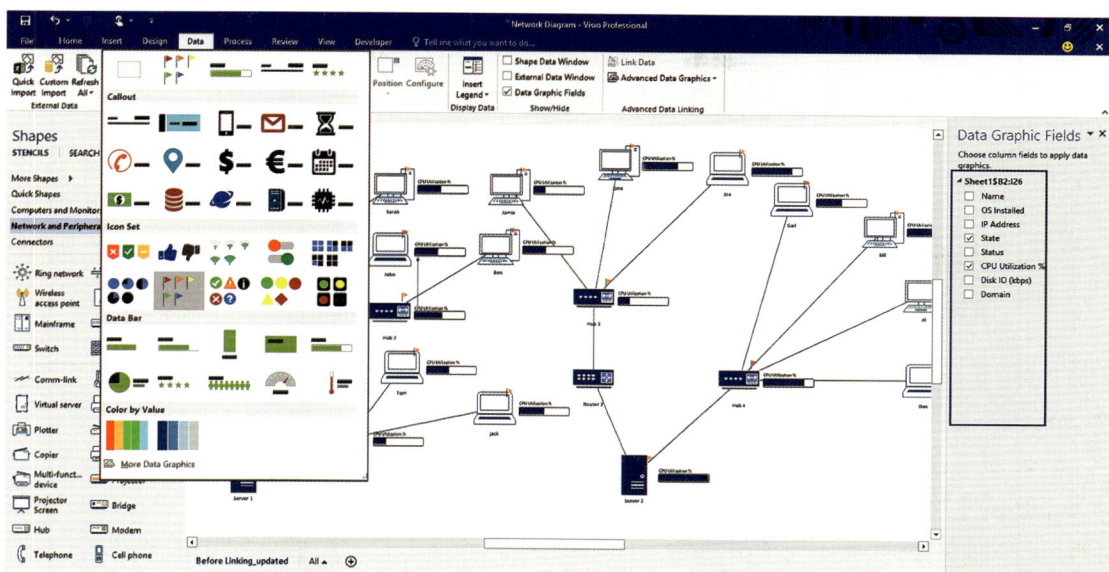

图 4-18　Visio 的软件界面

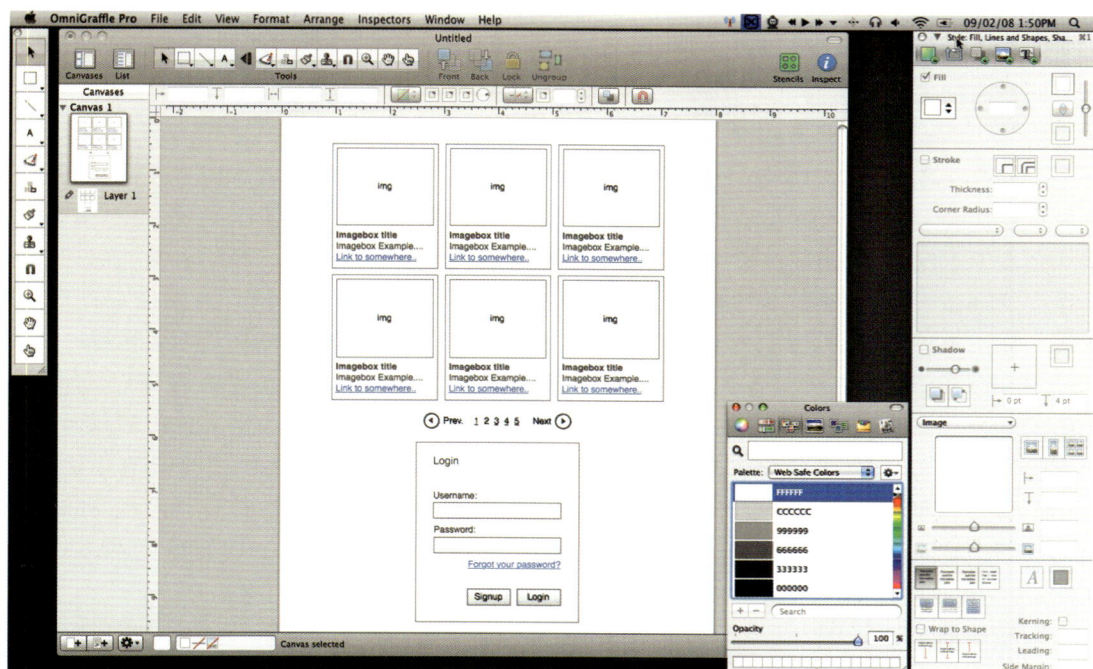

图 4-19　OmniGrafflme 的软件界面

页间的关系。网页编组可以看出网页的布局,例如,图中将"项目""课程"和"系列"进行编组,并标示在一起展示,而"搜索 & 浏览""反馈",以及"新闻"应该分别展示。

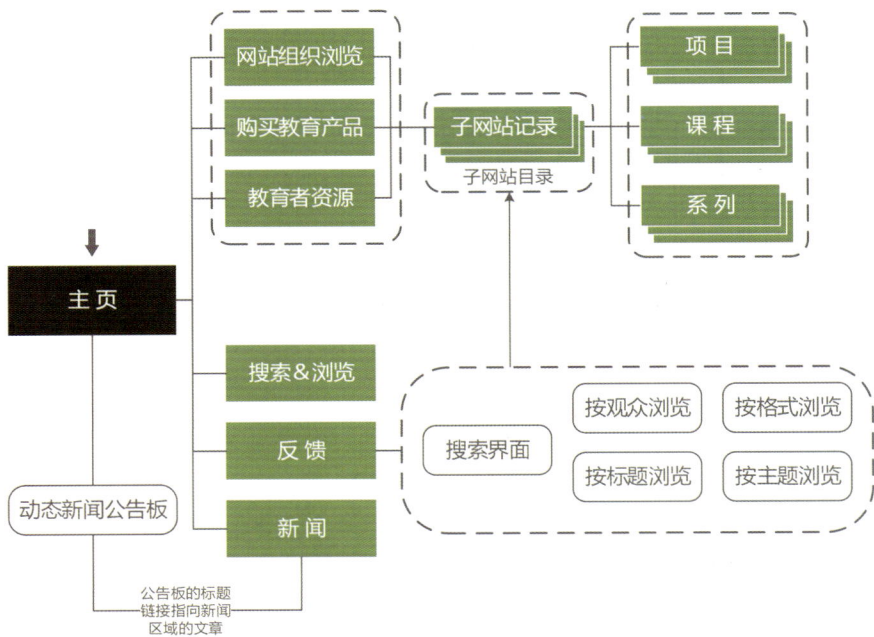

图 4 - 20　在线教育网站的高层次蓝图

在图 4 - 20 中看到子网站的记录,如这样的子网站,在企业内部,其拥有权和管理权分散在不同部门的诸多个人身上。这些子网站每一个都有其特性和独立的信息架构。在蓝图中显示它们,不是为了强加一种标准,而是让蓝图提出一个"伞式架构",让许多异质性的子网站能在一起共存。此外可以看到子网站记录的目录。这个目录就好像"卡片目录",是让用户到达子网站的途径。每一个子网站都有一个记录。每一条记录都有标题、文字说明、关键词、观众、格式及主题字段,可以说明子网站的内容。只要为每一个子网站建立标准化记录,实际上就是在建立子网站记录的数据库。这种数据库的方法,可以通过已知条目搜索以及探索式浏览来实现。在图中可以看到,用户通过标题、观众、格式和主题四种方式进行信息的搜索和浏览。此外,在蓝图中还看到动态新闻电子板(也许是用 Java 或 JavaScript 实现),来滚动显示特定的新闻标题和声明。这个内容组件除了为主页增添动感之外,也可以提供重要的信息内容。

从某种意义上说,高层次蓝图是优良的工具,可以明晰进行信息架构设计时的方法路径。与项目相关人面对面地介绍蓝图,可以让我们立刻面对问题、回答质疑,并解决问题,同时也可以让我们探索某些新鲜的观念。为了更清楚地表意,也可以为蓝图加上简短的文本进一步说明想法,以及回答最有可能提及的问题等。

2. 深入蓝图

当建立蓝图时,要注意不要被一些特定的布局所束缚。相反地,而应该让蓝图的形式更适应功能。图 4 - 21 是一家全球咨询公司的完整信息架构,其创新之处是把访问子公司的内容和服务途径全部统一在了一张图中,这样我们就容易产生整体性的观念。而图 4 - 22 的蓝图所示的焦点是 Weather Channel 网站的导航系统,主要阐述用户怎么在区域和国家气象报告与新闻之间移动。这两种蓝图都是高层次和概念性的东西,但是,每一种都以独特的形式满足深入研究的需要。

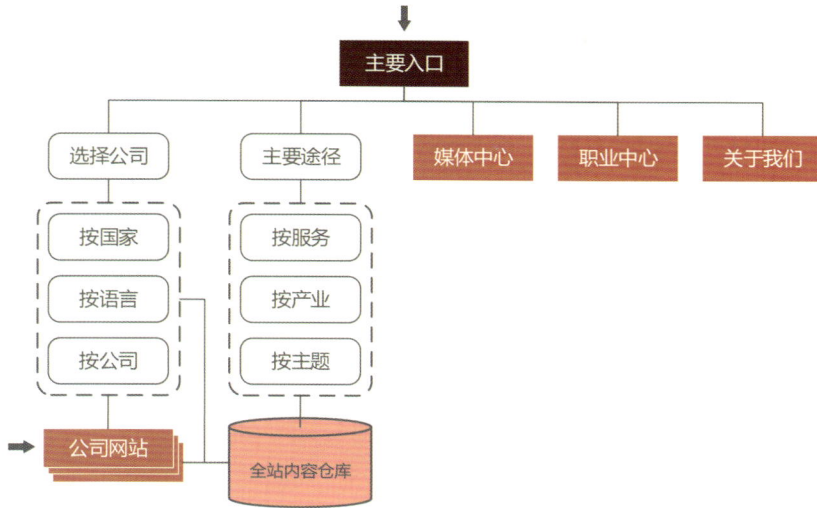

图 4 - 21　全球咨询公司的信息架构蓝图

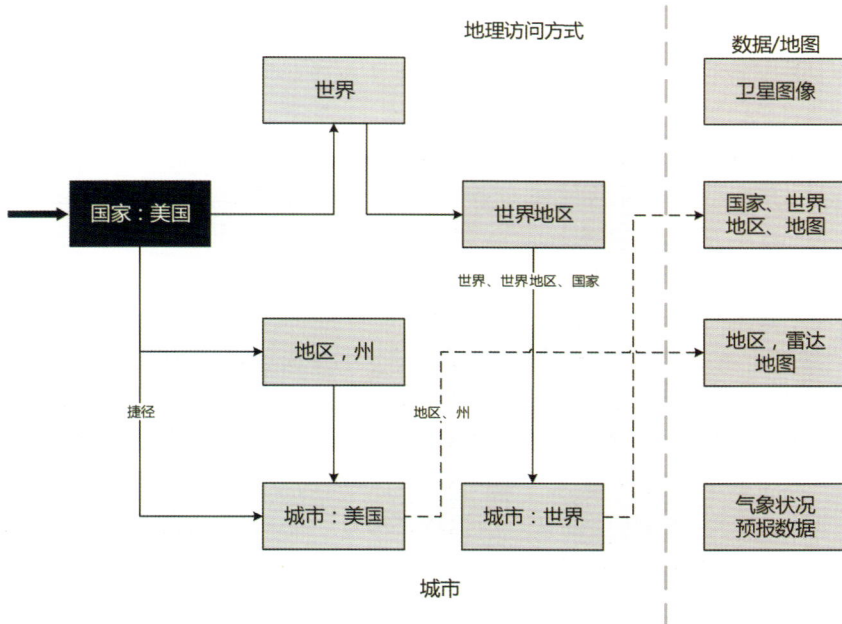

图 4 - 22　Weather Channel 网站信息架构蓝图

　　在图 4 - 23 中,我们看到的是在线贺卡网站 Egreetings.com 的高层次蓝图。这份蓝图的焦点是,用户在浏览主分类时,还能够按格式或基调过滤卡片。从某种意义上说,网站不仅仅需要内容,也需要通过新媒体的形式来创造模式,让用户能够以更为创新的方式来接触新媒体,这个工作就需要任务导向型的蓝图来实现。

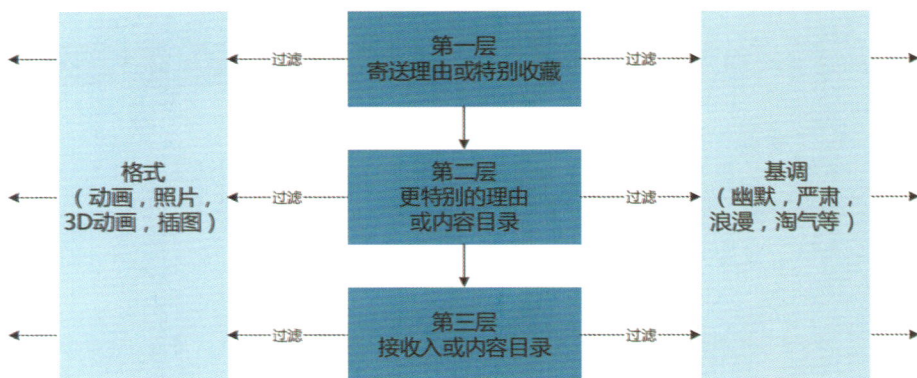

图 4 - 23　Egreetings.com 网站信息架构蓝图

深入类型的蓝图可以非常详细,以体现一些细节所花费的思考。图 4 - 24 所示的蓝图阐述的就是以用户为中心的观点来观察 Egreetings.com 网站的卡片寄送流程问题,其中每一个环节都有兼顾。可以让项目小组沿着网页功能及电子邮件功能的流程走过每一环节,这样可以找出改进用户体验的每一个机会。

当进入仔细分析时,我们的注意力会从高层次蓝图移向架构中各个方面具体的图表。蓝图的灵活性很强,可以让所有人都能看懂。但是我们也应该知道,面面俱到的蓝图也并不好,为了让自身的特色更加突出,做必要的取舍很重要。

3. 保持蓝图简单

当项目计划从策略转向设计再转向实施时,蓝图就变得越来越趋向商业性。如果缺少策略和产品定义,就很难适应实际的需要,所以蓝图需要尽快搭建并要不断修改,而且常常要考虑不断新增的观点,其工作的内容涉及视觉设计师、编辑和程序员。为了让这些人需要快速了解蓝图,浓缩的词汇表或者图例解释就显得很重要了。如图 4 - 25 所示,我们需要为信息架构的蓝图建立这样的图例解释,在这张图中说明了三种内容的粒度。虚线框是内容组群(由网页组成),实线框是网页本身。内容组件是信息架构蓝图中的最细节内容,可以用蓝图表达。箭头说明内容对象之间的链接关系,可以是单向或双向。这种图例可以让蓝图的表意容量增大,同时也可以帮助项目相关人读懂蓝图。在实际项目的实施中,可以发现保持一组有限的词汇表,可以帮助信息架构设计师不会在一张图上挤进太多的信息。此外,值得注意的是,在建立蓝图之初就应该考虑图例问题,并且采用同样的标准进行绘制,这样有助于后续工作的推进。

4. 详尽的蓝图

当深入实施细节时,焦点自然从外部转向内部。现在的焦点不再是和客户沟通架构概念,而是和团队成员沟通组织、标签,以及导航决策的细节问题。在传统"实体"建筑中,这种转变就像是从"建筑"到"建造"。"建筑"是建筑师的宏观决策,其中需要和客户密切沟通,把各种需

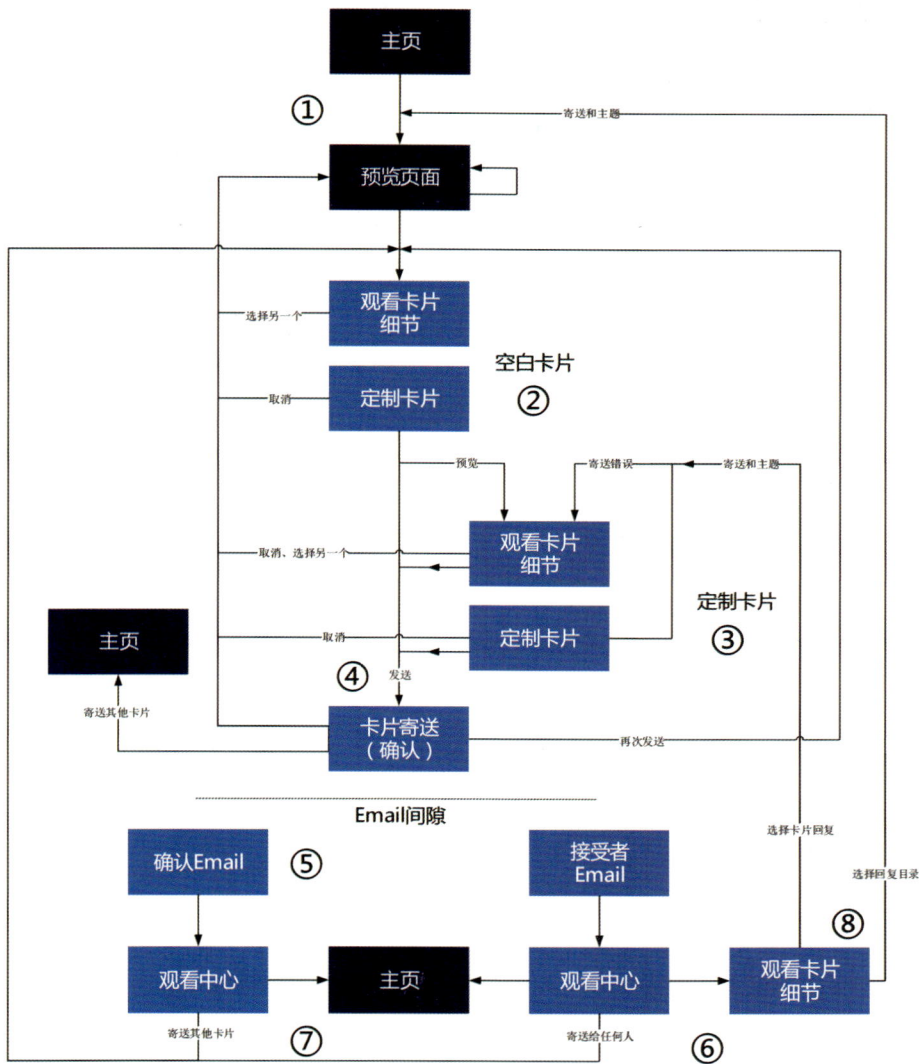

图 4-24 Egreetings.com 网站信息架构蓝图

求融入到设计想法中，但进入"建造"阶段后就需要专注使用砖的大小、钉子的尺寸，以及管线的走法等局部问题。一般来说，客户对这些都不大关心，他们只对最后的结果感兴趣。

　　详尽的架构蓝图有着非常实际的用途，它能反映出整个网站设计的构想，使得设计执行人员可以完全独立的实施。蓝图必须展示主页到目的页之间完整的信息层次，这样才能帮助执行人员正确地实施观念。

　　每个项目的蓝图都不同，视范围而定。在较小项目上，使用蓝图的人就是一两个图形设计师，他们负责整合架构、设计和内容。而在较大项目上，使用蓝图的人可能是一个技术小组，负责实现一个以数据库驱动的流程架构，还包括设计和内容。

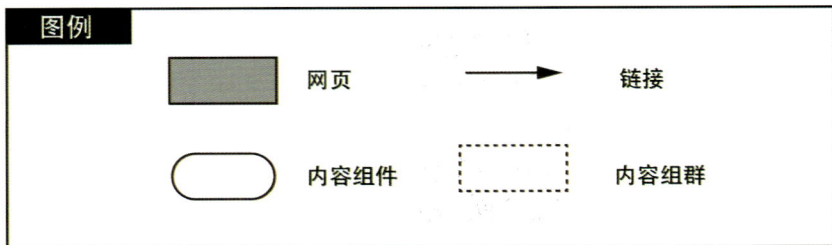

图 4 - 25   信息架构蓝图的图例

图 4 - 26 是 SIGGRAPH 会议网站的蓝图,其中为每一组件(如网页和内容块)指定一个唯一的识别号码(如 2.2.5.1),而信息架构设计师的工作就是为这个有组织的生产流程建立根基,理论上会牵涉到系列的数据库系统,让结构与内容有效整合。在图 4 - 26 所示的蓝图中

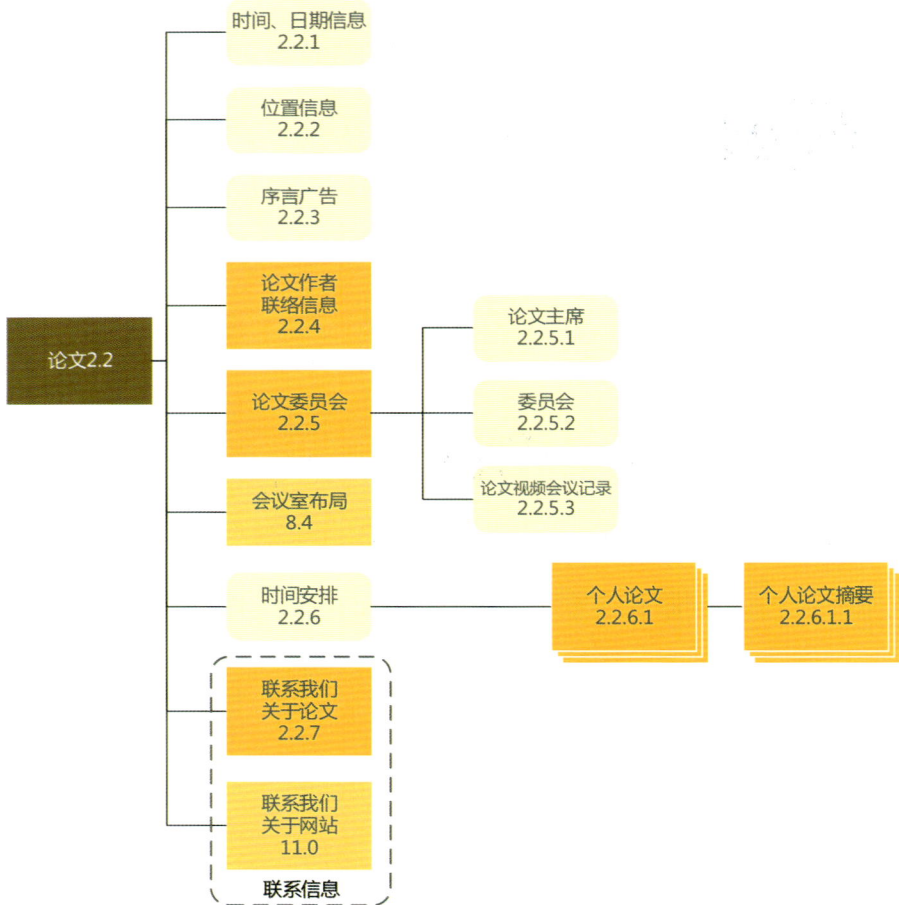

图 4 - 26   SIGGRAPH 会议网站信息架构蓝图

的区域网页和远程网页是有差别的。区域网页是蓝图上主网页的子网页，继承了上层网页的图形特性和导航元素的特质。就此例而言，"论文委员会"网页继承了"论文"网页的配色方案和导航系统。另一方面，远程网页是属于信息等级层次中的另一分支。比如说，"会议室布局"网页的图形特性和导航系统，则是网站中具有独立特色的部分。

图 4-26 所示蓝图，另一个重要的观念是对内容块的处理。为了满足实施过程的需要，通常要把内容块和容器（如网页）分开，如在图中就将"联系我们/关于论文"以及"联系我们/关于本站"分开。通常这一类的内容块是由很多段落组合而成，可以独立存在也可以分别存在。围绕这些内容块的矩形指出它们的关系很密切。利用这个方法，蓝图可以提供给设计师很多定义版面布局的灵活性。根据每一个内容块所需的空间，设计师可能选择在同一网页上展示所有的内容块，或者建立一组关系密切的网页集合。

我们也可以用这些详尽的蓝图与导航系统沟通。在某些情况下，箭头可以显示导航系统，但是实施起来很容易搞混，而且容易漏掉，需要十分注意。

5. 蓝图的展示

蓝图开发出来，如果需要它尽可能详细，就会发现它的体量特别大，特别是那些具有统揽性质的蓝图，几乎没有办法把它用一张纸或电脑屏幕展示，即使展示出来，也会发现在使用的时候存在各种困难。这个时候，可以将蓝图模块化，即将最顶层的蓝图链接到次级蓝图，然后以此类推。将这些图通过一系列的 ID 号码联系起来，通过这种办法，可以将蓝图按照一定的分类方法，拆分成不同的模块，可以用纸张或电脑页面承载这些模块，通过 ID 号码进行索引，根据需要取阅。这种做法可以把内容清单和架构流程桥接在一起，让内容组件在内容清单与蓝图上能够共享相同的 ID 号码。这就是说，在实施阶段要为网站添加内容，就能快速地定位并查阅修改。

4.3.4 框架图

蓝图可以协助信息架构设计师找出内容应该放在哪里，以及在网站、子网站或内容中的导航方式。与蓝图的角色不同，如图 4-27 所示，框架图主要用来描绘单个网页或模板框架结构。框架图是连接网站信息架构与信息设计之间的桥梁。

框架图会让设计师专注一些具体的议题，例如，导航系统应该放在网页的哪里，设计构思在具体的情境中如何落实等。在一定程度上框架图描述了在相当有限的二维空间内，所包含内容的逻辑关系。这一逻辑关系并非简单地停留在视觉层面，甚至包含了对用户之外影响因素的考量。如此复杂的因素要在有限的框架图中体现，对于设计师来说，是一个挑战。

当然，框架图的绘制也可以帮助信息架构设计师决定如何编组内容组件，如何编排次序，以及哪些组件拥有优先权等。这种优先权可以通过视觉强度的定位，清楚地表达出来。

如图 4-27，对于网站来说，大部分的重要网页都会做框架图，如主页、主要类别网页、用于搜索的界面，以及其他重要的应用。框架图也可以用来描述模板，所以一些框架图可应用于许多网页，例如网站的内容网页。在设计的过程中，如果有些网页容易混淆，也可以用不同的框架图来进行视觉表述。当然，没有必要为网站的每一个页面都建立框架图，其实框架图的目的在于为一些复杂而独特的页面建立一种样式。

在很多时候，框架图并不局限于描述网页，也可以描述用户在界面中进行交互的多种场景，如图 4-28 所示，我们在图中也能读到一些跳转关系。

当然，框架图代表的是某种程度的外观和操作方式，而且涉及视觉设计和交互设计领域，

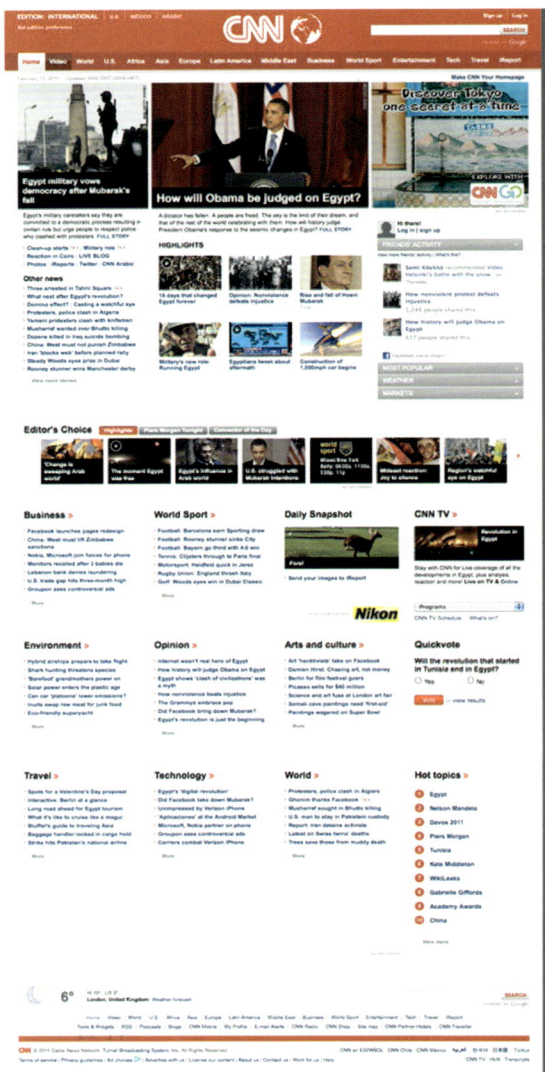

图 4-27　CNN 网站框架图

　　其实框架图还涉及许多与新媒体相关的学科,这些学科的知识都会在框架图的结构形态中碰撞、磨合。

　　有时候框架图会被视为原型,尤其是针对视觉设计来说,框架图会显得有些简陋,但是,框架图所采用的字形、颜色,甚至是空白的使用,这些视觉特性,都可以较为清晰地描述信息架构的交互方式。需要注意的是,框架图并不能完全地脱离可视性,即使框架图并不需要有多么精美,但可视性良好的框架图,能够发挥超出意料之外的作用,尤其是在项目沟通上。通过框架图的绘制,我们可以和视觉设计师合作,改进整个网站的艺术品位,或者和交互设计师合作,改进各种组件的用户体验。框架图作为一种项目工具,它可以帮助视觉设计师和交互设计师减少某些工作的磨合环节,而这些工作是他们认为很繁琐或者不在他们专业之内的。框架图在

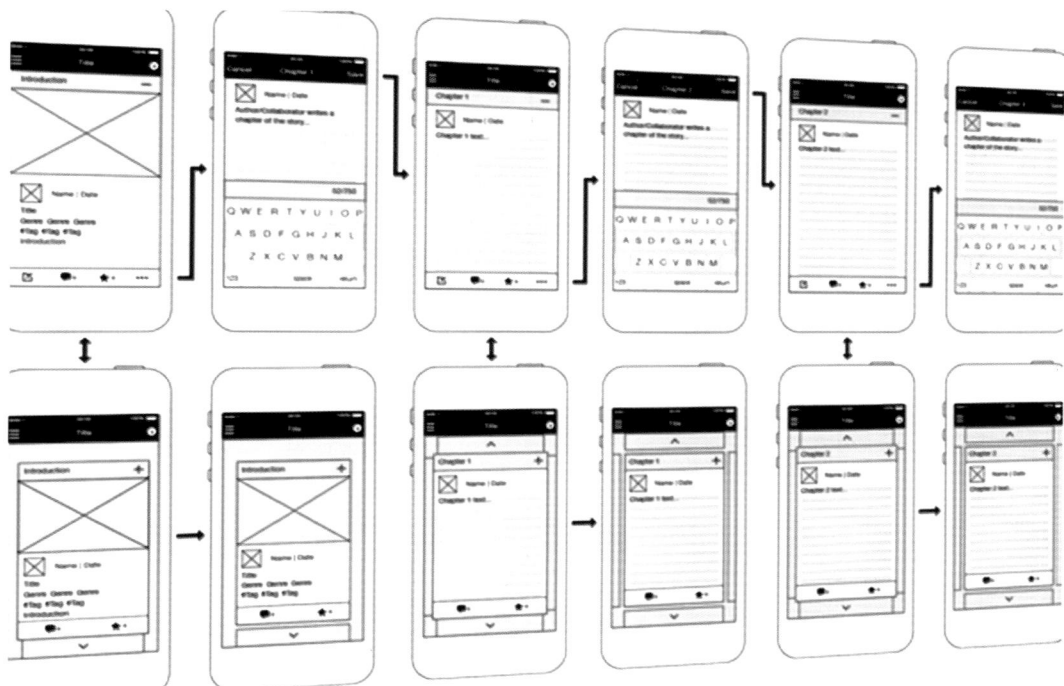

图 4 - 28 界面之间交互关系的框架图

一定层面上确定了一种标准,这种标准在一定程度上可以提高工作效率。

的确,框架图决定着视觉设计的范畴与形式,所以通过框架图可以将设计的理念与视觉设计师进行有效的沟通,并寻求合作的可能。但是不能将框架图视为某种要交给设计师和开发人员的"说明",那样的话就太小觑其作用了。框架图其实是一种触发器,它可以促成不同人员之间的合作。以框架图为沟通介质,可能会让我们的产品更加值得推敲,并且会让工作效率有所提高。

1. 框架图的种类

像蓝图一样,框架图也有多种形式,而且精确度也可以随目标而改变。在初级阶段,可以在纸上或白板上画出简单而杂乱的框架图。在高级阶段,框架图可以用专业的软件或网络语言建立。

图 4 - 29 是精确度相当低的框架图,没有过多的图形元素,没有真实的内容。这样可以让视觉设计师专注于全站、区域和情境式导航系统关联的设计,而不需要过早地被一些视觉形式所纠缠。

图 4 - 30 是一个中等精确度的框架图,有一定的细节,这是为一个卖鞋子电子商务网站重新设计的项目。所示的框架图尝试引入内容、布局及导航的许多方面的内容构件,这种框架图可以方便与不同的(或非专业的)项目相关人进行讨论。

最后,图 4 - 31 是高精度的框架图,已经很接近页面实际的样子。像这样高精确度的框架图有下列优点:

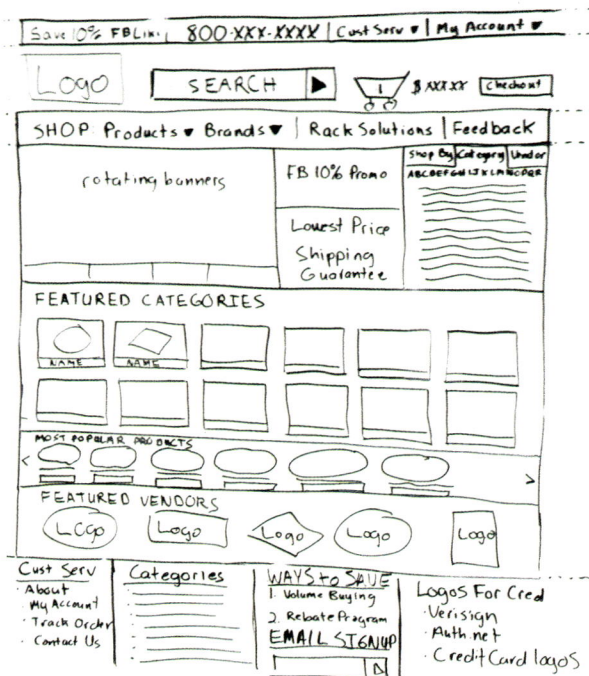

图 4 - 29　粗略框架图

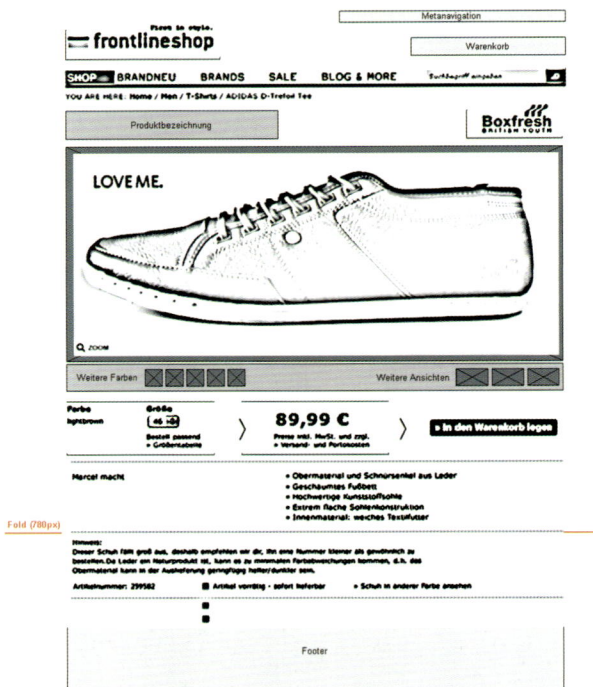

图 4 - 30　中等精确度的框架图

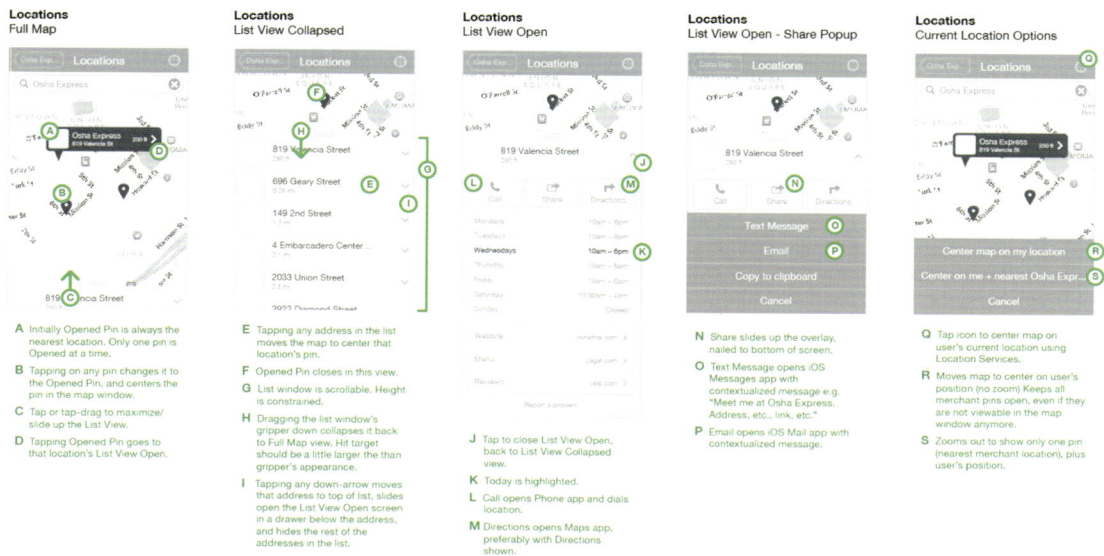

图 4 - 31　高精度框架图

①内容和颜色让网页有了生命,可以抓住项目相关人的注意力。

②这样的框架图可以让我们了解一些限制,这些限制可以帮助我们让信息架构产品更符合实际的需求。

③精度足以让用户进行纸上原型测试。

当然,这样精美的框架图也有如下一些缺点:

①高精确度需要更多的付出。设计这么详细的框架图需要很多时间,会让流程慢下来,增加花费。

②当我们把视觉元素和内容整合进结构化布局时,焦点就在不知不觉中从信息架构转移到界面和视觉设计上,这样有可能让我们忽略一些关键性的用户因素。

2.框架图的绘制原则

绘制框架图时需要考虑以下方面:

①一致性是关键,尤其是同时绘制多个框架图时。这样可以让思考更加整体和专业,提高了框架图被采纳的可能性,所以一致性可以让框架图的功能作用提升。

②一些绘图工具可以支持背景图层,这样能让我们可以通过一些现成的内容组件和页面布局来提升工作效率,甚至我们可以建立一组标准的图像库。

③留白是记录网页元素功能的有效方法,因此需牢记在框架图周边和顶端留出空间。

④就像其他输出结果一样,框架图的绘制应该要严谨,必要的格式和标准很重要,以上内容可以记录项目前行的轨迹。

⑤如果一旦有一名以上的设计师在做项目的框架图,就需要建立一些共用的模板,并且需要控制好项目的进度,让小组的框架图能够保持一致,同时能够整合起来使用。

4.3.5　内容映射和清单

在研究和策略阶段,我们的思路是采用自上而下的方式定义信息架构,使其能适用网站的任务、愿景、观众以及内容。当进入设计和实施阶段时,我们的思路就需要转变为自下而上地收集和分析内容。这个时候,内容映射表格就是信息架构的自上而下和自下而上两种思路的汇合之处。有时候,详尽的内容映射的工作流程包含把现存内容拆开或结合成内容块,使我们能够方便使用。内容块不见得是一句话、一个段落,或一张网页,而是将必须或值得个别处理的内容最小部分。

内容通常有各种来源,而且格式很多。内容必须映射到信息架构,才能清楚看到实施过程中什么内容应该放在哪里。因为不同文件格式差异性很大,所以我们不能期待来源网页和目的地网页之间有一对一的映射关系。有鉴于此,把来源和目的地的内容分别放置很重要。此外,在结合 XML 或数据库方法管理内容时,注意将内容和容器分开,这样可以简化内容块在跨网页再利用的过程。例如,顾客服务部门的联络信息,就可以在网站上各个不同网页中展示。如果联络信息变更,只需针对该内容块的数据库记录做修改即可。用户按一个按钮,修改的结果就会传遍整个网站。

即使是在为网站建立新的内容,内容映射仍然有必要。通常会以文字处理软件来创建内容,而不是 HTML 编辑器。因为像微软的 Word 这些工具有完善的编辑、布局和拼写检查功能,只需把 Word 文件映射到 HTML 网页,就可以完成新内容的创建。当新内容是由多位作者共同建立时,这个时候内容映射的需求就会更大,内容映射的流程就会变成重要的管理工具,以追踪这些不同来源的内容。

一般定义内容块的主观性流程应该由下列问题来决定:

①这部分内容需要分割成用户可能想分别存取的几小块吗?

②需要个别做索引的内容的最小单位是什么?

③内容在多份文件之间,或多次处理时需要变更用途吗?

一旦定义好内容块之后,就可以映射到其目的地,目的地可以是网页、手机或其他媒介。有时候必须采用较为系统的方法,为所有内容的来源和目的地做文件记录,这样才能确保有效的实施。我们可以为每一内容块指定一个唯一的 ID,如图 4-26 中的 ID(如 2.2.5.1)等。

内容映射流程的副产品就是内容清单,它可以描述可用内容,以及哪里可以找到这些内容。另外,也可以知道哪些内容空白需要补充等。根据网站的大小和复杂程度,以及生产用的流程和技术,有很多方法可以用来展示内容清单。对较大型的网站来讲,需要用文件或内容管理的方案,以管理大范围的内容。

内容映射图做好之后,就可以建立内容清单。内容清单都可作为需要建立的网页清单或页面架构清单在设计的不同环节使用。

4.3.6 建立内容模型

内容模型可以说是"微型"的信息架构,它由许多互相连接的小块内容构成。内容模型经常会被忽视,但其实这个组件很重要。

内容模型其实我们并不陌生,在日常生活中,菜谱就是一个内容模型。一般来说,菜谱其实就是材料、做法、菜名等内容的清单。如果我们只是改变材料的顺序,依然可以做出可口的菜肴,但是如果改变做法的流程,就可能很难实现所述的美味。如果将菜谱视为一个内容模型,改变材料的顺序显然不是关键逻辑,但是将步骤放在材料之前,或是将步骤的顺序打乱,那么这个模型就会被打破了。所以说,内容模型需要依赖一些关键逻辑的连接才能真正发挥作用。

1. 支持情境式导航

内容模型需要支持情境式导航，我们可以想象一下，如果要在 amazon.com 找一款相机，其实我们已经清楚表达了自己十分明确的信息需求。这样的需求远比刚抵达网站主页的用户更为明确。这个时候，我们会发现网站会不失时机地介绍一些吻合的需求或相关的产品。如图 4 - 32 所示，我们也会发现会出现"你可能也会对……感兴趣"的内容块。通过这样的方式，可以扩大用户对内容的感知。虽然我们可以通过网站自上而下的组织体系和导航系统实际找

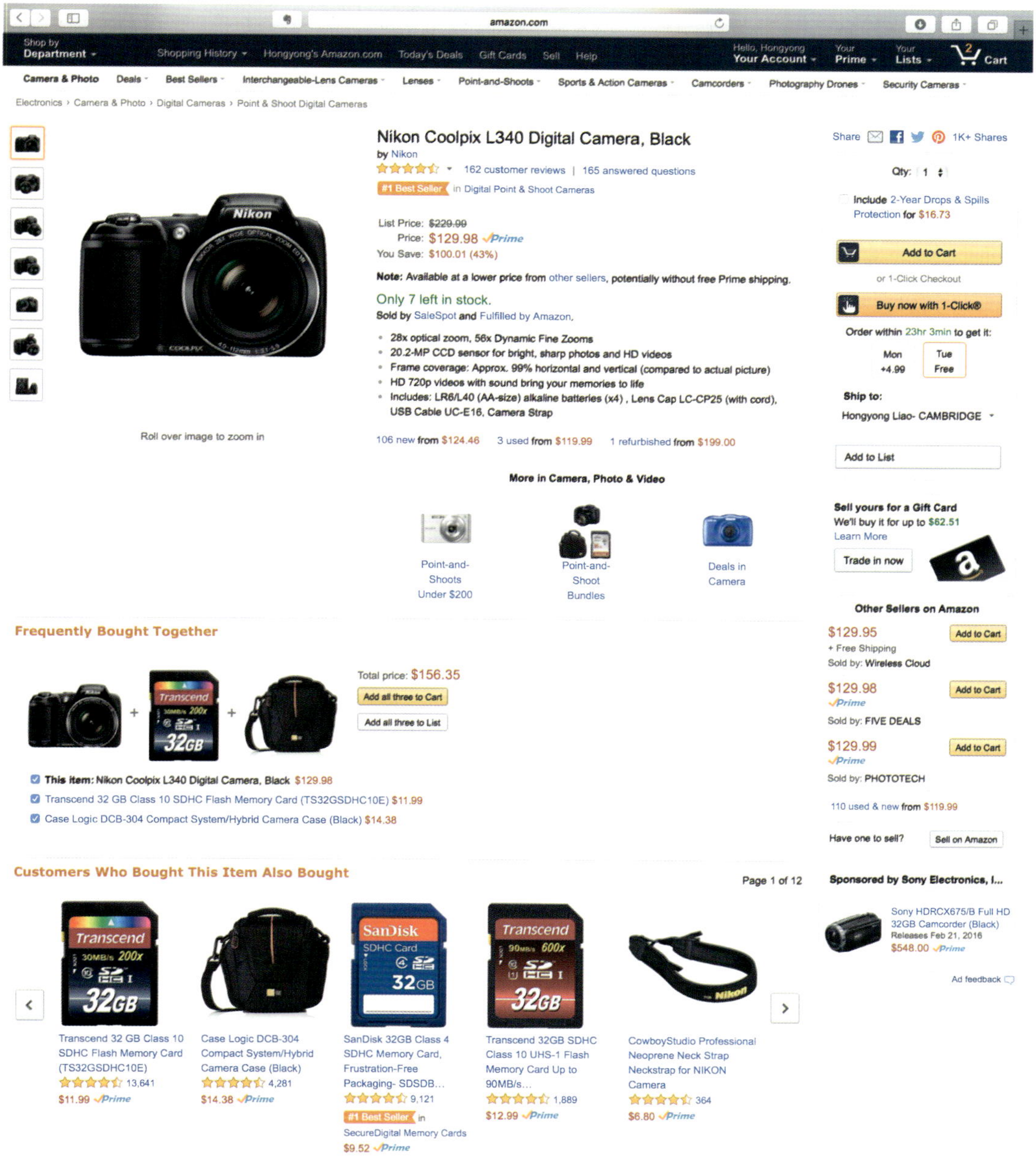

图 4 - 32　amazon.com 的情境式导航

到这些产品，只有当用户完全清楚并确认自己的需求时才会执行这个步骤，值得注意的是，情境式的导航其实是挖掘用户潜在的需求，而用户潜在的需求才是信息架构设计需要真正重视的宝藏。内容模型需要支持情境式导航，无论是交叉销售零售产品，把足球迷用户链接至球员成绩背后的故事，或者把潜在顾客引至产品规格的页面等，内容模型的情境式思维将是一个关键。

2. 对抗大量内容

内容模型也有助于解决大量内容并存时的问题。制作内容清单时，内容管理系统和数据库中埋藏着大量同质信息的情况并不常见，但是这种情况还是存在的，如果出现这种情况，就意味着必须解决如何处理大量内容的问题。例如，为手机卖场的电子商务网站做信息架构，但内容清单做出来之后，提供手机产品信息的公司可能发现每个机型的基本产品，其信息都有几十个内容块、数千条读者评论，以及许多与附件有关的信息，加上手机产品页的外观、运作方式和行为，还有评论页和附件页，如此会发现内容几乎超出了管理范畴。如果每种内容块的运作方式都相同，可以使用内容类型的可预测性而将其链接起来，让这些用户可以从特定手机页自然移到其产品评论和附件页。我们甚至还可以使得链接实时产生，而非由 HTML 编码者决定是否应该链接。让内容块之间的链接自动建立，意味着用户将受益于以更人性化的方式所进行的情境式导航，而我们也可以得到更多的价值。

研究与探讨

本章介绍的搭建信息架构的流程和方法具有一定普适性，但不见得适合每一种设计项目，我们需要用更为灵活的眼光来看待方法问题，尝试发现哪些例外可以补充我们的经验。但我们需要知道，经验都来自于项目实践的训练，请尝试寻找一个真实项目，依据本章提到的知识点，完成信息架构的设计，并对本章中提及的流程和方法进行验证。

第5章 创造价值:信息架构与网络营销

信息架构通过可用性来创造价值,当然也包括经济价值。在这个过程中除了对信息架构本身进行优化,还可以发展相关的营销理念,开发相应的商业策略。对于企业外部网站来说,易用性强的信息架构可以赢得效益;而对于企业内部网站来说,则可以提高效率,为企业传播夯实基础。

5.1 基于新媒体信息架构的营销理念

5.1.1 信息架构的商机

信息架构的商业价值一直都被许多设计师忽略,他们认为推销似乎是营销人员或是老板的工作,其实这不正确。信息架构的商业价值,设计师应该比营销人员,甚至是老板有更深刻的理解。因为对于大多数人来说,"信息架构"的概念是如此抽象,更没有人会特意关注这个抽象概念的价值,客户似乎对那些马上能创造价值,或能解决实际问题的软件工具更感兴趣。

有些人的确看到了信息架构的价值,但是他们不知道该如何说服他们的同事。也有些人可能隐约感到了信息架构隐藏的价值,但是以他们已有的经验,没有办法给出更有效率的投资建议。作为设计师,我们需要从专业角度告诉他们能够为他们创造价值的信息形态是怎样的,因为只有我们才能更深刻地了解信息架构实际的价值,而且整个信息架构的设计过程,其实我们都在捍卫这些价值。当面对客户、同事时,我们需要让他们了解我们所从事的工作,并学会"营销自己"。所以,信息架构的设计师偶尔也需要扮演业务员的角色,项目开始之前或项目进展之时都是如此。

营销的确很重要,但是,销售信息架构时会牵涉到什么呢? 首先就是销售对象(客户)了。我们可以把与之相关的商业界人士分为两类:一是数字派,二是极端保守派。数字派的人总是需要数据让他们做决策。他们要看到让他们动心的数据才行,比如说:"如果我们投资 X 元做这个信息架构,我们会多花费 2X 元或多节省 2X 元。"数字派的人往往以理性思考投资回报率的问题,并将客观数据作为商业决策依据。极端保守派的人只做感觉对的事。他们相信直觉,常常依赖直觉和经验做判断。当他们做决策时,会考虑无形的资产和长远的回报。他们会常常怀疑数字以及数字是所描述的"真实世界"。那些成功的设计案例,对于保守派来说只不过是幸运而已,他们认为会有许多无形的难以掌控的东西影响项目的收益。

信息架构对于企业的内部网站来说,可以大幅省成本;而对于企业的外部网站来说,主要是帮助提升用户任务流程的平顺程度,使得用户能够更为方便地达成意愿。例如 Bestbuy.com 网站希望通过信息架构的改良和设计提升网站的销售,他们发现,大部分人在他们网站上没有成功完成购物交易的原因,主要是之前繁琐的注册过程,以及复杂的搜索和导航方式。因此他们针对这些问题,进行了重新设计,将注册方式简化为进入网站时只需要一次性输入 E-mail 地址即可完成注册,后续的信息等到用户建立了购买信心后,可自行完善,这个颇具诚

意的注册引导,在短期内为 Bestbuy.com 吸引了大批的注册用户。在图 5-1 中可以看到,用

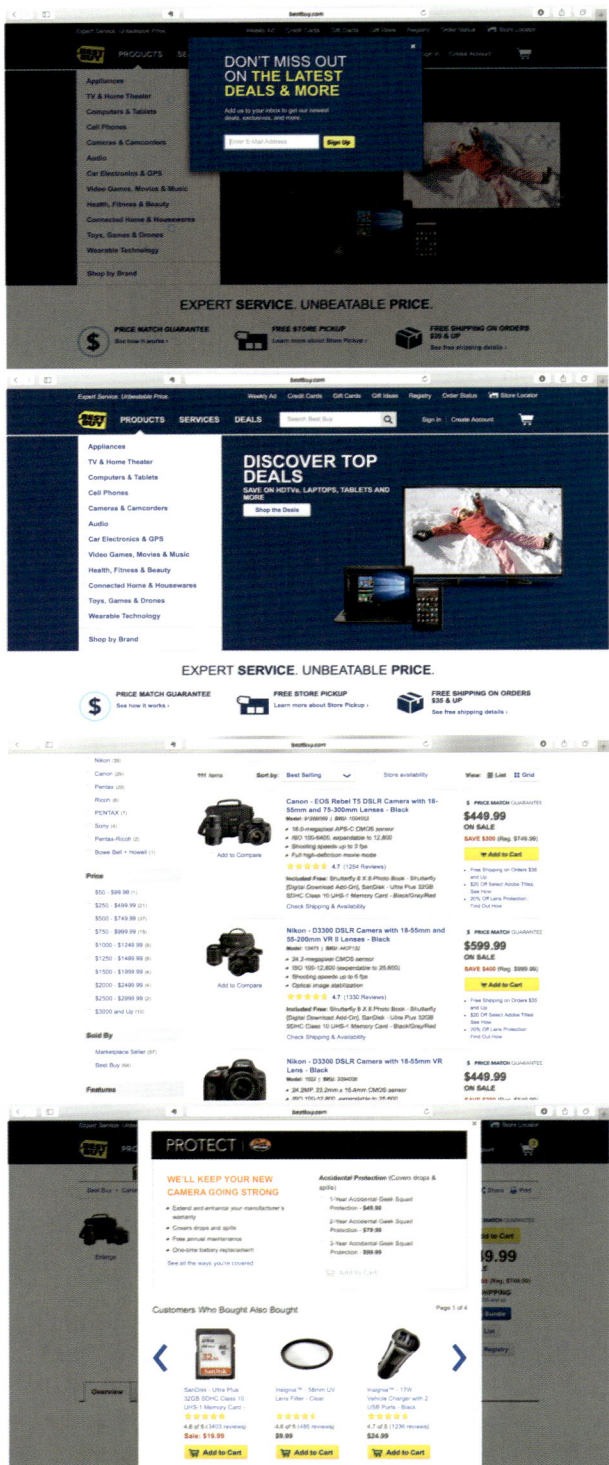

图 5-1　Bestbuy.com 的信息架构优化

户在进入网站后，产品的索引导航和搜索框会清晰展现，用户可以用最快的速度达到产品目录页面，并可以通过索引的条件，将检索的结果控制在可管理的范畴。通过将购物车的颜色突出显示，并进行恰当的文本引导，购物车生成的可能性大幅提升。在购物车页面的信息架构，对于周边产品的覆盖和附加服务的宣传也做得十分到位。通过这些对信息架构的优化措施，大部分的访客都能顺利完成购买，网站的营业额与之前相比提升了四倍。图 5-1 即是改良后的 Bestbuy.com 网站。

对电子商务网站而言，信息架构对于商业利润有着直接的促进作用。例如，IBM 在重新调整网站的搜索系统后，大幅减少了技术支持的服务工作量，从而缩减了相应的人员开支，提升了商业的效益，同时也使得网站的购买率增长了两倍，图 5-2 所示是 IBM 优化后的搜索系统。

有些信息架构方面的优化，比如说在 UCD（User-Centered Desgin，以用户为中心的设计）层面的设计改良，都可以对网站的性能有直接和可量化的改观。因为信息架构的工作成本可以进行估算，那么投资回报率的计算结果也会相应容易获得。但是需要注意的是，我们只可以将投资回报率当成理论来谈，但设计师没有必要掉进那些投资回报率实证数字的错误宣传中去。

为什么投资回报率评估是不可靠的呢？其主要理由有三点：

第一，完整的信息架构其好处无法量化。一般而言，我们可能评估出架构中个别组件的投资回报率价值。例如，可以找出用户浏览"宽且浅"与"窄且深"的等级体系之间的差别。或者，我们可以评估用户对于展示搜索结果各种方法的反应如何，但这些结果并不能说明投资回报率的实际数字，即信息架构是由很多这一类的组件所构成，这些组件具有一定层面的代表性，但它们与投资回报率之间是否存在绝对的关联，到现在为止还不得而知。因此，去评估单个的架构组件通常是错的，因为单个组件的性能很可能受其他组件的影响。如前所述，用户通常会综合使用搜索和浏览工具来搜寻信息。所以要同时衡量搜索性能和浏览性能才会比较合理，毕竟，这是网站使用的方式。但是，要同时衡量这两者是有一定难度的，因为我们没有办法把对于每一组件个别性能的影响都分割来看。衡量一个信息架构组件的性能是"有用"的，但是，这样的关于"有用"的判断并不能代表整个信息架构。

第二，信息架构组件的好处也无法量化。虽然信息架构的价值大于其各部分价值的总和，但是，其各部分的性能有很多方面也无法做到真正量化。例如，很多衡量搜索性能的努力都集中在用户找到答案前需要点击多少次以及花费多少时间。如果用户只做已知条目的搜索，这是合理的，因为网站上有他们问题的"正确"答案，因此，他们的搜索进程可以一致且有可测量的"终点"。但是，实际上很多网站的用户都在做全方位的搜索，而这一类的搜索通常都是没有实际"终点"的。还有就是很多用户无法在网站上找到他们所需要的东西，这种情况也是很常见的，但基本无法测量。在有些情况下，我们可能需要询问实验对象，他们是否满足了这些结果。但是，其实许多用户不知道他们不了解什么，他们可能漏掉了最佳、最相关的内容，但他们根本不知道有这种内容存在。

第三，大部分宣称已量化的信息架构收益，其实无法考证。当我们看到那些"每天员工工作可以节省几分钟"的数据，或者是重新设计的购物车增加了多少销量，其实这些都是预测数字。到头来，我们还是没有办法证明这些省下来的时间是用在了有生产力的事情上，还是去游戏消遣了。增加的销量是因为进行了重新设计，还是因为其他的原因，比如说季节因素或节假

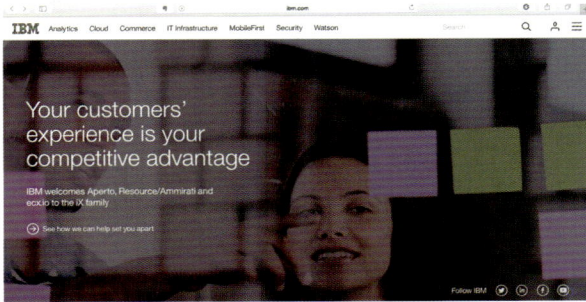

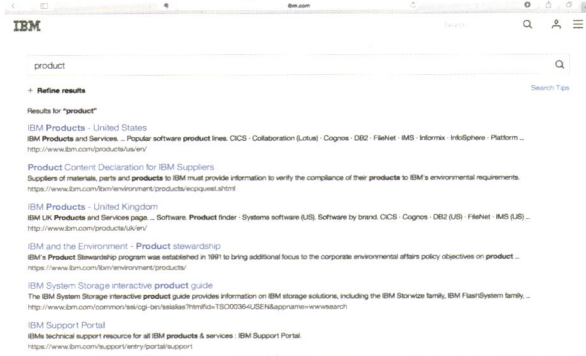

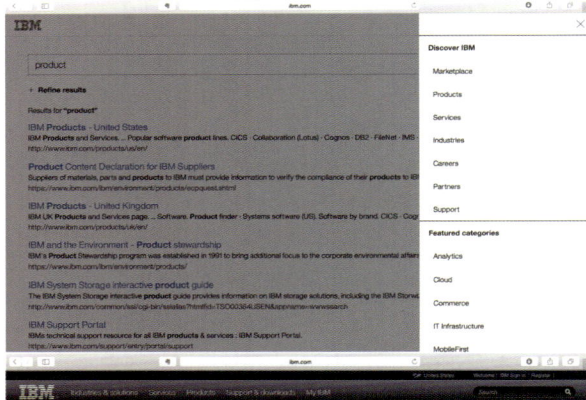

图 5-2　搜索系统优化后的 IBM.com

因素等亦无从证实。总之，除了重新设计之外，还有很多因素会影响结果。电子商务的收益成长是因为信息架构比较好，还是因为有更多的冗余的链接通向了网站的服务器？抑或是因为网站用户的整体数量增加了？有很多无法控制而且时常未知的变量需要考虑，因此，验证这样的衡量结果往往都是不可能完成的任务。

信息架构在很大程度上是关于人的议题。因此，不可能像其他领域那样可以量化，但问题是，对信息架构了解不多的人，常常会把它与其他技术领域的概念混淆在一起。事实上，和信息架构有关的数字只能当作数字看，它们无法切实验证。但是，这并不表示这些数字无用，毕竟，投资回报率只是众多工具之一，我们需要用更加综合的视野来看待信息架构的回报问题。

对于数字派而言，我们的确需要拿出那些关于投资回报率的数字，这样才有说服他们的可能。但无论如何，拿出的数字最好要精确，让他们知道我们没有假装证明了什么，只是预测某种从来没被检测过的价值，而且这些预测是有依据的，毕竟我们推销的是观念，并且我们会尽力让这些观念发生实质的作用。

保守派对数字并不感兴趣，因为他们常常跟着感觉走或者跟着经验走。如果保守派对信息架构或相关议题有直接经验，这样再好不过了。在讨论项目计划时，我们只要把合作的参考框架制定出来即可。但是，如果保守派没有什么相关经验呢？其实，讲一个与之相关的"故事"通常是引导他们参与相关讨论的最佳方法。故事会让他们融入其中，感受对方的所需，使其有可参照的对象，让他们看见信息架构在某种情况下的作用。

以下有一些可供参考的方法：

1. 用户感受的"体验营"活动

让那些不常用 Web 的决策者坐到浏览器前面，用他们自己的网站完成三到四项常用的任务（如果自身没有建立网站，就用竞争者的网站）。就像标准任务分析活动那样，要他们把心中所想大声说出来，把他们遇到的问题写在白板上。然后，检查这些问题，找出哪些是由不良信息架构或其他设计问题所引起的。他们会发现，其实很多问题都与信息架构相关，这会令他们印象深刻。

2. 专家网站评估

评估网站的信息架构可以做得很简单。可能只要花 10 分钟探索网站，就可以找出多个信息架构的主要问题。无论是用怎样的方式，比如说访谈和焦点小组等，都会让人印象深刻。做这样的评估，不仅需要对客户的网站有足够的了解，还需要洞察那些可能客户连自己都不清楚的问题。等待"外人"的评估，尤其是专家评估，企业内部会严阵以待，因为外来的意见对决策者而言，通常比内部员工来得更有分量。如果是预算足够的话，当要把信息架构的价值传达给那些重要的项目相关人时，求助外部专家起到的作用有的时候会超出预期。

3. 策略会议

策略会议通常是 1～2 天召开一次，基本的形式是把决策者和客户聚在一起，对他们做一些信息架构的简单介绍，让公司的策略以较为轻松的方式进行讨论，了解信息超载、组织信息和存取途径的问题，以及这些问题对策略的影响程度。配合网站评估，策略会议通常很有效，因为这让客户可以了解某些未知的问题，还可以为他们提供与设计师沟通的平台，把那些需要沟通的问题加以解决。策略会议还有附加的优点，那就是因为是以群体的方式完成的，参与者比较容易产生协同感，思考的问题也会容易达成一致。

4. 竞争性分析

当网站和竞争者的网站摆在一起时,网站的信息架构议题就会很自然地聚焦。在这时其实是一种非常有利的心理状态。通过比较架构组件和特色,可以让客户看到这个行业中其他人是怎么做的,以及本网站为什么要这么做,应该采用怎样的创意观念,怎样的设计思路。这时其实是让客户了解信息架构最好的时机,此时也容易找到与客户思考的共同基点。

5. 比较性分析

并不是每个人都有竞争者,当所做的工作是其他人还没有开始进行时,就可以寻找同类或有参考意义的对象做比较性分析。找到可比较的对象,应该要发现现实中的可比性,此外还要与那些做得"最好的"比较具体层面,越具体越好,比如搜索界面或购物车的信息架构组成等。有一点值得注意,那就是我们要知道其实做得"最好的"未必是来自相同的行业,所以做比较性分析,我们的视野需要放得更广一些。

无论采用以上哪种方式,都需要参考以下建议:

(1)"所需"是最重要的发现。

除了投资回报率数字之外,要努力找出客户的"所需"。寻找"所需"并不简单。虽然很多人都听过"信息超载"这个术语,但很少有人会把信息和策略性想法放在一起思考。他们从来不知道可获取的信息其实是很有价值的商品,而且要让信息变得容易获取和管理时,就需要付出额外精力和专业知识。很多决策者不需要直接面对信息系统,例如,了解公司的企业网站。他们认为这是基层员工的职责,因此对网站内容缺乏具体了解,有时甚至毫无概念。这个时候最好的工具就是"抓住所需讲故事",把观点和竞争性分析扩展开来,融到具体的情境中,在情境中制造焦虑和体验,迫使他们面对问题。

(2)"讲明白"已经成功了一半。

有时候即使他们了解"所需",也常常找不到合适的语句来表达这种"所需"。信息架构问题对于他们而言是陌生的,除非他们能清楚说明造成他们困扰的地方,否则任何专家顾问都无法代劳。这就是为什么信息架构如此重要的原因。信息架构会提供一组观念、术语和定义。通过这些语言,我们可以比较专业地表达有关信息的"所需"。如果可以让客户了解信息架构的语言,那么就可以和他们沟通,共同合作解决实际问题。其实,花费一两个小时的策略会议对信息架构做介绍是教育引导客户的好方法。在初期的报告中加入一些教学材料,或者放入一本经典的信息架构书籍,也是拓展言词的好方法。

(3)不要高高在上。

"信息架构"听起来似乎是具有高难度的。要对这个问题有充分的认知,要接受那些隔行如隔山的反应。然后,要用其他语言或更为通俗的方式解除专业术语所带来的沟通障碍,那就需要我们用"生活中的语言"描述信息架构,以及描述信息架构能解决什么实际问题。

无论用哪种技巧来说明信息架构,以及是否采用定量或定性的案例说明问题,对于案例或故事而言应有一个清单。不妨先试想项目的实际情况,以及正在处理项目过程中的某个阶段(销售前、销售中,或者项目进行中)。然后,当准备说明内容时,要检查这份清单以确保有没有漏掉以下任何要点:

①减少寻找信息的成本;

②减少找到错误信息的成本;

③减少找不到信息的成本;

④提供竞争优势;

⑤增加产品曝光度;

⑥增加销量;

⑦让网站的使用有更愉快的体验;

⑧改善品牌忠诚度;

⑨减少对说明文件的依赖;

⑩减少维护费用;

⑪减少培训费用;

⑫减少人员流动;

⑬减少组织的变革;

⑭减少组织的政治活动;

⑮提高知识共享的程度;

⑯减少重复努力;

⑰加强商业策略。

最后,无论选择哪几点或哪种方法说明信息架构,都需要独特的解决方案。因此,灵活变通很重要。由于相同的工具,比如电子表格,或者可视化的软件都在被使用,因此这个时候更需要寻求特色和与众不同。

5.1.2 基于信息架构的商业策略

在实践中,信息架构和商业策略之间应该有共生关系。显然,网站的信息架构和商业策略应该通盘考虑。所以,商业策略可以驱动信息架构,而信息架构也应该服务于并提升商业策略,两者间的沟通是双向的。信息架构设计的流程会把商业策略中的分歧和不一致性揭露出来。

信息架构与商业策略的关联可以从图 5-3 中看到。信息架构和商业策略其实是一个循环影响的过程,通过信息架构,可以为商业策略注入创新的理念,并进一步揭露分析其中存在的问题,促成商业策略的调整和重新定位;商业策略通过驱动设计和告知实践来实现对信息架构的完善和优化。从理论层次而言,信息架构的完善还必须从现有的商业策略领域中汲取很多的东西,这不是偶然的匹配,而是因为这两个领域有很多的共通性。这两个领域都有高度的

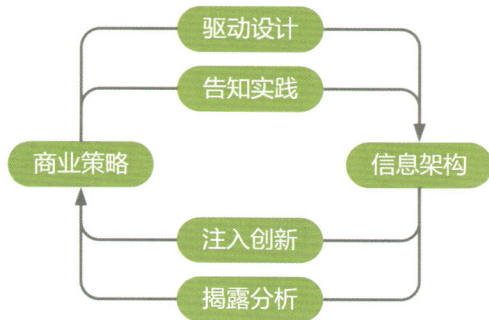

图 5-3 信息架构与商业策略的关系

不明确性和模糊性,即都是无形的,无法从投资分析中找到具体量化的结果。此外,这两个领域都会对机构产生影响,甚至决定机构的生存与否。信息架构的设计师和商业策略人员不能在象牙塔中工作,也不能被狭隘的部门观点限制住。

从某种意义上说,信息架构在体验设计和知识管理的大伞下,可以对商业策略的创新给予更多的机会和挑战。因为互联网行业的创新意识正影响着各行各业,在全新的虚拟空间中如何寻求新的发展是传统行业迫切需要解决的问题。毫不夸张地说,如果仅把互联网科技看作救命稻草的企业必将走向衰落,成功总会属于那些懂得结合新媒体技术来进行策略谋划的企业,他们在市场上总能找到自己的一席之地,并能不失时机地获得发展。信息架构在获取市场优势这样残酷的竞争中,扮演着相当重要的角色。

迈克尔·波特在《竞争论》一书中,将策略与经营效率作对比,他指出经营效率是执行类似工作时,比对手做得要好。从某种意义上说,波特的经营效率包含效率,但绝不局限于效率。他指出经营效率对商业成功与否来说,是必要条件而非充分条件。然后,他阐述他对策略的理解,他认为策略是建立一种独特而有价值的定位,而且会牵涉到各种不同的执行路径,策略的本质就是在于执行,跟对手相比,以不同的方式执行,或是做不同的策略。在波特看来,策略比效率似乎更重要,正是因为在各种执行路径中,进行恰当的判断并付诸实施,才能够获得持久的竞争优势,最终体现于远的获利上。

那么,如何让信息架构的设计和商业策略能够彼此合作?必须先把企业价值追求提炼出来。这对大型机构而言,并不是一件容易的事。需要了解一些问题,例如:

①你们公司的优点是什么?
②你们公司的缺点是什么?
③你们公司与竞争者之间的差异是什么?
④你们如何能打败竞争者?
⑤你们的网站或企业网络要如何体现竞争优势?

……

对这些问题,继续深挖是很重要的。必须跳出企业网站所陈述的目标,试着去了解整个组织的宏伟目标和商业策略。通过这样的方式才能够了解企业面临的问题,从而通过信息架构对这些问题加以回答和解决。因此,信息架构的设计师必须有问题意识,并以问题导向展开设计。为了了解情境、用户和内容如何交织在一起,我们通常会揭露商业策略中的不一致性和分歧,特别是这些问题和网站之间的关联。

在很多情况下,问题是可以解决的。有一家公司对顾客的服务做得很好,却没有把这种顾客服务整合到网站上。或者,一家口碑很好的网络书店甘冒失去顾客信赖的风险,偷偷在搜索结果中提升那些向它提供赞助的出版社的排名。虽然这些问题似乎多少都有一些眼前效益,但从长远发展来看,都会得不偿失。

其实出现这些问题是企业将要陷入危机的征兆。例如,一家全球500强公司因为一些内部原因,需要做很大的整合动作。其美国的部门有一个正式的、中央控制的、自上而下的企业网站。其欧洲的部门有很多分布式的、非正式的、自下而上的部门网站。大西洋两岸的决策者们对企业网站有各自迥异的想法。计划是什么?设计一个单一整合的企业网站,强调行政统一的公司形象。事实是什么?两个差异很大的文化在公司全球化规模上彼此冲突。像这样的情况,单靠信息架构解决不了实质的问题,如何消解文化差异和全球化之间的矛盾,就成了关键。

　　一般认为，SWOT 是策略规划的最佳模式。SWOT 是指在外部环境造成的机会（Opportunity）和威胁（Threat），以及内部优势（Strength）和劣势（Weakness）的分析中找出企业的定位和机遇。SWOT 分析可以在课堂上进行，或者在决策者的办公室里进行。SWOT 分析的确可以客观地评估公司内部的能力和外在的环境，然后仔细明确地做出策略计划，交由组织的员工去实践。这种模式有高度的适用性，在很多情境下，SWOT 可以说是规划商业策略的最佳方式。

　　但是，SWOT 也绝不是唯一的方法。我们应该采用多种定义、多种方法和多种视角来看待策略规划问题，也应该注意早期的趋势走向，它会指出信息架构的设计新思想和新方向。我们应该从高度集中控制、自上而下的方法开始，尝试使用那些谨慎的计划，得出稳定的实践方案。表 5-1 就是比较自上而下和自下而上的两种信息架构设计方法，可以找出各自的特色，根据实际的情况，分别考虑使用。

表 5-1　自上而下和自下而上的 IA 设计方法

自上而下的 IA 设计方法	自下而上的 IA 设计方法
愿景性	描述性
有计划的	突现的
稳定的	可适应的
集中式的	分布式的

　　当我们面对观念的选择问题，一个有趣的问题产生了。是建立信息架构，或是将信息架构显露出来？在《信息生态》一书中，Thomas Davenport 和 Laurence Prusak 对此议题表达了他们的看法。从生态观点来看，通过信息映射找出当前有哪些信息可用，以及可以在哪里找到这些信息，是信息架构设计较为合适的方法。信息映射是展示信息环境的指南，它能描述的不仅是信息的位置，还有谁对该信息负责，该信息有何用途，谁拥有该信息以及如何获取等。信息映射在处理信息可获取性上的确具有一些作用，但这并不能否定其他方法的价值。在很多时候，我们都是盲人，而信息架构是大象。作为信息架构的设计师，我们也应该善用这种不可见性增加激发探索欲望。毫无疑问，面对一些新生事物，我们必须面对冰山一角的问题，但需要意识到未知世界的存在。如图 5-4 所示，在我们习以为常的界面之下，有非常的内容组件支撑着其可用性。但大部分的客户都只看到了界面，却无法理解底层结构的意义。

　　悟性再高的设计师也需要了解蓝图和框架图对网站开发的重要性。但是，很少有人会真正去了解蓝图和框架图下面的层次，这些部分对构建成功的用户体验而言，扮演着关键角色。忽视深层的信息架构要素就会导致短视、肤浅而且命运多舛的项目。了解到应该自下而上建立结构需求的人，通常会有更多的优势。因为这种结构需求的设计，从外部无法看出来，需要有一定的洞察力。

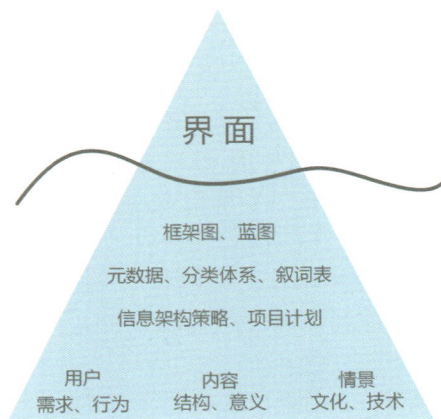

图 5-4　在界面之下

5.2　能卖东西的信息架构

5.2.1　信息架构的目标指向

做信息架构时,很多企业经常会忽视的一个问题就是明确定义信息架构的目标。这个目标必须是实在的、可以操作的,用来指导网站设计及所有网站运营行为的,而不是口号化的、敷衍了事的。

网站信息架构的设计目标必须在动手建立网站之前的策划阶段就确定下来,而不能走一步看一步。在很大程度上,网站设计过程中遇到的具体问题,取舍的标准就是看是否有利于达成网站信息架构的目标。需要注意的是,这里所说的信息架构目标是呈现给企业运营的决策者,而不是呈现给用户、投资人。在一些网站项目策划书上写的信息架构目标,往往都是空洞不着边际、无法操作的。诸如将"促进公司在线销售增长 20%"作为信息架构的设计目标,看上去似乎是让人热血沸腾,但实际上对网站的运营也没有直接的指导意义。

信息架构的目标要非常明确,具有可操作性。但是很多时候没有经验的人不一定能正确定义信息架构的目标。最常见的错误就是把信息架构的目标制定得过于宽泛,无法指导实践。比如有的决策者可能认为网站的目标是赚钱,或者是促进销售,或者是建立网络品牌,这些看似正确的目标,却不能真正指导信息架构的设计实践。

其实,对于网络营销人员来说,信息架构的目标就是引导网站的浏览用户成为网站稳定的忠实用户。

1.信息架构目标指导网站建设

信息架构的目标又反过来在设计网站的整个过程中指导营销人员做出判断和决定。在具体设计时,应该从各个角度促使浏览者采取设计师预想的行动,即想尽各种办法推动浏览者达成所设定的信息架构目标。颜色的选择、图片的添加、页面的布局、每一句话的文案写作、结构的框架,所有这些无不是为了指向同一个目标和方向。

以下是几个例子:

①添加一个箭头的图片是否能把用户目光吸引到箭头指向的关键信息上？

②添加一张员工的真实照片是否真能增强用户信任？还是仅仅是因为页面会因此更美观？

③包含促销信息的旗帜广告用在购物车的页面，会不会分散用户注意力？尤其是在后面付款页面中是否还有显示的必要？

④电子杂志注册表格仅放在电子杂志说明页面，还是放在所有页面最显著位置？广告旗帜、导航和电子杂志注册表格哪个更接近网站目标？

⑤免费试用版软件下载前是否要求用户留下姓名和电子邮件地址？下载和收集邮件地址哪个是网站目标？

⑥"免费下载"文字或图片是否可以放大？

如果决策者在设计网站时不清楚信息架构的目标是什么，也就意味着，他们不清楚让浏览者做什么，那么应把所有的资源集中在信息架构目标的实现上。浏览用户来到这个网站，自然开始毫无目标。明确了信息架构的目标，在网站建设工程中才会有意识地采取各种手段，把用户引导到信息架构目标的"终点"，这就是事先明确信息架构目标的意义所在。

2. 信息架构目标的确定原则

优秀的网站信息架构目标应该具备下面几个特点：

（1）现实性。

现实性即是不给用户增加难度，设定那些需要克服困难才能达成的信息架构目标。如果说网站销售的是价值几十万，甚至几百万的工业设备，网站目标就不要设定为直接在线销售，而是应该把目标设定为让浏览用户能够主动联系企业，或者询问进一步情况，包括索取报价单、产品目录，或者直接打电话给销售部门等。总之，如果将目标设定为让用户在网上直接订购如此大金额的产品，肯定是不可能完成的任务。

（2）可测量性。

网络营销相比传统营销最大的优势之一就是营销效果可以精确测量并分析，并在此基础上可以快速改进营销手法，信息架构目标的设定也同样如此。决策者想让浏览用户所做的事，可以通过某种方式进行测量。有时候测量的方法非常简单明确，比如说产生在线订单，或注册电子杂志，下载软件、电子书等，这些都会在网站后台或服务器日志文件中留下明确数据。有时候则需要用一些其他方法才能使网站目标的测量可以实现。比如，辅助实体店吸引用户打印折扣券的情况。虽然用户打开折扣券所在的网页，是否打印，网站是不可能知道的，但要想测量这个目标，就需要结合诸多方法，比如，折扣券所在网页的浏览次数，折扣券在实体店被使用的次数，如果技术条件允许，还可以动态生成折扣券序列号等。

（3）行动性。

信息架构目标应该是特定的用户行为，也就是用户要采取行动的一件具体事情。无论是生成订单还是注册电子邮件列表，或者下载、填写在线联系表格，打电话，点击链接等，这些都是十分明确的用户行为。有一些似是而非的指标就不是真正的信息架构目标，如网站流量增长 10%，或用户转化率增长 1% 等。这些可以是写在企业内部报告上的网站目标，却未必是设计网站时用于指导网站设计实践的信息架构目标。

（4）明确单一。

在很多时候，信息架构的目标都是明确单一的，其指向性不能太多，否则在建设网站时，或遇到一些需要做决策的问题时,就非常容易产生冲突,并难以抉择,网站的设计也就容易造成重点不突出的感觉。其实单一目标是最有力的,这样能够使设计的精力高度集中,而且容易在创新上出彩。在某些特殊情况下如果单一目标达成困难,可以加一个辅助目标,但是千万不要面面俱到,既想让浏览用户做这个,又想让浏览用户做那个,结果可能是什么都没达成。如购物类网站,第一位的信息架构目标指向的当然就是生成购物车,并产生实质性的销售,如果浏览用户在网站没有购买任何东西,就应该想办法让浏览用户注册电子杂志,作为目标的辅助。

精确设定信息架构目标对于网站的设计运营和推广都有不可忽视的指导意义,是运营网站过程中面对很多选择时做出判断的依据。

5.2.2 以网络营销为目的的信息架构

大部分消费者上网是为了寻找信息,而不是为了购物。那些很明确要在网上购物的消费者,也自然是货比数家。毕竟在网站上比较性能、价格,比在现实生活的购物中方便很多。所以,流量与销量之间并没有必然的因果关系。电子商务网站需下工夫提高用户的转化率,引导浏览者转化为客户。这个引导浏览用户掏钱购买的过程是要经过细心设计的,而不能让浏览用户毫无目标地乱转,更不能让用户如猜谜语似的摸索。

1. 为目标用户设计网站

有经验的网络营销人员都明白一个道理,在网上产生流量并不难,难的是产生来自目标市场的精准流量。

对漫无目的浏览时,偶然通过点击广告来到网站的访者,他们心里完全没有购物的欲望,也不知道会在这个网站上能看到什么,这样的流量要想转化为付费用户是相当困难的。而一个在育儿知识论坛点击贴子中介绍的尿不湿产品链接后来到网站的用户,在点击之前就已经知道将要去的网站应该售卖育儿产品,此时的用户即使没有购物计划,也至少对育儿话题感兴趣。这样的流量要转化为付费用户,则要简单得多。

在网站设计过程中,必须做到以目标流量或者目标用户为中心设计网站。无论是网站内容、视觉上的设计、促销上的安排等,都要考虑到是否适合目标用户的心理。一个在 IT 公司工程部门的编程人员,与一个正在抚养两三岁小孩的全职妈妈,其购物心理、浏览习惯无疑是差异巨大的。网络营销人员必须很清楚地知道自己的目标用户是哪些人,这些人有哪些喜好。

现实生活中不同人群的购物习惯很不相同。最简单地说,一般男人和女人在购物时,其行为方式就截然不同。一般男人在逛商场时比较习惯自己研究产品的性能价格,喜欢自助,而女人则更喜欢询问售货员,更喜欢听取别人的意见。网上购物也是如此,有的用户人群喜欢自己在网站上寻找需要的信息,有的则更喜欢寻找客服人员询问,或者到论坛里和其他人交流看法。再比如对促销方法的运用,有的目标市场对价格并不敏感,而是更关注于产品质量与规格。比如,工业设备这类产品的促销,重要的不是购物券、节日减价等之类的信息,而在于怎样全面展现产品特征,以及如何快速联系到销售员。有些目标市场对促销就很敏感,提供二三十元的优惠券、免费送货等促销活动,就可能是潜在用户选择在这里购物的直接原因。

2. 强有力的文案写作

在网站上,要靠文字内容说服浏览者购物:用户看不到我们人长得多么敦厚,说话表情多么诚恳,所有这一切都只能体现在文字上。优秀的文案写作是个专业训练的过程,要加强文学、心理学等方面的训练。除非售卖的是设计服务,否则仅靠精美的图形是不能卖出产品的。不得不承认,文字能够促进销售。强有力的文案写作就像一个好的游说者,它能让用户不知不觉地就被说服，心甘情愿地掏钱购买。

研究网站文案写作最主要的不是研究写作和辞藻的表达，文学水平高的文案也未必能带来很好的销售。其实从某种意义上说，网站文案需要研究的是心理。比如网页主标题的写作，浏览者来到网站，只有几秒钟的时间吸引他停留在网站上。这时候，网站的主标题就是吸引他继续看下去的最重要的手段。有太多的网站看上去像门户网站，文字内容面面俱到，但不知道特色在哪里。网站的主标题需要醒目地让第一次光临的浏览者一眼就看到，其内容要控制在 20 个字以内，并且引人入胜，使人不舍离去。

3. 诱导浏览者采取行动

对于电子商务网站的信息架构而言，必须要有一个明确的目标，也就是想让浏览者做什么。想让浏览者采取的行动必须能让浏览者清楚地看到这个行动对于他们来说的价值。如果是想让他们把货物放入购物车，那么放入购物车的那个按钮就要够大、够清楚、够突出。如果是想让浏览者拿起电话，就不要把电话号码隐藏起来，让它显示在最为瞩目的地方。如果是想让浏览者注册电子杂志，就要把注册表格放在所有页面最显著的位置。

（1）不要让用户琢磨下一步该做什么，能做什么。

在每一个用户可能停下来的节点，如页文字的小标题、文字结尾处、最打动人的口号等旁边，都要明确地告诉用户下一步该做什么，用各种手段把用户引导到信息架构目标的完成页面。如果能一直引导用户的目光和心理活动，那么完成目标就是一个水到渠成的结果，但值得注意的是，购买流程必须方便，尽可能地减少中间的环节，并且尽可能地减少信息输入和点击的次数。

（2）不要让用户琢磨该怎么订购。

很多电子商务网站使用的是第三方设计的购物车。在选择购物车程序时，购物流程是否方便是其中一个需要仔细考虑的条件。比如，是否允许浏览者登录之前就可以把货物放入购物车，还是一定需要先登录？如果一定需要先登录，很多人可能就会打退堂鼓。总之，让客户采取的行动必须越简单越好。想让用户注册电子杂志，只要留下电子邮件即可，忌问用户年龄、性别、电话、工作单位等，即使这些信息对于业务很重要，在信息严重泄露的今天，势必会影响用户的注册热情。

4. 尽可能详尽的信息

网上购物优势之一，就是用户可以在自己方便的时候慢慢查看详细的资料，所以网站的运营者应该把尽可能多的产品和服务资料放在网站上。如果用户在网站上能找到每一个问题的答案，即使有疑惑，他们亦能自己先行解决，这就在很大程度上减轻了购买的阻力。

5. 消除购买风险

不管在网上还是线下，所有购物的共同阻力就是购买风险。消费者害怕被骗，害怕产品质量太差，害怕产品不合适退换太麻烦，害怕购买了以后家人或朋友不满意等等。怎样才能把购买风险从用户身上尽量转移到自己身上，这是一个需要认真考虑的问题。网购更是如此，因为缺乏面对面的沟通，用户普遍缺乏安全感。

最好的消除风险的方式就是无条件退款。只要客户要求退货，立即无条件退款。当然做这个承诺时，需要把成本风险降到最低，对于一些可能带来风险的因素，需要限制在可控范围内，一旦确定了无条件退款的条款，就需要把它们明确地写在网站上，并确保用户能够看到。

信任是关键。在网站上销售的一大问题是通常客户既看不到要买的货物，也看不到销售者。当然线下已经有品牌知名度的企业并不存在这个问题,只要用户能确认打开的确实是公司官方网站即可。但我们应该看到,在互联网电子商务领域中,中小型企业毕竟占了绝大多数,用户事先并不知道公司的名称和背景,如何建立信任即是产生交易的基础。怎样才能让用户相信网站,确认所有的一切不是骗局,就成为一个关键性的问题。

如今,不时传出互联网上的骗局、网络欺诈、钓鱼网站等负面新闻。一些看起来很低级的骗局,却也总有成功的时候。不得不承认,确实有一些不良商家,产品质量不好或售后服务很差,给电子商务总体形象带来一些负面效应。的确,信任是网上交易的一大心理障碍。建立信任,让客户踏实地掏钱购买,是所有网络商家必须要完成的任务。

在网站上,没有真实的货物可以给用户观看或触摸,也没有业务员或售货员能面对面详细讲解,说服用户,用户无法靠察言观色来判断对方是不是骗子,也没有营业场所、写字楼或办公室可以证明公司的实力和背景。一切都要靠网站信息架构的细节使用户信任网站,信任网站背后的公司,这是一个至关重要的问题。

5.2.3 易用性及购物流程优化

国外有市场调研公司做过实验,10 个被测试人员浏览指定网站,给他们专门用来测试的信用卡,要求他们完成某个特定产品的购买。也就是说,基本不存在网站信任度、产品质量、文案水平、价格等方面的问题,被测试者是花别人的钱给自己买东西,而且是必须要买。测试下来,结果并不像想象的那么理想,平均只有两成被测试者能成功完成购买过程。像这种情况,用户无法完成购买的主要原因,只能归结于网站的易用性太差。也许这个成功比例在不同行业、不同目标用户群中会有变化,但不可否认的是,网站信息架构的易用性是很多网站妨碍用户购买的重要原因。

易用性是网站运营各个部门都要关心的问题,而不仅仅是网络营销人员。信息架构设计师、产品经理等都会对易用性投入很多精力,相关的研究也比较深入。本书就从网络营销的角度探讨网站易用性需要注意哪些问题。

对于电子商务网站而言,网站存在的价值就是要能销售。网站易用性最为直接的体现就是转化率的高低。这就意味着使用户更容易地找到产品,更容易地购买产品。对网络营销人员来说,提高易用性也就是在优化网站购买流程。总的原则就是一切越简单越好。图 5－5 是 Amazon 简化购物流程的图例,当查看检索结果时,鼠标掠过产品图时就会出现"选择条目"和"产品细节"两个快捷按钮,从而可以快速查看相关内容。如果确定购买的话,在界面的右边有"一键购买"的按钮,只要之前注册、登陆,并填写过支付信息,用户几乎可以在 1 秒之内完成购买和支付,非常快捷。总之,作为购物流程的信息架构,无论是用户阅读、浏览、理解内容还是最后的购买,都要力图简单。一般网购的用户都力图简便,寻找不到信息或购买流程复杂,他们就会转向其他网站。

简单是普遍认同的原则,问题就在于事实上没有什么是比使网站用起来简单更复杂更困难的事情。下面就探讨从哪些方面入手,可以提高网站易用性及优化购买流程。

1. 网页容易阅读

这是用户理解网站内容的基础。这里指的不是文案写作中提到的文字内容问题,而是怎样在视觉和形式上使文字更容易阅读。这里需要注意以下问题:

(1)背景和文字的颜色。有一些网站为了显示新潮和酷,把背景设为黑色,文字使用白色,或者其他类似的深色背景加浅色文字的配色方案。虽然,这与白色背景、黑色文字只是颠倒过

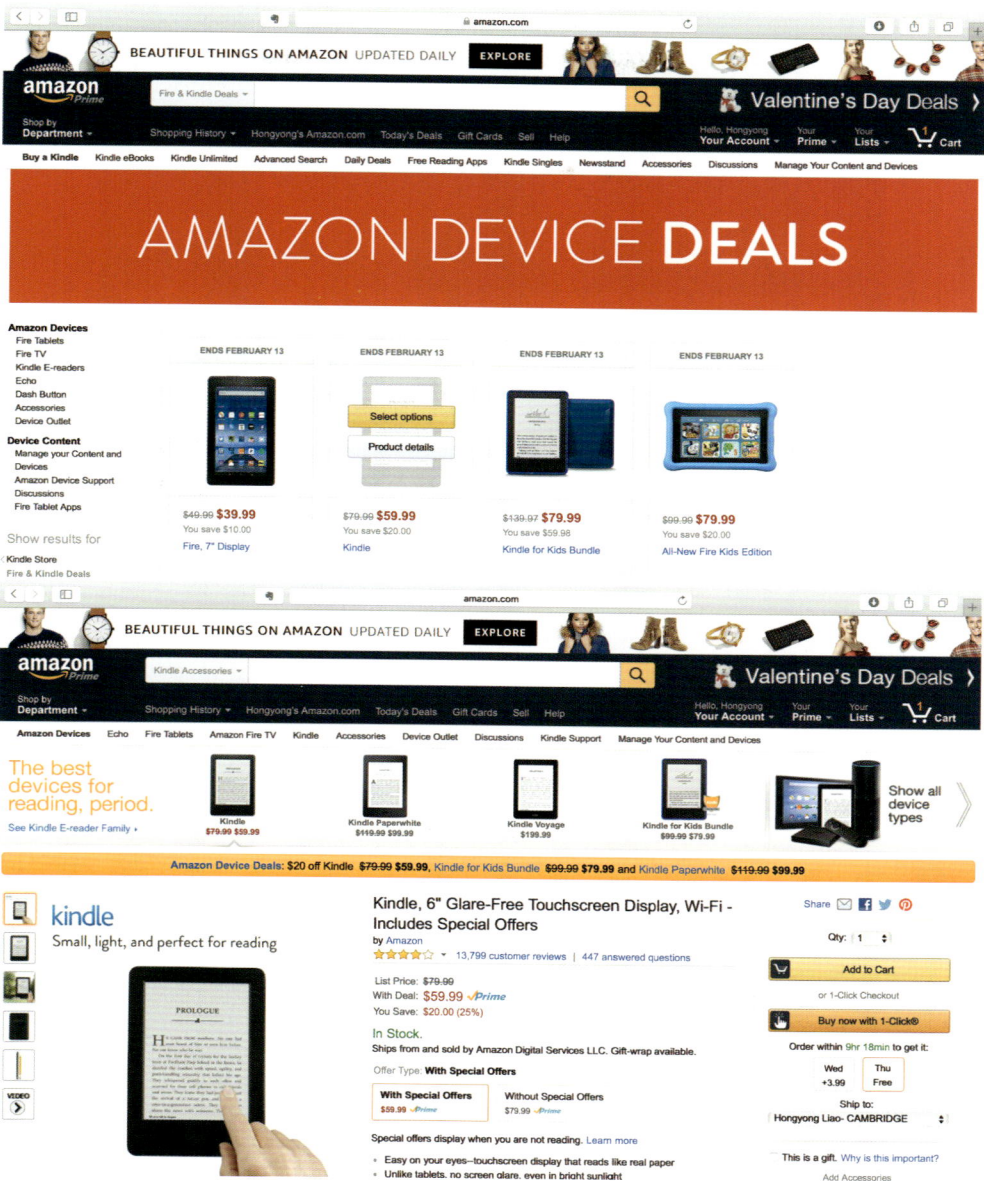

图 5-5 Amazon.com 对购物流程的简化

来,但对用户视觉的影响却非常大。更有的网站使用其他对比不明显的配色,诸如黄色背景绿色文字,甚至有的网站使用五颜六色的背景,这对用户的阅读过程来说,简直就是一种煎熬。

其实在网页背景及文字颜色上不要试图用太多设计技巧,一些关键性的文字就是使用白色背景、黑色文字即可。有时为了美化版面,可以使用非常淡的背景,其亮度与白色相差微乎其微,但在视觉上可能就已经起到很好的美化效果。

(2)文字排版需要严格把控。页面文字部分应该一目了然,即能抓住重点及分割的区块。除了页面大标题之外,可以在段落之间插入小标题,小标题字号稍大于普通段落文字,这样用户能够迅速知道文案分几部分,重点在哪里,可以根据自己的需要快速浏览,看到感兴趣的段落再认真阅读。

(3)网页文字最好使用比较短的段落,比如 3～4 行。如图 5－6 所示,用户读起来会感觉非常轻松。如果让用户阅读起来劳心劳力,自然不能激起他们的消费热情。

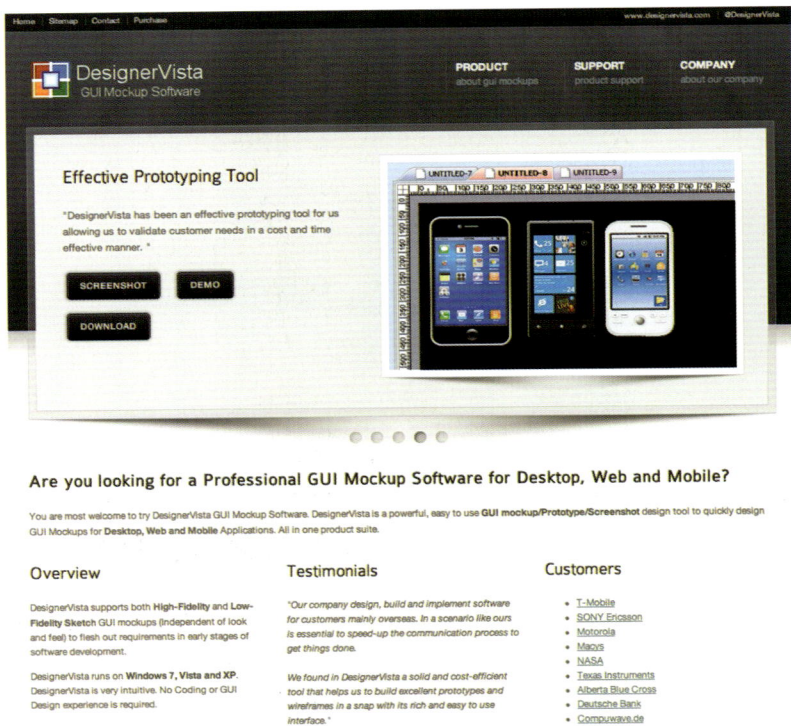

图 5－6　文字编排的设计

(4)除了标题外,段落中的文字也可以在需要强调时适当加粗,但是一定要谨慎使用。同一屏文字中,加粗的地方一般不超过三处,不然会起副作用。加粗的地方就是强调卖点的地方,如图 5－7 所示,在价格的文字上进行了加粗处理,通过这种方式强调了价格的竞争力。此外,除了加粗,也可以选择其他颜色的字体,如图中节省钱的数目就用了其他的颜色进行突出,这样也能起到很好的提示作用。

(5)尽量不要使用斜体。因为斜体文字的笔画看起来要比一般的字体细一些,而且笔画之间的留白也会相对小一些,这样识别难度就比正常文字要大,尤其是在计算机屏幕上时。在字号偏小的情况下,识别问题就会很严重。

(6)不要无故使用下划线。很多人都已经习惯下划线配以蓝色文字是链接的标准样式。所以不要试图挑战用户已经形成的习惯,不要为了强调文字,特别是蓝色文字使用下划线,这样会让用户误解。很多用户因为习惯问题,看到下划线就不由自主地把鼠标放上去,尝试能否点击,这是对正常阅读的干扰。在非链接文字上使用下划线会导致用户浪费时间,打断流畅的阅读,这势必会影响用户的使用体验。

(7)使用列表。在适当的时候使用列表,可以达到下面的效果:

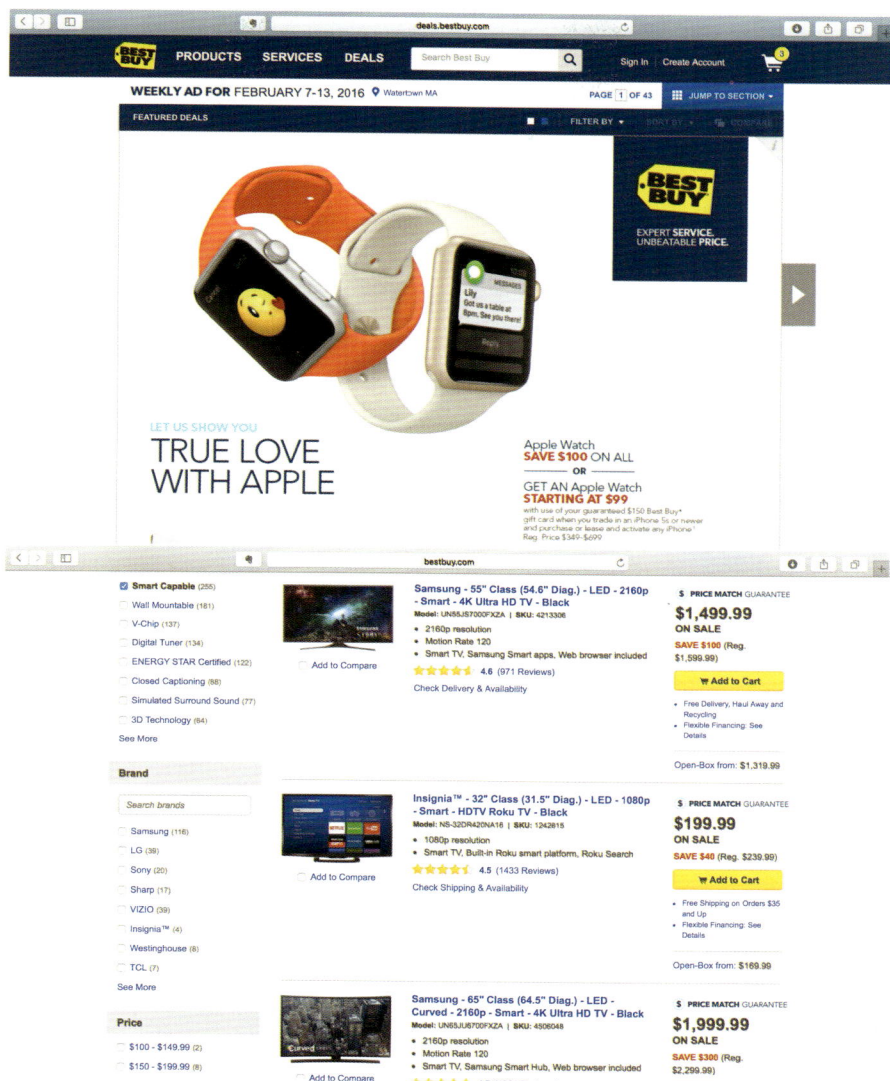

图 5-7　文字编排的设计

①排版整洁美观；

②思路清晰，利于理解；

③用户既容易抓住重点，又利于快速浏览。

使用表格，尤其是引用数据说明问题时，表格最容易吸引用户目光，因为这种方式可以最清晰的方式展现论据。

（8）分页与不分页。很多新闻或门户网站最喜欢分页，较长的文章会被分成几段，每一段结尾处标"下一页"，用户需要点击才能继续阅读。这些门户网站通常是为了提高页面浏览率，按显示页面收取广告费，甚至有时候只有三四百字的文章还要分页。但是商务网站千万不要为了页面浏览率而分页。如果可以，尽量不要分页。因为每次需要用户点击的时候，都给他们增加了工作量，也增加了不确定性。用户可能点击继续阅读，也可能不点击。不要怕很长的网页，只要文案写得够精彩，用户会还是会一直向下拉窗口，继续阅读下去的。分页往往会打断用户的流畅的阅读进程，给通往目标的道路上增加障碍。

（9）文字不要太宽。现在网页设计为了照顾越来越广泛使用的大屏幕，有的网页上还做了自适应的宽度设计，也就是说，无论用户屏幕分辨率是多少，页面上的文字排版将随着屏幕宽度自行调节，始终充满屏幕或占屏幕的固定百分比。这虽然强化了网页对平台的适应性，但也会造成一些问题。如果正文部分太宽的话，容易造成阅读上的困难。因为文字段落从左到右超过一定范围时，用户目光换行时就可能发生错误。所以尽量不要使正文宽度超过 500 像素。

2. 网站兼容性

网页成型后，切记一定要反复测试页面兼容性问题，包括不同的操作系统（Windows、Mac、Linux 等），不同的操作系统版本（Window10、Windows8、Windows7 等），不同的浏览器（IE、火狐、邀游等），不同的浏览器版本（IE11、IE10、IE9 等），一定要确保网页在上面所有系统中都可以正常显示，程序和功能都能正常使用。这一点其实是设计的基本常识，但有太多网站忽视了这些最基本的东西。在一些浏览器中，一些小的文字错位、重叠经常可以见到，这是较常见的问题。但有时正文严重错位，如第一屏只显示菜单，留下一大片空白，本来应该显示正文的地方并没有显示，需要把屏幕拉下来才看到正文，这属于很严重的失误。但最严重的失误是没有办法让用户在功能性的网页上实施最为基本的任务。例如，因为兼容性的问题，不能输入购买者的地址，甚至"确认"按钮丢失等。有的时候因为兼容性的问题，会导致出错信息反复弹出，这也会让用户失去购买的兴趣，在很多时候，用户不会认为自己使用了不对的浏览器，而是会认为网站出现问题，大部分用户不会去投诉，而只是会选择放弃。

3. 网站链接

网站链接有以下几方面需要注意。

（1）确保整个网站没有无效链接。规模较大的网站，可能因为种种原因而产生无效链接，主要有以下原因：

①人员变动，新员工对网站架构不熟悉；

②网站结构调整；

③整个目录更换了新的网址；

④页面信息过时被删除链接却没有更新等。

无效链接会减小用户的热情。用户本来是想查看更多的详情，却等到了一个"页面找不到"的错误页，失望的心情可想而知。可以经常使用链接检查工具来检查哪些是无效链接，这样就能尽可能地避免上述情况的发生。

（2）链接文字要有描述性。除了导航系统中的链接应该尽可能准确描述栏目或频道内容之外，正文中的链接也应该尽可能具有描述性，让用户在点击之前就知道将要看到什么内容。只有这样用户才能有效做出判断。如图 5-8 所示，当鼠标滑过链接的文字时，会出现一个提示框，这种方式十分有效，并且可以在提示框中做更为详细的分类，这样可以让用户更加精准地到达内容。

（3）设定链接标准颜色。这是习惯的问题。无论是网页设计师还是用户都已经习惯几种不同的链接颜色，还没点击的链接是蓝色，已经点击过的链接（访问过的网页）是紫色，正在被点击的链接是红色。这些颜色都已经约定俗成，在可能的情况下，应该尽量使用这些标准颜

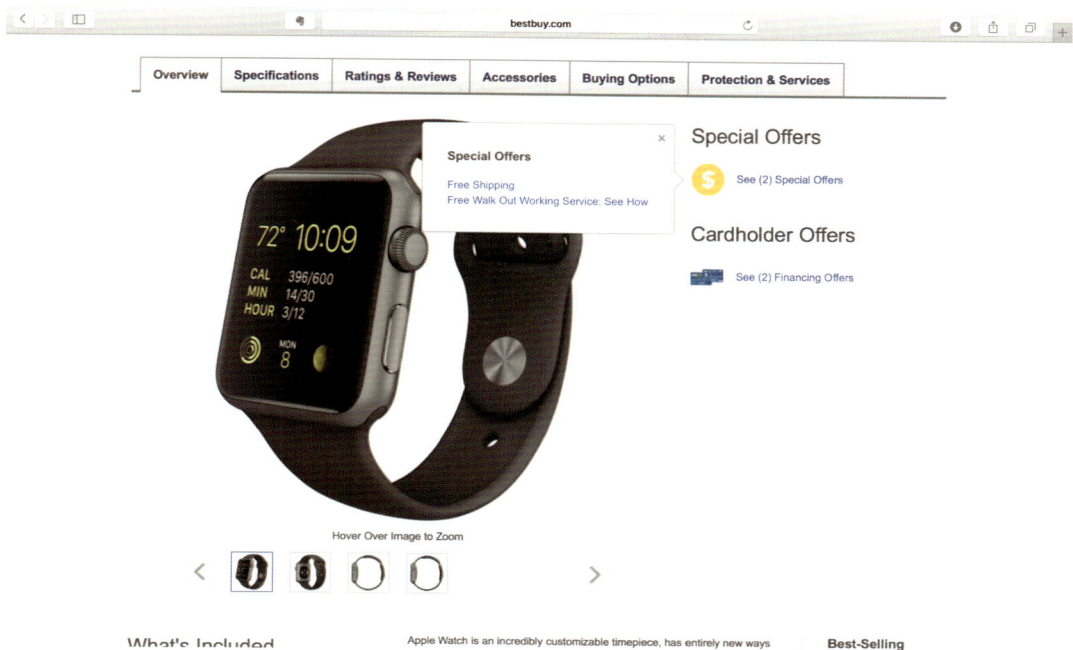

图 5-8 关于链接的提示

色。即使因为网页设计风格的原因，在链接颜色上要稍做变化，也要尽量与标准颜色靠近。

最失败的链接就是使用与普通非链接文字相同的颜色，如果还不带下划线的话，用户会很难发现。

链接 URL 要尽量简短，可能的情况下需带有一定的说明。那些带有问号和长长一串数字的 URL，首先不容易被搜索引擎收录，其次用户看到这样的 URL，也无法判断其内容。使用短小带有一定描述性的 URL，使用户在点击之前就能基本了解大致情况。比如这样的 URL：http://www.domain.com/news/20080801.html。如果 URL 使用中文词的汉语拼音，建议在字数比较多（如 3 个字以上）的情况下，使用连词符分隔，如：http://www.domain.com/meirong/ya-shi-lan-dai.html。

图 5-9 是一组 404 页面的设计，这样的设计会稍微减轻用户遇到无效链接时的失望心情。其实，无论怎样认真检查无效链接，当网站规模比较大时，出现无效链接或者用户从搜索引擎结果直接访问某个不存在的页面，是无法完全避免的。用户访问这种不存在的页面时，通常会看到 404 错误信息。如果网站没有设计一个专门的 404 出错网页，用户看到的只是冷冰冰的页面、找不到的默认错误信息，没有告知原因，也没有进一步的提示，这样的体验自然不会太好。

应该设计一个专用的 404 错误页面，在页面上放上清楚说明：您要访问的页面已经不存在，可能已经被删除或被转移到新的地方。同时列出网站的主要栏目链接，可以与主导航相同，再加上网站地图链接和一个站内搜索引擎。这样，用户还有机会从 404 页面重新进入网站有用的部分。

（4）通过链接打开新窗口。中文网站与英文网站有一个很鲜明的不同，很多中文网站点击

图 5-9 404 页面的设计

链接后在新窗口打开页面,英文网站很少看到这种方式,关于是否在新窗口中打开,大家对此意见也呈现两极化。有的人认为打开新窗口是一个很不好的用户体验,有的人则认为用户已经被一些大型的门户网站训练出一种习惯,不在新窗口打开反倒觉得不适应。但应该看到的是,是否打开新窗口,还是需要看网站的性质和用户的任务流程,看新闻时,点击一个链接就是一条新闻,打开一个新窗口是符合习惯的。但如果是一个购物网站,从首页点击产品 A,打开新窗口,从产品 A 页面再点击产品 B,又打开另一个新窗口,则完全没有必要,这会给浏览和购买流程造成困扰。

4. 常见问题页面

常见问题(FAQ)也是网站信息架构的有机组成部分之一。虽然网站产品页面、信息页面、公司背景页面等应该已经尽可能地回答了用户的问题,解除了用户诸多的疑虑,但是很多时候,用户还是有一些稀奇古怪的想法和问题,或者有些问题无法归类到其他页面中。这时,FAQ 就变得很重要了。

　　和其他页面一样,常见问题部分也是为了引导浏览者进入预订的购物路线,促使浏览者采取预想的行动。在搭建网站信息架构之初,营销人员就应该站在用户的角度,设想用户有可能会有哪些问题,尤其是产品页中没有回答的杂类问题。把这些问题逐一列出,分类并逐一回答,把常见问题部分做成一个小的目录形式,诸如关于价格、关于运输、关于退换货、关于产品使用方法等,将不同的问题放在不同的子目录下,这样能方便用户的查阅。图 5-10 是 FAQ 页面的设计,设计采用了卡片方式,比较清晰地展现了不同问题的分类。图 5-11 这类 FAQ 页面的设计采用了坐标式的导航方式,视觉感觉非常规整严谨,用户也比较容易掌握现在的分

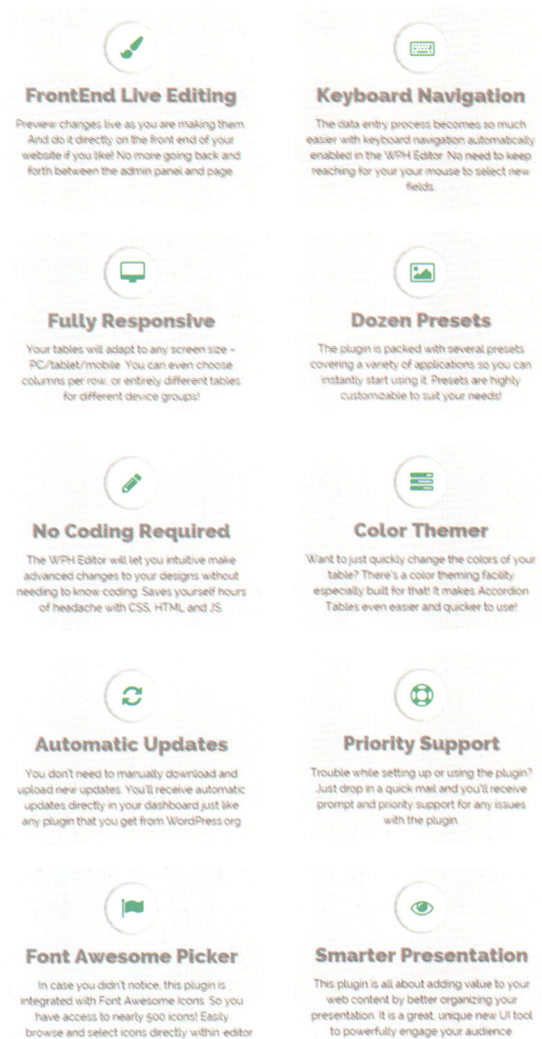

FrontEnd Live Editing
Preview changes live as you are making them. And do it directly on the front end of your website if you like! No more going back and forth between the admin panel and page.

Keyboard Navigation
The data entry process becomes so much easier with keyboard navigation automatically enabled in the WPH Editor. No need to keep reaching for your your mouse to select new fields.

Fully Responsive
Your tables will adapt to any screen size - PC/tablet/mobile. You can even choose columns per row, or entirely different tables for different device groups!

Dozen Presets
The plugin is packed with several presets covering a variety of applications so you can instantly start using it. Presets are highly customizable to suit your needs!

No Coding Required
The WPH Editor will let you intuitive make advanced changes to your designs without needing to know coding. Saves yourself hours of headache with CSS, HTML and JS.

Color Themer
Want to just quickly change the colors of your table? There's a color theming facility especially built for that! It makes Accordion Tables even easier and quicker to use!

Automatic Updates
You don't need to manually download and upload new updates. You'll receive automatic updates directly in your dashboard just like any plugin that you get from WordPress.org.

Priority Support
Trouble while setting up or using the plugin? Just drop in a quick mail and you'll receive prompt and priority support for any issues with the plugin.

Font Awesome Picker
In case you didn't notice, this plugin is integrated with Font Awesome Icons. So you have access to nearly 500 icons! Easily browse and select icons directly within editor.

Smarter Presentation
This plugin is all about adding value to your web content by better organizing your presentation. It is a great, unique new UI tool to powerfully engage your audience.

图 5-10　FAQ 页面的设计

类方式,并能快速地找到自己想查阅的内容。

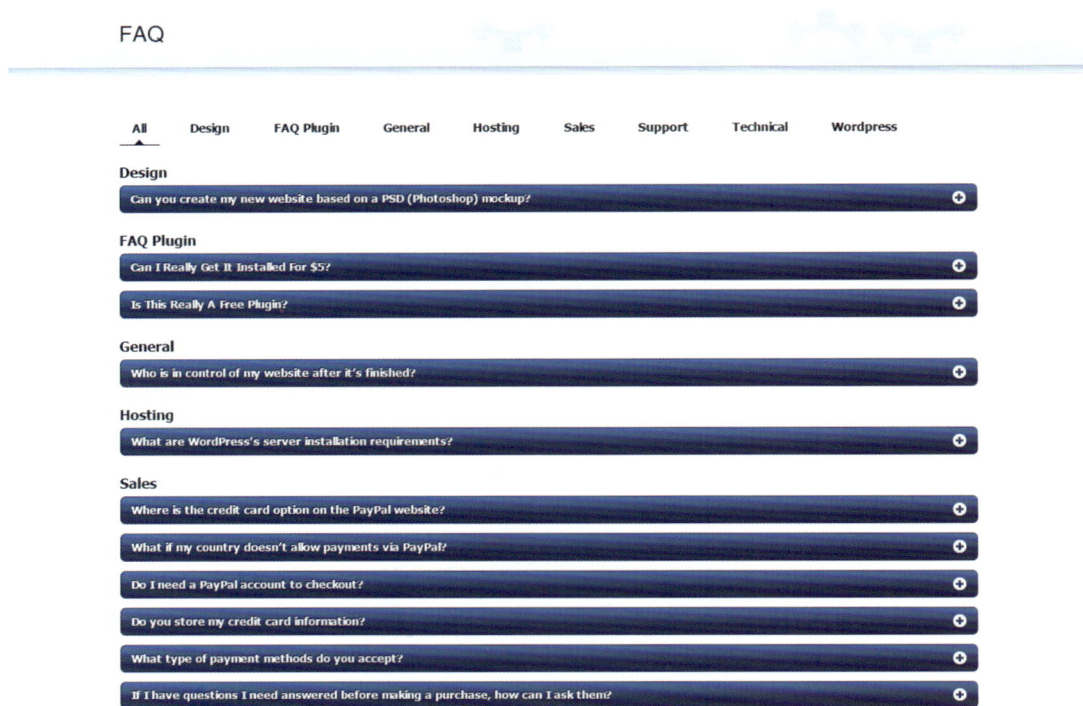

图 5-11　FAQ 页面的设计

有的网站销售的产品比较简单,可能需要回答的问题并不多,但是营销者应该提前规划,如果能想到 10 个问题,就应该把 FAQ 部分至少按 100 个问题的规模来策划,尽量分成不同的类别,便于检索。网站运营一段时间后,销售部门应该也会接到用户的各种询问电话、邮件,凡是重复性的问题都汇总在一起,撰写统一回答增补到 FAQ 中,这样 FAQ 的内容涵盖面就会越来越广。

一般来说,浏览者如果在网站上找不到问题的答案,基本很少会联系企业或网站询问。收到一个问题,就很可能意味着有十个用户遇到同样的问题,并且在网站上没有找到答案,所以这个问题值得重视。收集用户常见问题的另一个重要作用是告诉网络营销人员,网站什么地方需要修改,以及应该如何修改。在大部分时候,用户提出的问题都是最宝贵的信息。

有一类内容建议不要放在常见问题中,那就是后勤技术支援,即对产品技术问题的解答。因为这类问题通常会让打算购买产品的用户产生不好的印象。虽然任何产品都会产生技术问题,但是完全没有必要把售后才会出现的问题先呈现出来。这些售后有可能出现的问题,可以在用户订单完成后的感谢邮件中,告诉用户一个专用的产品技术问题网址,这个网址是浏览者在网站上看不到的,或者只有已经购买的用户登录才能访问,这样可能会起到更积极的作用。

5.表格设计

表格设计包括注册表格、联系表格、搜索表格、登录表格等。

首先注册表格越短越好。如果只需要用户的电子邮件地址即可,那就可以省略其他繁琐的步骤。

很多网站希望在较短的时间内吸引更多的用户，那么切忌询问太多问题，只需要用户名和电子邮件地址便足以作为一个注册用户。网站可以在后台提醒用户填写更为完整的信息，以便更充分地利用网站的服务。

注册表格越短越好，只有一个例外就是网站的确想把浏览者、好奇者排除在外，只希望是实实在在的用户。如果网站产品是价值 100 万的工业设备，那么注册或联系表格的项目确实应该细致，这样就会过滤掉大半所谓的浏览者。

表格项目的说明一定要清晰。大部分基本信息，如邮件地址、姓名等，填写说明可以很简单，复杂的项目需要用心设计。比如，想请用户填写通过什么途径找到网站，如果只给出四个选择：

①搜索引擎；

②其他网站链接；

③朋友介绍；

④报纸广告。

这显然是不太合适的。如果用户是从其他方式找到网站，就会无从选择。

此外，还应该清楚提示哪些项目是必填项，在前面标上 * 号，并且在表格最上面清楚写明带 * 号的是必填项目，如图 5－12 所示。

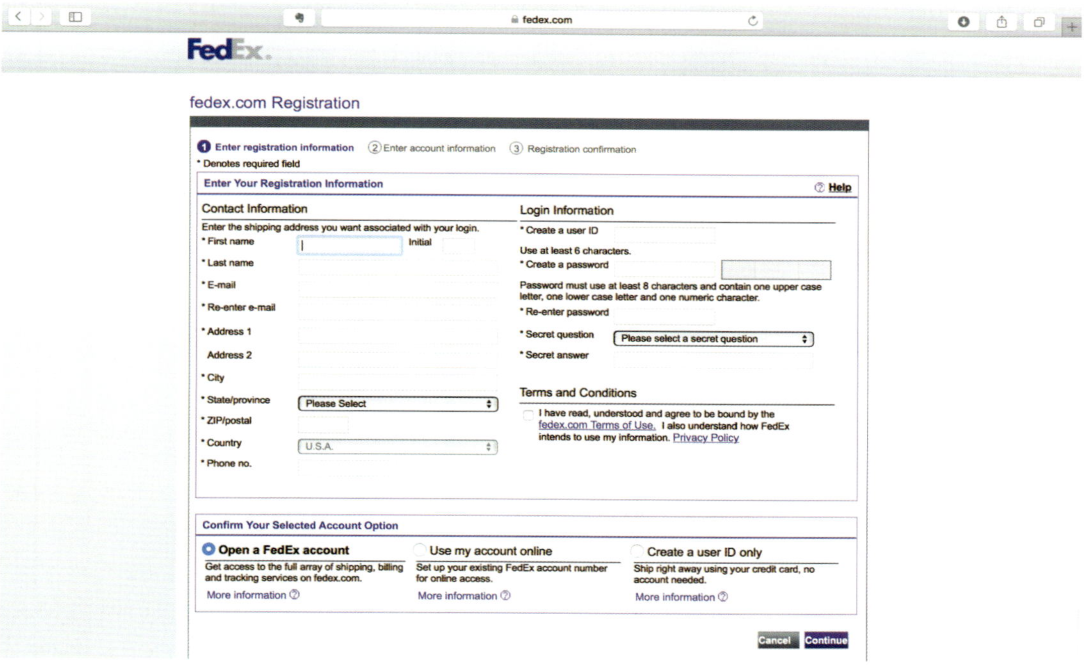

图 5－12   FedEx 注册页面的设计

在技术条件允许的情况下，在用户填写表格的过程中点击"提交"按钮后，程序应该首先确认数据格式的准确性，比如 E-mail 地址一栏填入的是否是正确的 E-mail 格式，联系电话项目是否含有不可能出现的文字等。不要在用户提交表格之后才给出一个错误信息,或是不说明原因,只是让用户重新填写。

表格的组织和排版要清晰。如果只是邮件地址和姓名,就没有任何问题。如果确实需要填写更多详细内容时,应该清楚地把不同项目归类,并在视觉上做分隔。在图 5-12 所示的 FedEx 注册表格,除了表格顶部准确标注了填表注册的步骤,而且还清晰地将表格的内容分为两块,一块是注册用户填写基本内容,另外一块是根据不同用户的需求,进行用户任务的分流,让服务更加个性化。需要注意的是,在设计表格时,不要把所有的项目连成一片,这样会让用户的查阅非常麻烦。

用户提交表格后应该被转向到一个确认页面,页面上至少应该包含两部分内容:一是确认数据已经成功提交;二是明确告诉用户下面该怎么做,可以是查看电子邮件,可以是给出直接进入用户区的链接,也可以是告诉用户三天内将收到货物。

无论注册表格是用于什么目的,提交成功后都应该发一封确认邮件给用户,邮件内容与确认页面内容大致相似。确认页面用户一般不会存下来,但是确认邮件可以保存到日后参考。

此外,需要注意的是,选择太多可能意味着不选择。这就牵扯到心理学、市场营销、经济学等方面的问题,选择多是不是一件好事呢? 显而易见,选择越来越多,给用户的方便也越来越多。但现在很多领域又出现了"选择过剩"的麻烦。如果网站给用户的选择过多,很有可能意味着客户不胜其烦,干脆就不选择。选择过多隐含着一些风险,比如机会成本提高,用户忧虑错误选择带来的后果,所以有时候选择过多会直接带来服务满意度的下降。

一般来说,只有两种情况选择过多才不会造成负面影响:

①用户非常清楚自己想要什么。但问题是,大部分客户对他们想要什么并不太清楚。

②各种选择只有一个特性的差别。这样多个选择还会在用户可管理的范畴中,所以不会造成太多的困扰。

在网站设计上也同样如此,设计者应该非常清楚是否有必要给用户提供这么多选择。

6. 测试测试再测试

在前面谈到网站兼容性时,提出了测试的重要性。实际上不仅是兼容性,网站的所有功能都应该经过测试。用户来到网站后,是否能立即了解网站能够提供什么服务? 是否能轻松找到想要的产品信息? 是否能顺利完成订单? 是否能迅速知道怎么联系企业? 用户是否要经过很多不必要的步骤才完成任务目标? 这些都需要通过科学客观的测试才能知道。

网站的测试必须要找网站设计部门之外的人,即销售人员、亲戚朋友,或邀请几个目标客户群中的用户来做实验等。不能由信息架构设计师自己做测试,因为设计师本人对整个系统过于熟悉,以至于可能完全看不到问题。设计师在测试时只需要静静地观察测试对象浏览网站的情况,并做详细记录即可。观察的内容包括以下方面:被测试者打开首页多长时间才点击第一个链接? 点击的链接是设计预想应该点击的地方吗? 是否测试者经常打开一个网页不出几秒钟就去点击浏览器的"返回"按钮? 详细记录下测试者在网站上的浏览行为,尤其是与设计师先前设想不同的浏览行为和路线,这些都很可能是需要改进的地方。事先应该告诉测试人员可以完全自由地浏览网站。测试本身没有对错,所以测试者不需要有任何心理压力,也不要刻意按设计师的思路去浏览网站,否则就会对测试结果造成影响。

网站易用性测试通常应该给定一个任务,比如,在网站上寻找到某项特定信息,完成某个产品的购买过程。一般来说,网站易用性可以通过两项指标来衡量:一是顺利完成给定任务的百分比，二是完成特定任务所需要的时间。这两项指标就可以大致说明网站在几次测试中是有进步，还是没有变化。

当然，发现问题的所在还更多地依靠观察和记录被测试人员在网站上的所有行动。凡是被测试人员在网站上偏离了预先规划好的购买线路时，甚至完全不能完成给定任务时，都会暴露出网站需要改进的地方。

7. 促销配套

促销配套是指除产品本身之外，能够帮助说服用户购买的附加好处，以及相关的措施。

例如，一个售卖服装的网站，在产品说明结束处，加上这样的文字：

①清仓大减价，12 月 31 号截止，全场 7.5 折。

②购买任何 1 件衣服，免费赠送精美发卡 1 个。

③促销期间，全场一律免运费。

……

这就是一个促销配套，上面列出的条目与产品本身看上去似乎关系不大，但每一条都会给用户一个附加的购买吸引。

很多时候用户浏览产品信息觉得不错，正犹豫但又没有做出购买决定的时候，一个撰写精彩的促销配套信息就可能成为冲破用户购买心理防线的最后一击。

促销配套的信息架构和描述的最终效果是让用户无法拒绝，促销配套中有以下几个可以考虑的元素。

（1）时间紧迫感。

要推动用户现在立即购买，并且马上付诸行动。用户今天没有购买，明天就可能转向网站购买，各种各样的变数就会产生，所以应该给用户一定的时间紧迫感。促销内容可以是限时，也可以是限量，目的是让用户认识到，如此机会仅此一次。

当然无论是限时还是限量，都必须让用户相信信息是真实的，因此需要有说服力和感染力的理由，如最常见的季节理由、货品自身的理由（小瑕疵），或是直接告诉用户为了提高市场占有率等，这些都能让用户感觉到促销的真实。

（2）在正确的时机出现。

促销配套信息要出现在正确的时间。通常这个正确的时间，就是产品说明结束，将要显示"购物车"按钮的地方，网站应该把促销配套的主要内容以要点明确的视觉形式清楚地表述出来。看完产品信息是用户要做决定的时刻，这时向用户展现产品之外的好处，能促使用户在犹豫不定中做出有利于购买的决定。

有些网站把促销信息放在首页，以滚动旗帜广告的形式显示，这样虽然可以给真正有购买这类商品意愿的用户很好的引导，但是大多数的用户还是会视而不见，因为当用户来到产品页时可能已经忘记了网站首页提示的促销内容，产品页没有显示折扣、免费礼物、免费运货等促销配套信息，可能就会失去一次说服用户购买的机会。有时，不同的促销活动适用于不同的产品。如果促销活动比较多，产品页面更应该写明这个产品适用于哪些促销配套。

（3）免费礼物。

网站必须在最恰当的地点向用户再次重申促销配套中的免费礼物。免费是最有力的营销工具之一。购物网站给用户一些免费礼物，是推动用户做出最后决定的最有效手法之一。一般来说，售卖信息类产品的网站使用免费礼物这种促销手段最为娴熟，也最为有效。比如，一本电子书价格是37元,同时,已购买这本书的用户会得到多达10~20本,价值100元的免费电子书。这样的免费礼物配套给用户的感觉是购买这些电子书很划算。当然这些免费赠送的电子书必须是真正标有价格、有价值的电子书。赠送数字形式免费礼物,对网站来说不增加任何生产和送货成本,对用户却是一种实实在在的好处。

(4)免费送货。

售卖实物的网站免费送货也是一个有效的促销手段。有不少网站收取的运货费其实并不高,只是5~10元而已,在这种情况下,完全可以为用户免费送货。比如购买金额或购买件数达到一定程度运费全免,或者由于网站的政策,例如,节假日促销而在一定时期内免运费。

当然运费成本是要加在产品价格中的,网站需要计算平均用户订单金额是多少,分到的运费是多少,产品价格需要增加多少才能抵消运费成本等问题。如果产品价格因此增加过高,就会失去市场竞争力,这样也就无法把免费运货作为网站的促销手段。在很多情况下,5~10元的运费消化在产品价格中应该较为容易,用户感觉不到明显的价格差异,而免费送货这个促销内容,则对用户有很大吸引力。

(5)折扣、代金券等。

促销配套说明中还要强调用户购买时节省了多少钱,得到了多少折扣,或者直接显示现金优惠券号码,用户付款时可以使用。这些折扣其实重要的不在于数量。折扣3折还是3.5折,用户的心理差别并不大,但是否打折则会对用户心理产生巨大影响。

所有的用户购买时都有一个心理负担,那就是担心没有以最优的价格买到最优的商品。网站的促销信息应该清楚地告诉用户本网站诚信经营,让用户放心购买。

促销配套文字的撰写要清楚简明地列出所有带给用户的优质服务,只有这样才能抓住用户的心理。

5.3　企业的传播与信息架构

5.3.1　信息架构与企业传播

1. 企业信息架构

企业信息架构(Enterprise Information Architecture,EIA),就是企业环境中的信息实践。这样的定义虽然准确,但意义不大。理解这个定义,需要明确什么是企业。多数人认为有一定规模,可能具有分散型的机构,依据一定的运作规则集合起来的组织,通常是公司或者是非政府组织。但是,我们也可以把实体的学术组织和非营利组织算在内。企业通常会碰到一些庞大而复杂的问题,从而需要提供严谨而科学的解决方案。信息架构从某种意义上说,就是一种解决方案。

2. 通过企业信息构架寻找出路

假设你为一家全球咨询公司工作,刚从客户那里回来,皮夹里都是收据发票,现在想要报账,这是一个十分常见的工作情境,那么借助企业内部的网络系统是否可以完成呢?很多公司都有这样的系统,但是,该从哪里开始? 所以,你开始在企业网站上寻找。法律部门的客户合约可能有一些信息,有关多少金额可以报账,在那里可能找不到想要的信息。然而,人力资源部门有各种政策和程序,哪一种是适合你的? 需要哪些手续? 在那里我们可能会找到一些工具、表格,或其他的一些材料,这些东西对于报账有所帮助,但也有可能一无所获找不到。这就是为什么我们要讨论企业信息架构的原因。

3. EIA 的目标

不得不承认,互联网的新奇性正在开始消失,而网站已被视为商务活动的基础组件,越来越日常化。企业的各个业务部门开始感受到分享资源以及用户体验的一致性所带来的益处。在这种情况下,集约化的重要性就开始逐步体现。在企业信息架构中实行集约化的理念很重要,这主要出于如下的理由:

(1)收益增加。

集约化可以增加收益,对电子商务网站而言,尤其如此。顾客在浏览网站时,只想购买他们中意的商品,至于商品如何通过企业的各个部门的协作,最终送到他们的手中,他们并不关心,他们仅需要简单的操作,就能达成意愿,这样才是愉悦的购物体验。有了愉悦的购物体验,用户才能经常性地光顾,网站的收益才能明显体现。而所有这些,要求有一个集约化的信息架构,帮助各个部门通力协作,让用户把焦点放在他们的需求上,而不是办理各种各样费时费力的手续。这样可以让他们的任务流程更加顺畅,较少地受机构政治的影响,与此同时,企业的工作效率也会大幅提升。

(2)成本降低。

集约化可以帮助企业在很多方面节省经费。其中之一便是可以避免购买多余的使用授权许可,如搜索引擎、软件等。可以通过谈判寻求一揽子的解决方案,获得一个全面的企业使用授权许可。此外,另外一个集约式的资源管理方式,可以让企业集中开发并使用一些定制工具(比如财务管理系统、办公系统等)以及集中聘用具有某种专长的员工,这样可以减少资源的重复建设和一些重复工作所带来的成本消耗。

集约化的信息架构可以大幅减少信息的寻找时间,同时也会让企业的信息实践变得简便。如果企业将时间作为成本,那么减少寻找信息的时间也可以视为增值,使成本的付出得到有效的优化。

(3)沟通更明确。

无论是员工访问企业网络还是投资人力图有所创新,所有用户在使用企业网络时,一个非常重要的功能需求就是沟通。采用集约化的信息架构可以很好地满足这一需求,让沟通更加明确。通过这一方式,可以让企业网络提供的信息及时、一致、精确。这在很大程度上有利于提高工作的效率。

(4)专业分享。

用集约化作为 EIA 的目标,其实就是在很大程度上用一些方法让一群人合作并做出相应的决策。通过集约化除了让公司员工拥有沟通和分享知识的积极态度之外,还可以让员工更为主动地参与公司的事务,解决一些因为专业、观点分歧所带来的"沟壑",能够使企业内部的合作氛围更加和谐。

(5)减少公司重组的可能性。

沟通和协调不良在很大程度上是公司重组的主要因素。因此,强大而统一的信息架构可以有效减少重组的可能。大部分案例可以说明,重组通常是公司所要面对的最痛苦而且最昂贵的事情,所以任何能减少这种可能性发生的事情都应视为有价值。

(6)集约化十分必要。

其实,现今一些明智的企业都在开始着手将信息架构集约化,通过这样的方式可以有效挖掘其潜力,并且可以有效对其加以调整、督促,良性引导其方向。

当然,企业信息架构的目标不是把所见的一切都归拢在一起。事实上,EIA 的目标和其他信息架构形式并没有太多区别,即找出最有效的方式把用户和其最需要的信息连接起来。那样通常会牵涉到采用一些集约化的手段。但是,也可以采用一些高度分散的做法,诸如让员工使用社会书签工具为企业网络内容贴标签。所以,集约化的重点在于采用任何对机构、用户、内容以及情境最有意义的做法,而不用太纠结于这个做法的性质是集中还是分散。

5.3.2 设计企业的信息架构

如同其他信息架构形式一样,没有"绝对正确的方式"去设计企业信息架构。然而,随着时间推移,有些信息架构设计的方法逐渐会成为企业内部环境构建最为适用的方式。在这里,我们把可能的信息架构设计组件分成四类,而每一类都提供一些实用的建议,这样有助于设计观念和视野的扩充。

1. 自上而下的导航和 EIA

搜索引擎的改良以及 RSS 聚合的问世,用户会发现有更多的方式可以跳过自上而下的导航。但是,自上而下的导航不会立刻消失,而且自上而下的导航结构也可以提供较多机会让我们改良 EIA。

(1)跳过主页。

主页之争在很多时候会让那些大型的信息架构设计项目归于失败。一般认为,主页是网站中最重要的一页,很多企业的高层也知道这一点,所以就出现了在设计评审会上,大家会因为主页的问题争得面红耳赤,相关的设计方案有时候甚至是十多种,在设计方案的选择上,有时候并不那么客观,评审的过程几乎都是机构政治在推动,最后基本演化为派系之争。所以出现了敲定一个主页要花上相当长的时间,甚至是好几年的奇怪现象。

主页的设计是为了满足企业整体需求以及其所服务用户的需求,而不是为了平息部门间并非客观的争论。其实主页并不像我们想象的那么重要,现在有越来越多其他的方式可以抵达网站的内容,诸如通过网络搜索引擎、RSS 订阅源(Feed)以及广告。生产力很重要,首先我们必须学会远离纠结主页的急躁情绪,不要参与其中,因为还有许多比主页更重要的事情要做。

(2)调整网站地图的用途。

我们知道,网站地图上提供了可以通到整个网站的链接,这会使得网站地图成为相当有价值的财产。但是,在很多时候,多数的网站地图只是反映网站主要的组织系统,而且很多企业网站的地图就是组织结构图,用处甚微。其实改良网站地图也会让我们有所斩获。如果我们只是从组织结构的视角去看网站地图,可能会一无所获。但在观念上我们只需要将"反映出有什么"转化为"提示可能会有什么",这样就可以将网站地图视为沙盘,进而不断去尝试一种新型的,更加关注用户的组织系统。网站地图在很多时候,可以给我们一个全局化的视野去了解企业信息架构的概貌,在其中我们可以发现很多的机遇可以去改良企业的信息架构。

(3)为网站索引瘦身。

与网站地图一样,索引可以把来自企业各处分散的内容联系起来。因此,可以说是绝佳的 EIA 工具。但是,索引的开发和维护都很昂贵。事实上,网站索引通常已被搜索系统所取代,虽然两者都支持已知条目的搜索,但是搜索系统似乎更为自动化和全方位。这意味着应该舍去网站索引吗?其实不是。很多搜索系统在设计上都存在瑕疵,所以,用户可能还是需要依赖索引作为"后援"。那么怎么做才能让这个"后援"变得更加有效，而同时又能减少维护成本呢？就必须考虑专门网站的索引。不要尝试为网站的一切做索引，只专注于特定类型的信息。比起完整的版本，专门索引的维护会简单许多。此外，因为其焦点应该放在最能体现企业自身价值的重要信息类型上，这样会有助于这类信息的流动。

（4）开发指南。

指南有别于其他辅助导航形式。虽然指南也可以链接至任何可能会产生沟壑的内容，但指南却无法提供像网站地图和传统网站索引那样对网站全方位覆盖的内容检视。较好的建议是开发一组丰富的指南，解决用户最常见的信息需求和任务。用户想从网站得到什么？此处其实是提供服务的机会，可以用特别简单而且门槛较低的技术方式满足这些需求。

在很多时候，指南就是一页 HTML 代码，因此，不需要专门的技术专家或使用专门的程序来开发。此外，还可以使用各种方法找到最常见需求，诸如搜索日志分析、个性化开发，甚至还可以和负责部门间沟通的人员商谈解决方法。在很多时候，企业信息架构中的指南，是可以缩放自如的。在运行资源许可下建立足够的指南，可以让我们更好地思考如何分配 EIA 资源。我们可能要花费几十年尝试开发理想的信息架构，以及各种内容去服务所有用户，但不少决策者是等不及的，那么指南就是帮助提高 EIA 开发优先级的理想工具。先建立一些指南，列出常见任务和信息需求，就会惊奇地发现，哪些内容是企业信息架构应该首先解决的问题。

2. 自下而上的导航和 EIA

自上而下的导航可能可以提供一些快速获胜的机会，而自下而上的导航则比较棘手。由于有很多"变动性的因素"，所以比较难整合独立信息架构的顶层部分，对于一些细节的内容，也很难面面俱到。

（1）建立单沟壑内容模型。

要让内容整合的项目具有动力，就要先从基础做起。首先，需要建立许多内容模型，这里可以联想先前讨论过的常见信息需求和任务。每一项可能都需要延伸到网站深处；一般来说，强有力的情境式导航需要强有力的内容模型。当然，有些最重要的任务和信息需求也需要跨部门沟壑的内容模型。

建立单沟壑内容模型的目标是让企业内的人员熟悉内容模型的观念和执行内容模型，但仅这一点就很难做到。所以，需要先将焦点放在可以由单一沟壑内容解决的简单任务和需求上。比如，在人力资源、营销、员工名册或者每项产品内应该建立怎样的有用的内容模型。整体来看，网站的用户可以受益于情境导航的改良，企业也会因此受益于其所收集内容模型的经验，最终获得跨越沟壑、连接这些内容模型的能力。

（2）切忌将依赖性局限在元数据。

最理想的情况是在整个企业网站的内容上建立互联的语义网，但是元数据是一个障碍。如果想以相关的元数据连接不同类型内容模型，这里假设是音乐会日程表的事件和 BBC 内其他沟壑内容的电视节目表。如果使用相同的元数据连接，有时候可以行得通，有时却未必如此。例如，假设艺人姓名是连接"艺人简介"和"电视节目表"的元数据。如果维护电视节目表的人员使用不同版本的艺人姓名，例如，缩写或全部大写，那么列出的艺人姓名就会有所不同，因此建立这两块内容的链接就会变得困难。

通常来讲，可以通过编程的方式，让软件了解这些实际上很简单的差异性。但是，元数据的描述性越强时，即使是最佳的人工智能也可能会束手无策。这主要是因为语言的复杂性所造成的,如果用不同的表述方式,元数据对于内容模型间自动链接就会失效。要达成完全一致,会非常困难,诸如受控词表术语的标准用法,除了语言的复杂性之外,通常也可能会有机构政治的因素在其中起作用,那么情况就更加难以预计。

不过,也不完全是没有办法解决这类问题。每当我们建立内容模型时,就被迫从众多可能性中选择构造元数据最有用的属性。当我们连接横跨沟壑的内容模型时,使用这种属性完备的元数据,就能减少很多后续的麻烦,在这个过程中,我们可能会意外地发现一些重要元数据的投资价值。

"元数据"是一个流行词汇。一些资深决策者将其视为万灵丹,就像他们过去看待门户平台、个人化以及搜索所持的期望那样。我们应该理解,没有什么特效药可以包治百病,尤其是对信息架构而言;每种有趣的手法,无论是新是旧,都有很多隐藏的成本。了解元数据实施时所牵涉的各种困难度,在很大程度上有助于企业以合理而客观的方式调整元数据解决方案投资的大小。

(3)搜索系统和 EIA。

构造横跨企业的描述性元数据,难度非常大。在这方面,还有一个工具,即是企业搜索系统,它拥有巨大的潜力。无论所在沟壑情况如何,搜索系统可以提供对多数或全部企业内容的存取。搜索系统所建立的查询记录可以产生许多有价值的数据,协助我们诊断和修正信息架构的问题。此外,值得注意的是,因为一般都是相同的搜索算法用于企业所有的内容,所以数据的可用性大都能够保证。所以,我们可能会碰到产品经理来抱怨网站导航、组织以及标签系统的设计,但是,他们会很少抱怨搜索系统的问题。但是这并不是说,我们投资了一个最新最好的企业搜索引擎,然后就可以放手不管,其实这样也会出现问题,因为至少没有善用资源。我们可以根据企业的现实需要做一些改动,比如进行界面的优化,这样会让搜索系统发挥更好的作用。

①简单一致的界面。

简单一致的界面十分重要。那些有关"方框"的行为应该一致,每页的位置也要固定,这已成为惯例。其实这样做还有一部分原因是由于内容管理系统与之使用的标准模板可以让简单一致的搜索界面更容易发挥作用。简单搜索从某种意义上说体现了信息架构集约化的目标。

②分析搜索日志。

如果搜索系统是企业网站杀手级应用程序,那么,搜索日志分析就是杀手级的企业诊断工具。不用花费太多时间,只需要通过分析搜索引擎查询的数据,就能揭露出搜索系统和内容模型中存在的某些关键问题。常见的问题包括用户拼错字或者查询字符串输入错误(为搜索系统添加拼写检查工具)、常见的缩写和行话(以术语表解决)、搜索产品代码(确定你的产品页包含这些代码)等。

③"反向工程"和元数据。

无论怎样改良企业搜索的系统,不良的内容和元数据可能存在的问题都会使得努力付诸东流。此外,在分布式的环境中,甚至很难找到数据的创始者,更不用提要说服他们配合网站或企业网络,把内容的准备工作做好。

当我们确实有机会说服内容作者,还需要有好的工具,以说服他做好内容撰写、添加元数据标记,以及为文件制定标题等工作。无论是以企业风格指南的方式,或者以面对面会议的方式进行,都要准备不良搜索结果范例(将其一部分文件包括进来),以示范其可能造成的影响。

通过这样的方式可以让这些文件的作者知道,仔细考虑文件标题的重要性。相反地,我们可以让那些内容作者了解,他们的文件为何没有在搜索结果中有足够高的出现次数,然后对他们说明,如何遵循信息架构原则(撰写标题和良好的拷贝以及指定元数据)来提高排名等。

有时候,呈现不良搜索结果是有效的方式,可让作者了解用户无法看见他们的内容以及作品时,会发生什么事情。"反向工程"搜索结果会揭露出机会给作者,使其做得更好。

(4)"游击式"EIA。

以上描述的三种思路,都是为存在各种沟壑的现有内容附着一些用户导向的成分,使其能够被导航和搜索,我们也可以用一些其他的方法作为补充,比如说"游击式"和通俗标签的方法。"游击式"手法是以跨部门的方式建立内容(使用博客和 Wiki)的方法。另一种是逐渐普遍的通俗标签法(Folksonomies Tagging),这种方法则是提供内容的存取。这两种方法主要是用在企业的内部网站中。

①内部专家的知识博客(Klog)。

内部实施 Klog 在技术上相当简单。然而,找出主题专家(特别是那些有跨部门知识的人)就比较困难。更为困难的是,有些企业文化可能不支持其员工分享知识。很多机构都鼓励反向行为,即学习,但不共享,这也在一定程度上造成了知识隐藏。此外,很多专家不愿意分享他们所知之事。所以,不是有了 Klog 就能实施知识共享,尤其是在没有分享信息动机的企业环境中。但是,我们应该看到 Klog 的技术门槛很低,这种尝试还是值得实行。因为当很多人都在分享知识时,会提升个人在企业内作为专家的可见度,这也许是鼓励共享最好的理由。

②小组的 Wiki。

如同 Klog 可以让个人获得以及分享其跨部门的知识一样,Wiki 和其他分享式创作工具一样,对于小组而言,则也有类似的潜力。每个企业都有一些项目需要多个业务部门协同合作,通常都是成立临时委员会和工作小组来解决这类问题。

Wiki 可以让这些委员会和工作小组轻松完成工作。因此,Wiki 具有跨部门的意义。在很多情况下,这些小组开发的内容最终会以较为传统的格式发布,即 Word 或 PDF 文件。但是,即使处在调整且未完成的状态下,这类内容对于企业用户而言也相当有价值。此外,比起Word 或 PDF 文件,Wiki 式的内容也比较容易通过搜索系统存取。

③通过员工名册寻找内部专家。

在很多情况下,搜索企业网络是要找人而非找内容。作为跨部门的信息系统,员工名册具有绝佳的 EIA 价值,可以把名册条目链接至相应的 Klog 和 Wiki 内容,由此扩充其价值。其结果是用户可以找到的不只是同事的电子邮箱,也可以了解同事的专业,他们正在做什么项目,以及他们为谁服务。用户也可以确定搜索主题,最后再找到相应人员。传统名册也可以扩充以引入同事间的工作关系。

④企业内的社会书签。

如图 5 - 13 所示的 delicious.com,这种社会书签应用网站,可以让用户通过社会书签发现,分享和管理在线的一些热门链接,并且可以横跨互联网而回到那些已看过的内容。此外,还可以查看其他人以相同的书签标记的内容,delicious.com 的用户也能受益于集体智慧,学习自己感兴趣的知识。

相同的手法也可以用于企业内。企业网络环境显然比起整个互联网小很多。但是,也展现出许多类似互联网的特征,诸如高度发展,以及不断变动。书签工具有助于协助用户受益于

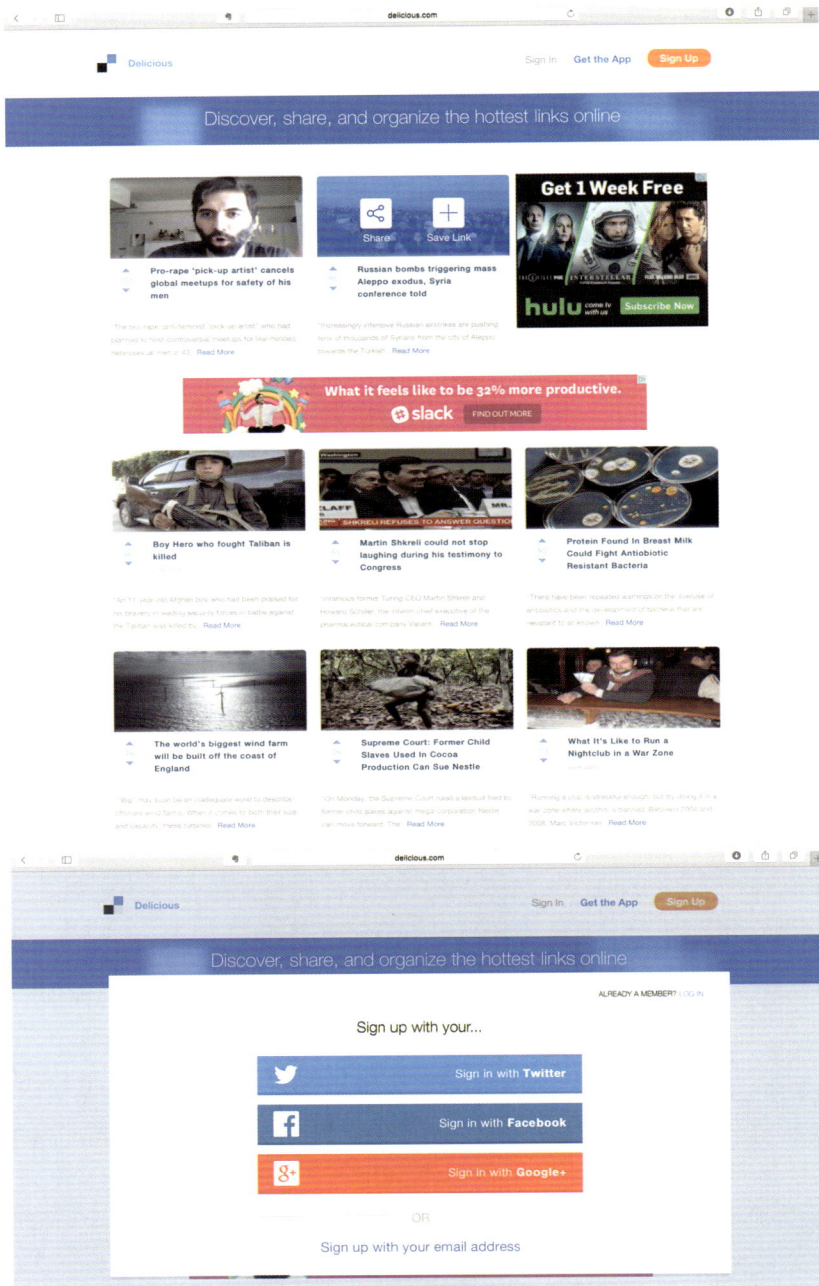

图 5 - 13   delicious.com

他人标记的成果。此外,还有一个附加的好处,那就是找到兴趣相投的同事。总之,标签也是一种很好的方式,有助于改善传统的受控词表,使其保持最新状态。

5.3.3　EIA 的策略与方法

所提及的 EIA 设计工作的焦点可以放在一些细节，或是那些能立即产生效应的事情上面，不一定要花费大量的资源、时间或人力。因为很多的改良之举其效果是可以预期和监控的，而不需要通过繁杂的手续。但是，无论项目的焦点是短期或长期目标，都需有人负责具体的事宜，如设计、实施、维护，以及监管等。此外，企业管理阶层最终需参与决策、寻找资金，以及解决一些问题。但是，实际上多数企业并没有专职员工负责此事，即使有，这些员工也是隶属于不同的部门，有自己的本职工作，EIA 的工作可能只是他们附带完成的任务，这使他们根本无法专心于实现 EIA 的目标。此外，管理阶层尽管口头上讲"信息是我们最重要的策略性商品"，但是更多地体现为口号，并没有具体落实的步骤。

1. 常见的演进路径

下面是 EIA 的操作性和策略性方面的常见路径。策略性工作焦点在于 EIA 资源和员工的成长、定位、资金，以及管理；而操作性则是解决实际上是由谁来负责 EIA 的开发和维护工作。下面显示出这两种路径，可以在"典型"企业环境中一起随时间而演化。

（1）第一种：操作性 EIA。

负责部门信息架构的人员，他们发现有一些信息架构问题在影响着整个企业。他们可能知道自己的工作（例如，管理搜索引擎、开发产品元数据或风格指南）必须和其他人协调或分享。但是，这些人之间沟通的渠道并没有建立起来，而且协同工作的机制也需要建立。

①社区利益逐渐显现。

随着信息架构在整个企业内越来越被接受，关注信息架构的人也随之增多。因此，寻找类似兴趣的人就相对容易。把信息架构同伴集中起来的外部方式包括一些外部事件（如参加当地专业会议和信息架构研讨会）或者安装企业级的应用程序（如门户平台或企业搜索引擎）等。企业内私下的共享利益社区也会逐渐显现，这种社区通常是由一位或少数几位发起人的努力而产生的，通过邮件列表和定期工作聚餐的形式开展。此时，很少人会把精力放在协调信息架构活动上；比较常见的是在有关"我们怎么做？"的这类议题上交换意见，或是一些形式的分享讨论会。

②社区需要得到正式认可。

我们可以通过一些方式来实践社区的利益。来自不同部门从事信息架构工作的人，在社区利益的影响下默默地协调合作，其中包括开发以用户为中心的需求，在选择新的企业应用程序时，将其引入功能规格书中。此外，共用预算用以支付软件授权书或者咨询信息架构专家（如分类专家）等。半正式的领导结构在社区实践中逐渐出现，但是大多数社区活动都是在一定范围内展开，但是需要看到，局部业务部门的信息架构活动，就效率而言在很多时候依然胜过所有人参与的 EIA 工作。

③分布式团队负责具体的 EIA 项目。

当信息架构协调需求有所成长时，会导致信息架构员工正式获派具体的设计项目，尤其是实施和配置企业级应用程序，以及制定元数据和界面设计的原型方面。当然，业务部门的信息架构人员依然会把主要精力放在当前项目中。但是，企业分配的信息架构工作则会持续增加（即使只是临时项目），而他们也开始承担 EIA 领域相关的正式职责。最初因具体项目而成立的 EIA 团队，逐渐将变成永久设立的团队。与此同时，外部信息架构专家也会时常来协助企业内部 EIA 的工作。

④专职于 EIA 的业务部门。

专职于 EIA 的部门出现,成员通常是从企业的内部员工中抽调。这种部门会依据企业的人事编制拥有自己的管理结构。团队的大小可能会变动,但职位的需求会相对固定。一般来说,团队的大小通常是根据项目范围而定,有些部门对于企业用户体验或知识管理的专注面比较广,那么所需的人数和职位就会相对较多。随着团队人数规模达到两位数时,诸如元数据开发、用户测试、搜索系统以及评测专家就成为了这些部门的全职员工。虽然他们的主要职责是企业架构,但也会在本地业务部门需要时提供信息架构咨询。EIA 团队也会扮演领导者角色,培训本地信息架构员工,拥有 EIA 的"知识产权",并对企业网站的风格、信息架构形态,以及元数据标准负责。

(2)第二种:策略性 EIA。

①管理层被困在重新设计模式。

虽然管理层需要应付很多与 EIA 相关的企业议题(比如品牌),但是,一个不得不面对的事实就是,大多数管理层几乎对 EIA 议题毫无意识或者不感兴趣。一般而言,大多数管理层面的人认为企业网站的功能在于营销,而企业网站则是属于 IT 管理层面的事情,他们没有太多的发言权。但是,当他们看到问题的重要性后,一般不会考虑改良,因为他们对于具体问题几乎没有概念,所以改良的初衷最终将会演化成全面性的"重新设计"。于是,动力很快就会消散,因为毕竟这是一个庞大的工程,并且效果需要一段时间后才能看到。当积极性打消后,几乎没有什么惯例性知识会保留下来。在这个时候,让决策者参与开发协调式 EIA 的可能性微乎其微。这样一来,如何说服有远见的决策者就成了关键。

②有远见管理者的支持。

有些有远见的管理者会站出来,以他们对 EIA 议题的认识,会对非正式的 EIA 活动提供一些支持。他们对于 EIA 的认识主要直接来自于对过去失败案例的分析。当然,这些有远见管理者的职权并不足以提供资源或者分配一部分员工花时间去做 EIA 工作。但是,至少可以支持(或至少不反对)他们的员工参加非正式的社区活动。

③咨询委员会出现。

通过那些有远见管理者的支持,内部 EIA 社区可以成型,通常以咨询委员会的形式出现。这些管理者通常由部分友善,部分"聒噪"的人(负责主要内容区域、产品小组,或用户群体而且很健谈的经理)组成,他们担任咨询委员,属于半正式角色。会议的召开是不定期的,而且每次参加的人都不尽相同,正式的咨询委员会的职责很少,只是作为一种沟通方式,以沟通部门间EIA 的相关议题,但偶尔也需要协助处理决策议题,他们也可以代表项目当事人去说服决策者。

④咨询委员会成熟。

咨询委员会在运作一段时间后,会成为正式决策小组,对 EIA 团队提出建议,制定 EIA 的方针与策略。当 EIA 团队需要高层管理者协助时,咨询委员会会设法为项目铺平道路。委员会会定期开会,而其成员则是重要群体和内部部门中的代表性人物。咨询委员会会意识到其逐渐成长的职责范围,并会促成高层董事会让一些有关 EIA 的提案可以获得长久的支持,这样可以为 EIA 相关项目的资金提供来源。

⑤咨询委员会成员及其角色的拓展。

咨询委员因为了解企业信息架构的策略性本质,所以能够扮演更重要的角色。他们能够为新成立业务部门提供各种支持,以便让这些部门能够专职于 EIA 和相关领域。其他小组在 EIA 策略中的角色也开始发生作用,诸如出现专门的用户研究部门等。咨询委员会也承担更为正式而且积极的角色。作为主要决策部门,EIA 业务部门的执行人在信息架构的决策中发挥重要作用。

2. EIA 团队理想的人员素质和构成

当有了实际的信息架构,我们应该考虑自上而下以及自下而上组织公司内部的 EIA 团队。把自上而下的方式想象成策略实施途径,资深人员规划出 EIA 部门的发展宏图,EIA 应该朝哪个方向前进以及如何抵达该处。自下而上端则是由操作性任务构成,牵扯实际把手边的工作完成。所以我们需要尽可能把这两个领域分开,它们有各自的任务、工作,且人员组成各不相同。

(1)策略人员。

咨询委员会的成员关注的焦点是 EIA 在企业内的角色。他们的任务是确保企业通过 EIA 团队的努力,从高质量的信息架构中受益。他们的目标如下:

①了解信息架构在企业内的策略性角色;

②提升信息架构服务,作为企业运作基础的永久部分;

③让 EIA 运作团队及其服务能和企业的目标保持一致;

④确保财务和行政制度的可行性;

⑤指出 EIA 操作变革在策略方向上对企业信息架构规划的冲击;

⑥协助开发 EIA 操作的路径;

⑦支持 EIA 团队的管理;

⑧评估 EIA 团队的表现。

事实上,决策层对 EIA 实践的成功与否负责。也就是说,需要让企业各个管理阶层信服,同时获得资金和其他资源。此外,也需要设定衡量标准,以协助判断整体企业信息架构以及特定 EIA 操作的成功与否。实际上担任 EIA 团队执行人角色的人必须具备如下特征:

①长期在企业供职,知名度高,人脉广,而且有能力驾驭关于制度的经验;

②属于企业家级别,可以撰写商业企划书;

③有参与成功企业提案的经验;

④有管理经验和谋略;

⑤可以"推销"新颖、抽象的概念,有经验,可以找到项目的资金来源;

⑥了解商业模式和客户;

⑦有咨询的经验;

⑧有和业者交涉授权同意书的经验。

(2)操作人员。

EIA 运作团队负责信息架构的战术工作,即研究及分析与内容、用户以及商业情境有关的因素,设计信息架构并能协调处理好这些因素。除了履行 EIA 部门的服务,运作部门也要遵循(支持)内容管理层和架构维护的观念和程序。那么这个团队的员工怎么组建?有很多角色都是应该优先考虑的,其中包括如下方面:

①策略制定人;

②叙词表设计师;

③交互架构师；

④技术整合专家；

⑤信息架构可用性专家；

⑥搜索分析师；

⑦受控词表管理师；

⑧索引专家；

⑨内容模型架构师；

⑩民族志学专家；

⑪项目经理。

当然，把这些领域的人员全部集中起来，在大多数情况下是不现实的。但是，这个人员构成可以给我们一个追求的目标。更重要的是，上面这份清单可以协助我们整理出向外求援求助的专业顾问。

当我们可以为这个跨学科领域招聘员工时，要寻找有这些特征的人：

①有企业全局心态；

②有咨询的能力；

③愿意承认无知并寻求协助；

④有能力和其他领域的人沟通；

⑤有组织或管理经验；

⑥对用户需求敏感；

⑦有关于信息架构和相关领域的知识。

5.3.4　行动的框架

1.找出潜在客户

并不是所有的人都具有合作的价值，所以我们需要找到潜在的客户。那么，谁才是"正确"的客户？"正确"的客户有下列特征：

（1）内容。

什么是这个企业中的"杀手级"内容？也许是那些用得最多的内容。因此，这些内容在企业中的可见度最高。最好的实例是员工名册（至少就企业内部网站而言），不仅有较高的价值，而且每个人都会使用。对于企业外部网站而言，产品目录可能是最好的对象。两者其实都是绝佳的信息架构设计实例。所以，谁拥有员工名册，并且希望能挖掘其价值，可能就是优质的客户。此外，谁的内容已经有很不错的元数据，或者内容的结构最好，这些内容可以引入到信息架构中，他们也会是优质的客户。

（2）用户。

一般来说，客户通常是那些已经在抱怨某些信息架构相关议题的用户，或者是已经在推动有关优化信息架构改革的人。他们通常都是企业研发部门的员工，他们在企业中因为创造而有影响力，而且他们的一举一动都与产品和质量有关。面对这些对信息架构已有足够多了解的用户，我们可以不用花费太多力气推销，就可以让他们成为优质客户。

（3）情境。

在寻找最佳的客户，进行市场研究和选择时，我们要将一些情境议题考虑进去，比如投资的可能性、实际的情况、客户的状况和需求等。此外，项目的初步计划只是一种营销工具，可以将我们的工作模式提供给潜在客户知道而已。初步找出客户之后,再作进一步深入分析,以深入了解每一个业务部门的需求。这样可以找出每一个业务部门对信息架构的建立是否具备基础,这些需求和项目的清单一样,可以作为 EIA 部门提供服务的准则。

表 5-2 是 EIA 部门提供的服务核对清单示例,我们可以作为参考。

表 5-2　EIA 部门提供的服务核对清单示例

服务	他们现在在做什么?	他们在这个领域内聘有专家吗?	他们在这个领域有工具或应用软件可用吗?	其他考虑
内容获取				
内容写作				
质量控制和编辑				
链接检查				
HTML 验证				
设计模版				
整体信息架构设计				
整体信息架构维护				
索引(人工)				
索引(自动)				
受控词表/叙词表的创建				
受控词表/叙词表的维护				
内容开发方针创建				
内容开发方针维护				
内容整理				
内容存档				
内容管理工具获取				
内容管理工具维护				
搜索引擎获取				
搜索引擎维护				

2. 集约化的阶段

企业的业务部门之间的协同需求,其实是通往集约化的自然演进力量。信息架构在此需求上提供的模块化服务是顺应此演化的完美方式。在高度信息化的今天,他们的需求会变得越来越复杂,所以今天需要基本服务的客户,明天会变成需要高级服务的客户。

我们可以在定期发布服务的进度上制定一个计划。审视未来的需求,这样可以使我们把 EIA 部门的资源做更有效的配置,同时也能让我们开发一些阶段性的计划,找出每一阶段的潜在客户,确保 EIA 部门的服务能满足实际需求。这种做法是可预测性的,能让我们对于何时该引进外部专家和其他类型的协助把握得更加恰到好处。也许更重要的是,实际需求的预测是可以让高层做额外投资的有用方法。

最后,模块化服务分阶段的实施可以让各种业务部门信息的集约程度有所不同。换句话说,穴居人和高度进化的人可以共存在同一屋檐下。如表 5-3 所示,这三个业务部门在分别处在集约化的不同点上,怎样设计一个灵活的框架可以完美支持每个部门各自独特的需求就成为关键。

表 5-3 部门的 EIA 服务需求示例

业务部门			
链接检查	基本	基本	——
HTML 验证	基本	高级	——
设计模版	——	高级	基本
服务	人力资源	公司通讯	采购和供应
应用模版	——	基本	
基本信息架构设计	基本	——	
基本信息架构维护	基本	——	
索引(人工)	——	基本	基本
索引(维护)	基本	基本	
受控词表/叙词表的创建	基本		
受控词表/叙词表的维护	基本		
内容开发方针创建	基本	基本	
内容开发方针维护	基本	基本	
内容整理	——		
内容存档	基本	——	基本
内容管理工具获取	基本	基本	
内容管理工具维护	基本	基本	
搜索引擎获取	基本	高级	基本
搜索引擎维护		基本	基本
自动分类工具获取	——		
……			

无论是企业外部网站还是内部网站，对于信息架构的规划设计来说，集约化都是一个重要的观念，需要找到短板，并在信息架构的设计中给予充分的考虑，这样才能形成部门间的均衡发展和通力协作，如此才能达成集约化的目标。

研究与探讨

不可否认，构建信息架构是为了创造更多的价值，为企业带来更多的效益。所以在设计时需要更多地关注企业的实际状况，这样才能不至于将空中楼阁建在松软的沙砾中。可以尝试去考察三种不同类型的企业，研究分析它们的外部网站和内部网站的信息架构，找出存在的问题，并提出带有观点的改进方案，如果可以，在实践中验证方案的可行性。

参考文献

[1] 王易. 微信营销与运营：策略、方法、技巧与实践[M]. 北京：机械工业出版社，2014.

[2] 昝辉. 网络营销实战密码：策略、技巧、案例（修订版）[M]. 北京：电子工业出版社，2013.

[3] 搜狐新闻客户端 UED 团队. 设计之下——搜狐新闻客户端的用户体验设计[M]. 北京：电子工业出版社，2013.

[4] [美]斯特劳斯，弗罗斯特. 网络营销[M]. 5 版. 时启亮，等，译. 北京：中国人民大学出版社，2010.

[5] [美]E. 莫洛根. 信息架构学[M]. 詹青龙，等，译. 上海：华东师范大学出版社，2008.

[6] [美]莫维尔，路易斯·罗森菲尔德. Web 信息架构：设计大型网站[M]. 陈建勋，译. 北京：电子工业出版社，2013.

[7] [美]阿兰·库珀，等. About Face 3：交互设计精髓[M]. 刘松涛，等，译. 北京：电子工业出版社，2012.

[8] [美]道格拉斯·洛西科夫. 当下的冲击：当数字化时代来临，一切突然发生[M]. 孙浩，等，译. 北京：中信出版社，2013.